„Der Kirchenkampf geht nirgends so gehässig zu wie in Hakenfelde."[i]

Die Wicherngemeinde in Berlin-Spandau zur Zeit der nationalsozialistischen Diktatur 1933-1945 und ihre Glocke von 1934.

---

[i] Einschätzung von Assessor Chantré, Leiter der Gestapo gegenüber Pfarrer Bunke. Zitiert nach Walter Friedrich, Der Kirchenkampf in Hakenfelde, in: Fünfzig Jahre Wicherngemeinde Hakenfelde, Hakenfelde 1982, S. 61.
Regierungsassessor Chantré war „Leiter der Berliner Gestapostelle für kirchliche Angelegenheiten".
Sandvoss, „Es wird gebeten, die Gottesdienste zu überwachen ...". Berlin 2014, S. 119f.

Bibliografische Information der Deutschen Nationalbibliothek: Die Deutsche Nationalbibliothek verzeichnet diese Publikation in der Deutschen Nationalbibliografie; detaillierte bibliografische Daten sind im Internet über dnb.dnb.de abrufbar.

Herausgeber und ©: Gemeindekirchenrat der Evangelischen Kirchengemeinde Wichern-Radeland. Bearbeitung: Arbeitsgruppe zur Aufarbeitung des geschichtlichen Erbes der Wichernglocke.

Autoren: Lukas Menzel und Jürgen Elmen (Kapitel 6)
Vorwort, Verzeichnisse und Lektorat: Stephan Heine
Gestaltung und Layout: Stephan Heine / Andy Ball

Herstellung und Verlag: BoD – Books on Demand, Norderstedt, 2020
ISBN 978-3-75046-111-6

Umschlagbild vorne: Weihe der Eiche vor der Wichernkirche am 30. April 1933 zur „Hitlereiche", Rede von Frau Gertrud Otto. Umschlagbild hinten: Wichernglocke von 1934, Seite mit dem Christuskreuz.

Inhalt

„Der Kirchenkampf geht nirgends so gehässig zu wie in Hakenfelde."

Vorwort

Als der Gemeindekirchenrat (GKR) der evangelischen Kirchengemeinde Wichern-Radeland im April 2014 eher zufällig erfuhr, dass
die Glocke der Wichernkirche mit einem eingearbeiteten
Hakenkreuz versehen ist, begann ein Prozess, der, erst langsam und
zäh verlaufend, im Dezember 2017 zum Ersatz der Glocke führen
sollte. Während der Beratungen und Diskussionen, die dem
vorausgingen, wurde deutlich, dass es nicht damit getan war, die
alte Glocke abzuhängen und einfach wegzustellen. Als
zeitgeschichtliches Objekt der NS-Zeit sollte sie auf jeden Fall
erhalten bleiben. Um zu verdeutlichen, was es mit ihr auf sich hat,
war sowohl ihre eigene als auch die davon untrennbare Geschichte
der Gemeinde aufzuarbeiten und zu dokumentieren. Ferner war zu
überlegen, was mit der Glocke künftig geschehen sollte. Der GKR
rief Ende 2017 die „Arbeitsgruppe zur Aufarbeitung des
geschichtlichen Erbes der Wichernglocke" (AG) mit der Maßgabe
ins Leben, diese Themen zu bearbeiten.

Die AG konnte ihre Tätigkeit auf die Arbeitsergebnisse einer
früheren Geschichts-AG der Gemeinde aufbauen, die sich bereits in
den Jahren 2008 bis 2011 mit der Geschichte der Wicherngemeinde
in der Zeit des Nationalsozialismus beschäftigt hatte.[i] Von dieser
früheren AG wurden auf Initiative von Wolf-Dieter Rehfeldt alte
Akten aus der Anfangszeit der 1937 gegründeten Wicherngemeinde,
die bis dahin der vierte Pfarrbezirk der Luthergemeinde gewesen
war, gesichtet, geordnet und für künftige Benutzungen
aufgearbeitet. Die Gemeindeakten ergänzen Unterlagen aus dem
Nachlass des seit 1928 im Bereich der späteren Wicherngemeinde
wirkenden GKR-Mitgliedes Walter Friedrich, die der Gemeinde von

---

[i] Der Arbeitsgruppe gehörten an: Jürgen Elmen, Klaus Friedrich, Gudrun O'Daniel-
Elmen, Rosmarie Radek, Rüdiger Radek und Wolf-Dieter Rehfeldt.
Wicherngemeinde in der Zeit des Nationalsozialismus, in: Gemeindebrief
Oktober/November 2011. S. 6ff.

seinem Sohn Klaus Friedrich übergeben wurden. Dieser Nachlass erwies sich als überaus wertvoll. Er schließt zum einen die zeitliche Lücke bis zur Gründung der Gemeinde und ergänzt die üblichen gemeindlichen Schriftstücke wie Einladungen und Protokolle durch persönliche Notizen, Schriftverkehr und Flugblätter. Die damalige Geschichts-AG leistete mit dem Transkribieren der handschriftlichen Unterlagen Walter Friedrichs in Textdateien wertvolle Erschließungsarbeit. Indes ließ sich ihr ursprüngliches Vorhaben, eine Dokumentation der Gemeindegeschichte in den Jahren der NS-Diktatur zu erstellen, seinerzeit nicht realisieren. Dies überforderte letztlich die Kräfte ihrer ehrenamtlichen Mitglieder.

Die (Wieder-)Entdeckung des Hakenkreuzes auf der Wichernglocke war somit Anlass, die Arbeit der früheren Geschichts-AG wieder aufzunehmen und gewissermaßen zu vollenden. In einer Gemeindeveranstaltung wurde zur Mitarbeit in der neuen AG aufgerufen. Es bildete sich im Laufe des Jahres 2018 ein Kreis von sechs Personen, die kontinuierlich die Arbeit der AG vorantrieben, darunter drei Mitglieder der „alten" Geschichts-AG. Zu letzteren zählte auch Klaus Friedrich, der in jungen Jahren die NS-Zeit noch miterlebte und somit zugleich Zeitzeuge war.

Mit Blick auf die Erfahrung der ehemaligen AG, kamen sowohl der GKR als auch die neue AG, schnell zu dem Entschluss, mit der Ausarbeitung der Dokumentation einen Historiker zu beauftragen. Durch Vermittlung von GKR-Mitglied Jonas Trappe konnte hierfür Lukas Menzel, Absolvent der Universität Heidelberg, gewonnen werden. Aufgabe der AG war es nun, die notwendige Zuarbeit zu leisten und beratend zur Seite stehend, im Auftrag des GKRs die Rolle des Herausgebers zu übernehmen.

Die Vorgänge in der Gemeinde während der NS-Zeit, namentlich die auch hier stattgefundene Auseinandersetzung zwischen Bekennender Kirche und Deutschen Christen, der Nachwelt allgemein unter der Bezeichnung Kirchenkampf bekannt, waren auch nach 1945 im Gedächtnis der Gemeinde geblieben. Mehrere

Festschriften enthalten entsprechende Kapitel[1] dazu. Ab den 1980er Jahren nahmen sich zudem Autoren bzw. Historiker der Geschichte der Wicherngemeinde jener Jahre im Rahmen ihrer Forschungen zur Rolle der evangelischen Kirche im Dritten Reich an und stellten sie damit in einen übergeordneten Kontext.[2]

Während die genannten Publikationen die Geschichte der Gemeinde in der Zeit des Nationalsozialismus über die Jahre in ihren wesentlichen Teilen öffentlich präsent hielten, geriet die Kenntnis vom Hakenkreuz auf der Glocke (1934, im Jahre ihrer Hängung in der Presse erwähnt) im Laufe der Zeit bis zu seiner Wiederentdeckung im Jahre 2014 in Vergessenheit. Deutlich wurde während der Arbeit der AG, dass selbst langjährige Gemeindemitglieder ahnungslos waren, aber andere davon wohl gewusst haben, dies jedoch für sich behielten und gewissermaßen sprichwörtlich nicht an die große Glocke hängten.

Was bislang fehlte, war eine umfassende Darstellung der Gemeindegeschichte für die Jahre 1932 bis 1945, die auf einer Auswertung aller vorhandenen Unterlagen fußte. Hierin war nun auch die Geschichte der Glocke mit einzubeziehen, wobei sich der zu berücksichtigende Zeitraum bis zu ihrer Abhängung im Jahre 2017 erstrecken sollte. Die von Lukas Menzel entwickelte Gliederung folgt dem Prinzip vom Großen ins Kleine. Beginnend mit der Schilderung der Situation der evangelischen Kirche in Berlin zu Anfang des 20. Jahrhundert wird der Blick quasi trichterförmig auf die Geschehnisse in der Wicherngemeinde und ihres Vorgängers, dem vierten Pfarrbezirk der Luthergemeinde gerichtet. Das anschließende Kapitel zur Geschichte der Glocke, ihrer Abhängung und den weiteren Umgang mit ihr bearbeitete AG-Mitglied Jürgen Elmen.

Für den einleitenden, allgemeinen Teil am Beginn der Dokumentation wurde vorrangig die vorhandene Forschungsliteratur herangezogen. Der Ausarbeitung der Gemeindegeschichte lag maßgeblich Quellenmaterial aus dem Gemeindearchiv (inklusive

Nachlass Walter Friedrich), dem Landeskirchlichen Archiv in Berlin und dem Bundesarchiv zu Grunde. Zu danken ist an dieser Stelle dem Ehepaar Elmen, das die mühevolle Arbeit übernahm, Materialien in den beiden letztgenannten Archiven zu recherchieren. Zu Pfarrer Bunke fand sich im Gemeindearchiv eine maschinengeschriebene Abschrift seiner unter dem Titel „Einer von Vielen" verfassten Erinnerungen an die Zeit des Kirchenkampfes. Zum Themenkreis Kirchenkampf und bekennende Kirche liegt eine von Klaus Friedrich angefertigte Zusammenstellung von Aufzeichnungen seines Vaters Walter Friedrich mit Materialanhang vor. Beide Schriften, insbesondere die Erinnerungen Bunkes, erwiesen sich als reichhaltige Quelle. Zu danken ist ferner Herrn Andy Ball, der Texte und Abbildungen zu einer druckfähigen Vorlage zusammenfügte.

Im Ergebnis kann gesagt werden, dass es gelang, auf Grundlage aller zur Verfügung stehenden Materialien eine umfassende und reichhaltige Dokumentation zu erstellen. Sowohl die Geschichte der Gemeinde als auch die der Wichernglocke von 1934 sind detailreich und anschaulich dargestellt. Die Tätigkeit der Arbeitsgruppe zur Aufarbeitung des geschichtlichen Erbes der Wichernglocke hat mit der Fertigstellung der Dokumentation ihren Abschluss gefunden. Sie brachte zu Ende, was ihre Vorgängerin 2008 begonnen hatte.

Berlin, im September 2019

Der Gemeindekirchenrat der evangelischen Kirchengemeinde Wichern-Radeland, im Auftrag: Stephan Heine, Leiter der Arbeitsgruppe zur Aufarbeitung des geschichtlichen Erbes der Wichernglocke. Die Mitglieder der AG: Jürgen Elmen, Klaus Friedrich, Stephan Heine, Wolf-Dieter Rehfeldt, Regina Schläfke, Anna-Dorothea Schmidt.

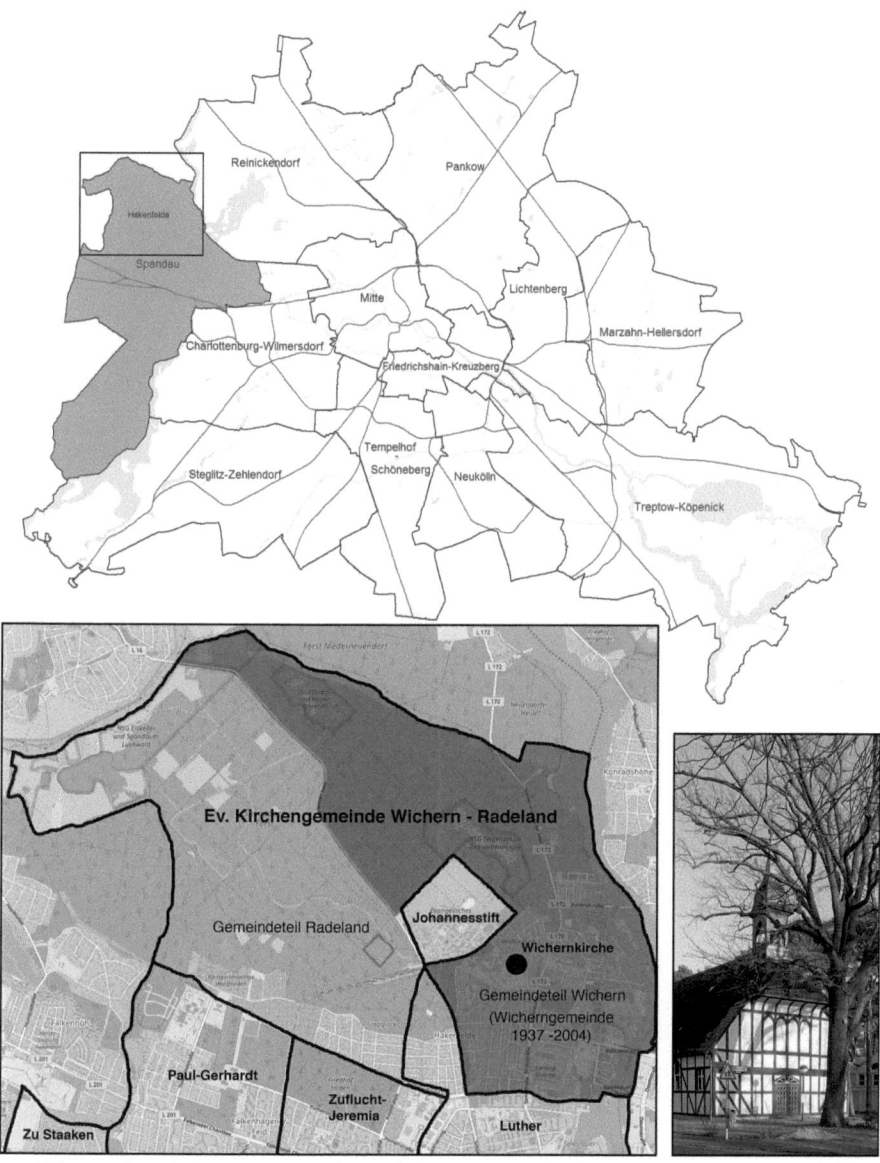

Abb. 1: Die Wicherngemeinde und ihre Lage in Berlin-Spandau. 2004 erfolgte
der Zusammenschluss mit der Ev. Kirchengemeinde Radeland zur Ev. Kirchengemeinde Wichern-Radeland. Gegen 1970 bürgerte sich die Bezeichnung
Wichernkirche für die einstige Kapelle ein.

1 Über die Grundbedingungen für eine historische Abhandlung

Vor der Niederschrift einer geschichtswissenschaftlichen Abhandlung gilt es grundsätzlich zuerst die Rahmenbedingungen abzustecken. So ist es für den Historiker unerlässlich, sich über die Zielsetzung seiner Arbeit weitgehend im Klaren zu sein. Was will er mit seinem Werk erreichen? Welche Quellen stehen ihm zur Verfügung und wie sehr kann er ihnen trauen? Diese und andere Fragen stehen nicht nur am Anfang, sondern sind auch während des Verfassens einer Abhandlung die steten Begleiter des Geschichtswissenschaftlers.

Die Arbeitsgruppe zur Aufarbeitung des geschichtlichen Erbes der Wichernglocke hat für die vorliegende Dokumentation entscheidende Vorarbeiten geleistet. In den gemeinsamen Sitzungen erarbeiteten die Mitglieder der Arbeitsgruppe und ich einen Anforderungskatalog, dem das Gesamtwerk am Ende standhalten sollte. So sollte ein Dokument entstehen, das die Ereignisse, die sich zwischen 1932 und 1945 innerhalb der heutigen Wicherngemeinde abspielten, anschaulich wiedergeben würde. Darüber hinaus sollte eine Einordnung in die geschichtlichen Entwicklungen der damaligen Zeit erfolgen und so eine bessere Nachvollziehbarkeit der Ereignisse gewährleistet werden. Zu diesem Zweck ist der eigentlichen Dokumentation eine Einführung vorangestellt, die die sozialen und politischen Gegebenheiten des Untersuchungszeitraums verständlicher machen sollen. Auch werden die zum Verständnis notwendigen Strukturen, Organisationen, Ideen und Personen vorgestellt. Der Bezugsrahmen ist zunächst sehr weit gefasst und wird im Verlauf der Dokumentation auf den eigentlichen Untersuchungsgegenstand, die evangelische Kirche in Hakenfelde, immer enger zusammengezogen. Vielleicht mag es dem einen oder anderen Leser entgegenkommen die Einführung zu überspringen und erst später auf diese zurückzugreifen.

Eine andere Grundbedingung für den erfolgreichen Abschluss einer solchen Arbeit ist es, sich der Grenzen des Machbaren bewusst zu sein. Es ist nicht möglich eine absolut mit den damaligen Ereignissen und Beweggründen der handelnden Personen deckungsgleiche Erzählung niederzuschreiben. Im Vergleich zu anderen Epochen, ist das 20. Jahrhundert für den Historiker ein dankbarer Zeitraum. Es liegen eine Fülle von Dokumenten und Berichten vor, aus denen sich ein Bild der Zeit zusammenfügen lässt. Tatsächlich ist ihr Umfang doch eher so groß, dass dieser sich nicht vollständig bewältigen lässt. Das Bild, das durch diese Quellen vermittelt wird, ist niemals vollständig und immer aus einem bestimmten Blickwinkel gezeichnet. Diese Dokumentation fußt zum überwiegenden Teil auf Quellen, die uns Mitglieder der Bekennenden Kirche hinterlassen haben. Die nachfolgenden Generationen sollten dankbar für diese umfassende Überlieferung sein. Aus der Sicht der überwiegenden Mehrheit der Bundesbürger zu Beginn des 21. Jahrhunderts liegen so die Dokumente der „richtigen" oder der „gerechten" Seite vor. Der Mangel an Quellen aus dem Lager der Deutschen Christen hat unterschiedliche Ursachen. Zum einen handelte es sich spätestens nach 1945 um die „unterlegene" Seite, und die „Geschichte der Verlierer" hat es in der Überlieferung oft schwerer. Besonders wenn sie im Zusammenhang mit ihrer Nähe zum Nationalsozialismus „kontaminiert" ist und daher sicherlich viele Zeugnisse vernichtet wurden. Auch scheinen die Anhänger der Glaubensbewegung Deutsche Christen ein weniger ausgeprägtes Verhältnis zum geschriebenen Wort gehabt zu haben, jedenfalls im Vergleich zu ihren Kontrahenten von der BK. Sie scheinen vergleichsweise weniger und häufig kürzere Dokumente fabriziert zu haben. Neben der Parteilichkeit der Autoren gibt es noch andere Gründe, die gegen eine wortwörtliche Übernahme von Äußerungen in den zeitgenössischen Unterlagen sprechen. Das nationalsozialistische Deutschland zeichnete sich durch ein staatliches Netzwerk zur Überwachung und zur geistigen

Indoktrinierung seiner Bürger aus. Wie frei konnte jemand in diesem Staat seine Gedanken auf Papier bringen, wenn er härteste Konsequenzen für sich und seine Familie fürchten musste? Daher mag die geäußerte Sympathie für das Regime in einem persönlichen Dokument vielleicht echt gewesen sein oder sie stellte nur ein Lippenbekenntnis dar, um sich und die Seinen vor Verfolgung und Unterdrückung zu schützen. Mit Sicherheit ist dies aus der Retrospektive nicht zu beurteilen. Auch war die Versuchung, seine Ansichten und Handlungen nach der Niederlage Deutschlands 1945 „ins rechte Licht zu rücken", bei vielen Personen sicherlich stark, was zu einer Verfälschung von Dokumenten geführt haben kann. Neben diesen ganzen Untiefen und Fallstricken in den Quellen selbst ist auch der Historiker keinesfalls über alle Zweifel erhaben. Trotz aller Bemühungen bleibt absolute Objektivität ein nicht zu erreichendes Ideal. Die eigenen Sympathien und Interessen so weit wie möglich außen vor zu lassen ist ein steter Kampf, der sich nur näherungsweise gewinnen lässt.

Aus den zuvor genannten Gründen sollte ersichtlich sein, dass die folgende Dokumentation keinen Anspruch auf eine absolute Wahrheit erhebt. Vielmehr hoffen die Mitglieder des Arbeitskreises zur Aufarbeitung des Erbes der Wicherngemeinde und ich, dass die Leser dieser Dokumentation ein Hilfsmittel erhalten, mit dem sie sich über einen Teil der Vergangenheit in Hakenfelde informieren können und sich vielleicht sogar eines Stücks ihrer eigenen Herkunft bewusst werden.

Lukas Menzel

Berlin, im August 2019

2 Die evangelische Kirche in Berlin am Beginn des 20. Jahrhunderts

Die Ereignisse und Entwicklungen in der evangelischen Kirche Berlins und des Deutschen Reiches in der Zeit von 1933 bis 1945 sind nicht verständlich, ohne ihnen zeitlich etwas vorzugreifen. Daher erfolgt zunächst ein kurzer Blick auf die Rolle der Kirche in der wilhelminischen Gesellschaft zu Beginn des 20. Jahrhunderts und ihr Verhältnis zur Weimarer Republik.

Am Vorabend des ersten Weltkrieges zeichnete sich die Evangelische Kirche der altpreußischen Union[i] hauptsächlich dadurch aus, dass sie sich zu einem hohen Grad mit den herrschenden Hohenzollern identifizierte, der sozialdemokratisch geprägten Arbeiterschaft ablehnend bis feindlich gegenüberstand und sehr stark auf sich selbst konzentriert war.[3] Als Hauptstadt des neuen wilhelminischen Kaiserreiches profitierte Berlin besonders von den Reparationszahlungen des im Krieg von 1870/71 unterlegenen Frankreichs. Daraus ergab sich auch ein rasantes Bevölkerungswachstum. Lebten um 1871 ca. 800.000 Menschen in der Stadt, so waren es 1914 bereits mehr als zwei Millionen. Besonders die Zahl von Mitgliedern der Arbeiterklasse stieg an, so

---

[i] Aufgrund des Übertritts der brandenburgischen Markgrafen zu verschiedenen protestantischen Konfessionen im Verlauf der Zeit, der stetigen Erweiterung des Herrschaftsgebietes der Hohenzollern und der Zu- als auch Abwanderung von Bevölkerungsgruppen, ist das Gebiet weiter Teile der heutigen Bundesländer Berlin und Brandenburg im Verlauf der Frühen Neuzeit durch ein Nebeneinander von Lutheranern und Calvinisten verschiedenster Glaubenspraktiken gekennzeichnet. Diesen Zustand versuchte 1815 der preußische König Friedrich-Wilhelm III. zu beheben. Er erklärte, die lutherische und die calvinistische Konfession in einer „evangelisch-christlichen Kirche" zusammenzuführen. So entstand die Evangelische Kirche der Union oder preußischen Union, nach 1922 altpreußischen Union. Diese lieferte den institutionellen Überbau des Protestantismus in Preußen und bestand bis 1953.
Clark, Preußen, Aufstieg und Niedergang 1600-1947, S. 29f, 145f, 477f.

dass diese bald zwei Drittel der Berliner und Berlinerinnen stellte.[4] Unter dem Eindruck katastrophaler Arbeits- und Lebensbedingungen sowie dem sich rasant wandelnden sozialen Umfeld lösten sich deren traditionellen gesellschaftlichen Bindungen. Stattdessen begannen die Arbeiter sich selbst zu organisieren, eigene Vereine zu gründen und durch die sozialdemokratische Bewegung selbst ihre politischen Interessen zu formulieren und einzufordern.[5] Diese konnten mit der evangelischen Staatskirche nicht mehr viel anfangen. Vielmehr wurde sie als Teil des alten, die Arbeiterschaft ausbeutenden Systems wahrgenommen. Die evangelische Geistlichkeit wiederum stand in der überwiegenden Mehrheit der Sozialdemokratie klar ablehnend gegenüber. Dies führt zur Entfremdung zwischen der Kirche und einem Großteil der Berliner Bevölkerung. Anderseits machte die Bevölkerungsexplosion die Bildung von Kirchen-gemeinden mit bis zu 100.000 Mitgliedern notwendig. Oft waren von den offiziellen Mitgliedern nur zwischen neun und fünfzehn Prozent tatsächlich in diesen Gemeinden aktiv. Damit war die Kirche von ihrem Selbstbild, eine Kirche des gesamten Volkes oder eine „Volkskirche" zu sein, weit entfernt.[6]

Trotz des weitgehend feindlichen Verhältnisses von Arbeiterschaft und Kirche verschloss man in den Gemeinden nicht die Augen vor deren meist elenden Lebensbedingungen. Unter dem Schlagwort der „inneren Mission" begann man sich verstärkt in der Armen- und Krankenpflege zu engagieren, indem etwa Schwesternstationen gründet wurden. Hier nahmen sich Diakonissen der Bedürftigen an. Bei dieser Art der Kranken- und Armenpflege blieb der Missionsgedanke stets im Vordergrund. Es sollten die Auswüchse der sozialen Ungleichheit bekämpft werden, aber deren Ursachen wurden nicht in Frage gestellt.[i]

---

[i] Ein prominenter Vertreter der damaligen christlichen Sozialhilfe war der Hofprediger Adolf Stoecker. Dieser erfreute sich als Leiter der Stadtmission

Seit Ende des 19. Jahrhunderts fand die völkische Ideologie immer mehr Anhänger in Europa. Das völkische Gedankengut sollte für den späteren Nationalsozialismus Adolf Hitlers die weltanschauliche Grundlage bilden. Völkische Überzeugungen der Zeit zeichneten sich durch einen starken Bezug zur Religiosität aus. Nach der Überzeugung völkisch denkender Personen war der Glaube ein Produkt, das „aus dem eigenen Blut" stammt. Die eigene Religion entsprang also der eigenen Abstammung. Dieser Überzeugung folgend, wäre auch nur eine national gebundene Religion, die der eigenen „Rasse" entsprach, in der Lage dem deutschen Volk die erhoffte Erlösung zu bringen.[7] Das Christentum sei durch seine jüdischen Wurzeln und Überreste dieser artfremden Religion „verunreinigt", daher müssten diese entfernt werden. Die Anhänger einer derart „arisierten" Kirche folgerten hieraus die strikte Ablehnung des Alten Testamentes, insbesondere der Schöpfungsgeschichte, der zehn Gebote und der jüdischen Propheten, Richter und Könige. Im Fokus dieser „zweiten Reformation" sollte der Beweis stehen, dass Jesus, als geborener Galiläer, über eine arische Abstammung verfügte und so keinesfalls Jude gewesen sein könne.[8] Zunächst handelt es sich bei diesen „Deutsch-Christen" oder auch „Deutsch-Kirchlern", um eine kleine Splittergruppe, aber im politisch und gesellschaftlich aufgeheizten

---

großer Beliebtheit bei den Berlinerinnen und Berlinern. Die Intention Stoeckers lag aber nicht in der Beseitigung der prekären Lebensverhältnisse der Arbeiterschaft aufgrund christlicher Nächstenliebe. Vielmehr war es sein erklärtes Ziel, die Sozialdemokratie als politische Kraft zu schwächen, wenn Möglich sogar auszuschalten. Des Weiteren nutzte er seine Popularität um gegen Menschen jüdischen Glaubens zu hetzen und ihren vermeintlich schädlichen Einfluss auf die Kirche anzuprangern. Adolf Stoecker gilt als aktiver Wegbereiter des Antisemitismus und der geistigen Verbindung von „Deutschtum und Christentum". Damit bereitete er dem Einzug von völkischem Gedankengut in der evangelischen Kirche den Boden.
Wagner, Vorgeschichte des Kirchenkampfes, S. 34-37.

Klima der Weimarer Republik gewannen sie an Anhängern und Einfluss.[9]

Mit der euphorischen Stimmung bei Ausbruch des ersten Weltkrieges im Sommer 1914 ging auch eine allgemeine Kriegsbegeisterung in der evangelischen Kirche einher. Die Wenigen pazifistisch gesinnten Geistlichen wurden sehr schnell von der kriegsbegeisterten Mehrheit zum Schweigen gebracht. War schon im Vorfeld der Krieg von der Kanzel aus befürwortet worden, so wurde er nun sogar als „Retter und Reformator mit fürchterlichem Antlitz" begrüßt. Die deutlich steigende Zahl der Gottesdienstbesucher schien diesen Kurs sogar zu bestätigen. Aber dieser Zuwachs sollte keine dauerhafte Entwicklung darstellen.[10] Auch als sich der Kriegsverlauf für das Deutsche Reich immer nachteiliger entwickelte und die Versorgungslage in Berlin zunehmend prekärer wurde, hielt die überwiegende Mehrheit der Berliner Pfarrer an ihren Durchhalteparolen fest. Obwohl sich die militärische Niederlage schon im Vorfeld klar abzeichnete, bedeutete ihr Eintreten für die evangelische Geistlichkeit einen Zusammenbruch ihres bisherigen Weltbildes. Wie hatte Gott „so etwas" nur zulassen können? Trotzdem kam es unter dem Großteil der protestantischen Theologen, auch jenen, die sich später der Bekennenden Kirche anschlossen, zu keiner moralischen Neubewertung oder gar entschiedenen Ablehnung von Krieg.[11]

Mit dem Ende der Monarchie sah sich die Evangelische Kirche in Preußen zunächst mit einem großen organisatorischen Problem konfrontiert. Die erzwungene Abdankung, beziehungsweise Absetzung Wilhelms II. als deutscher Kaiser und preußischer König bedeutete auch den Verlust des bisherigen Kirchenoberhauptes. Das Kirchenregiment wurde stattdessen in die Hände der Geistlichkeit selbst gelegt. Der Evangelische Oberkirchenrat (EOK) setzte gegenüber den Vertretern des sich entwickelnden Systems der Weimarer Republik (1918/9-1933) seine Unabhängigkeit durch und konnte sich weit reichenden Einfluss auf bedeutende gesellschaftliche Bereiche, wie das Schulwesen, sichern.[12] Politisch war die überwiegende Mehrheit der Pfarrschaft monarchistisch eingestellt. Dies drückte sich auch in der zahlreichen Mitgliedschaft von Pfarrern in der Deutschnationalen Volkspartei (DNVP) aus. Erklärtes politisches Ziel der DNVP war die Wiederherstellung der Monarchie als Regierungsform in Deutschland.[13] Die protestantische Elite blieb dem republikanischen Regierungsmodell gegenüber im besten Fall voreingenommen eingestellt. Oft lehnte dieses Sozialmilieu die Weimarer Republik sogar offen ab. Die nationalsozialistische Bewegung hingegen wurde in protestantisch eingestellten Kreisen als Chance zur Rückkehr zu „geordneten Verhältnissen" gesehen, wobei man die propagierte völkisch-heidnische Ideologie der NS-Führung gerne übersah oder verharmloste.[14] In den Augen vieler gläubiger Protestanten handelte es sich bei der Weimarer Republik um ein „katholisch-sozialistisches" System, dass sie mit ihren inneren Überzeugungen nicht in Einklang bringen konnten. Die Zusammenarbeit der sozialdemokratischen Partei und des katholischen Zentrums in der „Weimarer Koalition" dienten als Bestätigung ihrer Einschätzung.[15]

Unter einer Gruppe von Theologen erfolgte nach dem Ende des Ersten Weltkrieges durch eine Fokussierung auf die Schriften des Reformators Martin Luther und ihre zeitgemäße Auslegung eine inhaltliche Neuorientierung. Es bildeten sich in den Gemeinden zahlreiche Luther-Lektürekreise, in denen sich sowohl zukünftige Akteure der Bekennenden Kirche als auch der Glaubensbewegung Deutsche Christen zusammenfanden. Für die kommende Abspaltung der Vertreter der Bekennenden Kirche von der deutsch-christlich dominierten Offizialkirche, sollte die lutherische „Zwei-Reiche-Lehre"[i] eine bedeutende Rechtfertigungsgrundlage bieten.[16]

---

[i] Die Trennung der Welt in eine geistliche und eine weltliche Sphäre waren schon zu Beginn des 11. Jahrhunderts eine wichtige Voraussetzung für die Ausübung von Herrschaft im mittelalterlichen Europa. Aber auch immer wieder Anlass für Auseinandersetzungen zwischen kirchlicher und weltlicher Gewalt. Mit seiner

Im Jahr der nationalsozialistischen Machtergreifung 1933 gehörten offiziell immer noch 95 Prozent der Reichsbürger einer der beiden großen christlichen Konfessionen an. Wobei in etwa 41 Millionen evangelischen Kirchenmitgliedern ca. 21 Millionen Katholiken gegenüberstanden. Auch wenn nur jeder vierte Protestant als aktives Kirchenmitglied betrachtet wurde, war deren Anteil immer noch hoch genug, um die Aufmerksamkeit der Nationalsozialisten zu erregen. Denn diese hatten sich die Schaffung eines nach ihren völkischen Vorstellungen homogenisierten Staates zum Ziel gesetzt.[17]

2.1 Die Bildung der „Glaubensbewegung Deutsche Christen" (DC) und die Gemeindekirchenwahlen von 1932

Im Januar 1932 rief der Fraktionsführer der NSDAP im Preußischen Landtag und Gauleiter der Ostmark Wilhelm Kube seine Parteigenossen auf, die evangelische Kirche in Preußen für ihre Zwecke in Besitz zu nehmen. Parallel dazu wurde im „Deutschen Pfarrblatt" ein Aufruf zur Bildung einer nationalsozialistischen Pfarrorganisation veröffentlicht. Dieser stieß auf ein breites Interesse. Unter den ersten Beteiligten befand sich auch Pfarrer Fritz

---

Kritik an der Ablasspraxis der damaligen Kirche griff Martin Luther die absolute Macht des Papstes in geistlichen Fragen an. Den weltlichen Fürsten hingegen gestand der Reformator ein Notrecht zur Beseitigung kirchlichen Missständen zu. Dabei betonte Luther die Pflicht der weltlichen Gewalt mit Vernunft vorzugehen. Er hielt gleichzeitig an der grundsätzlichen Trennung von weltlicher und geistlicher Sphäre fest. Sowohl die Deutschen Christen, als auch die Mitglieder der Bekennenden Kirche beriefen sich zur Durchsetzung ihrer jeweiligen Ansichten auf Luther. Die DC wiesen auf das Recht der weltlichen Herrscher, die Kirche im Notfall selbst zu ordnen hin. Die BK wiederum betonte die Unabhängigkeit der Geistlichkeit von der weltlichen Ordnung.
Mantey, Zwei Schwerter – Zwei Reiche, Martin Luthers Zwei-Reiche-Lehre vor ihrem spätmittelalterlichen Hintergrund, S. 71, 189 und 232.

Kessel aus der Nikolai-Gemeinde in Spandau.[18] Dieses Vorgehen war Teil der Bestrebung, so viele Bereiche des gesellschaftlichen Daseins wie möglich, mit nationalsozialistischen Organisationen zu durchdringen. Seit die Nationalsozialistische Arbeiterpartei Deutschlands (NSDAP) mit 18 Prozent der Stimmen in der Reichstagswahl 1930 von einer Splitterpartei zur zweitstärksten Fraktion aufgestiegen war, versuchte sie sich immer neue Sozialmilieus zu erschließen. Dies führte zur Gründung einer eigenen nationalsozialistischen Kirchenpartei, mit der man bei den Gemeindewahlen in der preußischen Landeskirche antreten wollte.[19] Unter dem Namen „Glaubensbewegung Deutsche Christen" (DC) wurde eine Wahlliste aufgestellt. Das Grundsatzprogramm war als die „Zehn Richtlinien" bekannt. Unter anderem erklärten diese Richtlinien die Rasse, das Volkstum und die Nation zur von Gott gegebenen Ordnung des menschlichen Lebens, lehnten Pazifisten und Freimaurer ab und forderten einen entschiedenen „Kampf gegen den gottfeindlichen Marxismus". Die sozialdarwinistische Weltsicht der NS-Ideologen fand ebenfalls ihren Niederschlag. Die innere Mission dürfe nicht zur „Entartung unseres Volkes" beitragen und „Untüchtige und Minderwertige" stützen. Die Eingliederung von Menschen jüdischen Glaubens in die evangelische Kirche wurde als „Rassenverschlechterung und Bastardisierung" des „Blutes des Volkskörpers" bezeichnet. Es ist hier wichtig zu betonen, dass die Urheber dieses Programms evangelische Geistliche waren und nicht von außen eingeschleuste Nationalsozialisten. Die Übernahme der Kirche durch völkisch-nationalsozialistische Kräfte wurde von innen heraus betrieben.[20] Aus den „Zehn Richtlinien" war deutlich abzulesen, dass die Forderungen der DC nicht auf christlichen Werten, sondern auf der völkisch-rassistischen Ideologie der NSDAP, basierten.[21]

Trotz der offenen Nähe zur Weltanschauung der NSDAP und der daraus resultierenden Ignoranz gegenüber dem politischen Neutralitätsgebot in der Kirche, ließ der evangelische

Oberkirchenrat die DC zu den Wahlen der „Gemeindekirchenräte" (GKR) und der „Gemeindevertretungen" (GV) am 13. November 1932 zu. Während es sich bei der GV um ein Gremium handelte, dass nur bei besonderen Anlässen, wie der Wahl eines neuen Pfarrers, zusammenkam, war der GKR auch damals auf Gemeindeebene die bedeutendste Institution. Sie bestand aus sechs bis achtzehn „Ältesten". Die Anzahl orientierte sich an der Größe der Gemeinde und der Zahl der Pfarrer. Gemeinsam trafen sie die meisten Entscheidungen.[22] Angesichts der national-konservativen Einstellung unter der Pfarrschaft und vielen Kirchgängern, die sich in Verbundenheit zur Monarchie und einer positiven Einstellung gegenüber dem Militär ausdrückten, konnte man durchaus von einem gewissen Wählerpotential für die DC ausgehen. Dass diese aber bei ihrer ersten Wahl direkt ein Drittel der Sitze für sich erringen konnten, erschien zunächst überraschend.[23] Ein solch hohes Ergebnis der DC wurde, wenigstens zum Teil, in der Forschung mit der erfolgreichen Mobilisierung von Neuwählern über die geschickte Nutzung des Parteiapparates der NSDAP erklärt. Die Deutschen Christen konnten ebenfalls von der allgemeinen Politisierung profitieren und so an die Wahlerfolge der NSDAP anknüpfen. Die traditionellen kirchlichen Gruppen reagierten auf die DC zwiespältig. Zum einen lehnten sie deren kämpferischen Ton ab, aber es gab auch sich positiv äußernde Stimmen, die eine Belebung durch die DC in der Kirche feststellten. Hatten bei den vorherigen Gemeindewahlen Einheitslisten dominiert, würde nun wenigstens eine echte Debatte um verschiedene Meinungen und Ansichten geführt. So sorgten die Deutschen Christen paradoxerweise zunächst für eine Belebung der Demokratie in der Kirche.[24] Betrachtet man das Wahlergebnis in ganz Berlin, so lässt sich feststellen, dass die DC-Ergebnisse in den Randgemeinden gegenüber den Stadtgemeinden höher waren. In Spandau erhielten die Deutschen Christen sogar eines ihrer höchsten flächendeckenden Ergebnisse mit 47,2 Prozent, mit einem

Spitzenwert von 50 Prozent in Siemensstadt. Letztlich zeigt das Wahlergebnis vom 13. November, das schon zu diesem Zeitpunkt ein erheblicher Teil der kirchlichen Wähler und der evangelischen Pfarrer dem Nationalsozialismus zugeneigt waren oder diesem wenigstens Sympathien entgegenbrachten.[25] Tatsächlich war die Glaubensbewegung Deutscher Christen in sich bei weitem nicht so geschlossen und kampfstark, wie ihr energisches Auftreten und die bedeutenden Anfangserfolge vermuten ließen. Vielmehr handelte es sich um einen Zusammenschluss aus seit längerem bestehenden antisemitischen Gruppierungen, jungen Geistlichen, die den ersten Weltkrieg als Frontsoldaten erlebt und den Frieden von Versailles als Schmach empfunden hatten, sowie traditionsbewussten kirchlichen Vertretern, die auf die neue Bewegung beruhigend einwirken wollten. Neben diesen christlich gesinnten Personenkreisen gab es durchaus kirchenfremde Menschen, die nur aus der Hoffnung, dadurch einen persönlichen Vorteil zu erringen, zu den DC stießen. Diesen in sich sehr heterogenen Interessensverband über längere Zeit geschlossen zu halten, sollte sich für die DC-Führung als schwierig erweisen.[26]

Die Ernennung Adolf Hitlers am 30. Januar 1933 zum Reichskanzler durch den Reichspräsidenten Paul von Hindenburg stellte den Ausgangspunkt für eine völlige Veränderung der politischen und gesellschaftlichen Rahmenbedingungen dar, die auch die evangelische Kirche deutlich treffen sollte. Zunächst blieben nur die Kirchen von der nationalsozialistischen Bestrebung, alle gesellschaftlichen Akteure in ihrem Sinn „gleichzuschalten", ausgenommen. Aber die Deutschen Christen bemühten sich, die föderalen Strukturen der evangelischen Kirche von innen heraus zu beseitigen und sich selbst ins Zentrum der Macht zu bringen.[27] Daher sprach sich die Glaubensbewegung Deutsche Christen für die Ernennung eines „Reichsbischofes" aus, der in Anlehnung an das nationalsozialistische „Führerprinzip" die Kirchenleitung innehaben sollte. Für dieses Amt schlug die DC-Führung den

Königsberger Wehrkreispfarrer Ludwig Müller vor.[28] Zunächst setzte sich aber Friedrich von Bodelschwingh, der Leiter der Anstalt Bethel bei Bielefeld, in der Wahl zum Reichsbischof durch. Die DC-Vertreter in der evangelischen Kirche opponierten aber in solcher Weise gegen ihn, dass er nach nur wenigen Wochen sein Amt wieder aufgab.[29] Während an der Spitze der Kirche so ein Machtvakuum entstanden war, nutzte die NS-Führung die Gelegenheit, um August Jäger als Staatskommissar für Kirchenfragen einzusetzen. Dieser setzte seine Befugnisse umgehend für einen Austausch von innerkirchlichen Kritikern der NSDAP durch treue Deutsche Christen ein. Nun begann sich in der Pfarrschaft eine Opposition zu formieren.[30] Als das Innenministerium für den 23. Juli 1933 stark vorgezogene Kirchenwahlen mit nur neun Tagen Abstand zum Urnengang ansetzte, sammelte sich dieser Widerstand in der Liste „Evangelium und Kirche". Diese Wahl gilt, trotz starker Repressionen gegenüber der Opposition, als die letzte freie Wahl im NS-Deutschland. Sie zeichnete sich durch eine weitere Rekordwahlbeteiligung aus. So stieg in der Spandauer Luthergemeinde die Wählerzahl um das Dreifache.[31] Zunächst gelang es der Liste „Evangelium und Kirche" viele Anhänger zu mobilisieren. Neben Repressionen, wie der Behinderung durch die NSDAP oder Beschlagnahmung von Druckschriften, führte die Parteinahme der neuen Regierung zugunsten der DC zu einem Umschwung. Besonders die Ansprache Hitlers im Rundfunk am Vorabend der Wahl, dürfte dazu beigetragen haben, dass die Glaubensbewegung Deutsche Christen etwa drei Viertel der abgegebenen Stimmen erhielt.[32] Aber nicht in allen Berliner Gemeinden hatte die DC die Mehrheit errungen, so in Dahlem, Nikolassee und Nikolai in Mitte. Die Mehrheitsverhältnisse in den jeweiligen GKRs sollten jedoch die Entwicklungen der Gemeinden in der Zeit bis 1945 entscheidend prägen.[33] Im Sommer 1933 standen die DC auf dem Höhepunkt ihrer Macht. Innerhalb kurzer Zeit sollte sich aber zeigen, dass ein großer Teil der Stärke der Glaubensbewegung nur von der NSDAP geliehen war. Nachdem die Deutschen Christen die wichtigen Ämter innerhalb der Kirche weitestgehend erobert hatten, beschloss die Parteiführung sich wieder zurück zu ziehen. Damit fehlte es aber der DC an der nötigen Durchschlagskraft, so dass viele ihrer Reformen auf juristischem Weg von Oppositionsgruppen innerhalb der Kirche gestoppt oder sogar zurückgedrängt werden konnten. Diese Erfolglosigkeit ließ die Gegensätze zwischen den verschiedenen Flügeln innerhalb der Glaubensbewegung immer deutlicher hervortreten, bis sie in verschiedene, untereinander stark zerstrittene Gruppierungen zerfiel. Viele Schlüsselpositionen in den Gemeinden und der Kirchenleitung blieben aber von Deutsch-Christen besetzt. Besonders auf der Gemeindeebene nutzten diese ihre Stellung, um den in ihren Augen verräterischen Glaubensgenossen bei jeder sich bietenden Gelegenheit Steine in den Weg zu legen.[34]

Unter den verschiedenen Fraktionen und Gruppierungen, die sich aus der einstigen „Glaubensbewegung Deutsche Christen“ wiederherauslösten oder neu bildeten, sind für das Verständnis der Ereignisse in Hakenfelde die „Deutsche Glaubensfront“ und die „Deutsche Glaubensbewegung“ von einer gewissen Bedeutung. Die Deutsche Glaubensfront war eine 1935 vom ehemaligen Berliner DC Gauleiter Reinhold Krause gegründete Abspaltung von der DC. Dieser hatte mit seiner Rede im Berliner Sportpalast (näheres unter Kapitel 4.5. Aufbau der Bekenntnisgemeinde Luther) einen Skandal ausgelöst und wurde deswegen seiner Ämter enthoben. Krause war aber nicht bereit diese persönliche

Abb. 2: Stempel der Glaubensbewegung „Deutsche Christen“ (DC), Gemeindegruppe Spandau-Luther.

Niederlage hinzunehmen und versuchte weiterhin Anhänger um sich zu scharen. Letztlich blieb dieser Zusammenschluss eine unbedeutende Splittergruppe, welche sich zwischenzeitlich den Namen „Deutsche Glaubensfront" gab.[35] Um eine höhere organisatorische Bedeutung zu erhalten versuchte Krause seine Glaubensfront mit der „Deutschen Glaubensbewegung" zu vereinigen. Hier war die christliche Religiosität weitestgehend durch ein germanisches Neuheidentum ersetzt worden. Die „Deutsche Glaubensbewegung" geriet in den kommenden Jahren immer stärker unter den Einfluss der SS und zerfiel zunehmend.[36] Letztlich sollten beide Gruppen niemals auch nur annähernd an den Erfolg der DC zu Beginn der nationalsozialistischen Diktatur anknüpfen können.

2.2 Die Bekennende Kirche beginnt sich zu formieren

Da die Glaubensbewegung Deutsche Christen nach den Kirchenwahlen vom Sommer 1933 in den Leitungsgremien der evangelischen Kirche über deutliche Mehrheiten verfügte, begann sie, die Kirche nach deren völkisch-rassischen Vorstellungen umzubauen.[i] Ein entscheidender Schritt dazu war die Übernahme des „Gesetzes zur Wiederherstellung des Berufsbeamtentums"[ii], auf

---

[i] Die Machtübernahme lief nicht in allen Teilen des Reiches für die DC gleich erfolgreich ab. So konnten die Landeskirchen Württemberg, Bayern und Hannover ihren Status und ihre ursprünglichen Mitarbeiter zunächst behalten. Daraus leitete sich bald für diese drei die Bezeichnung „intakte" Landeskirchen ab, die im Kontrast zu den, im Verlauf des Konfliktes zwischen deutsch-christlicher Kirchenleitung und Opposition „zerstörten", Landeskirchenstand. Besonders die Evangelische Kirche der altpreußischen Union galt als „zerstört".
Lange / Noss, Bekennende Kirche in Berlin, S. 119.
[ii] Allein in Berlin wurden 220 Beamte durch das Inkrafttreten des „Gesetzes zur Wiederherstellung des Berufsbeamtentums" in den Zwangsruhestand versetzt. Dies entsprach etwa einem Anteil von fünf Prozent der gesamten Beamtenschaft

Abb. 3: Pfarrer Martin Niemöller (1952).

der sog. „braunen Synode“ am 4./5. September 1933 in Berlin. Die Einführung dieses Gesetzes im Raum der Kirche bedeutete, dass jeder Geistliche einen Nachweis seiner „arischen Abstammung“ erbringen musste, um seine Stellung zu behalten.[37] Die Nationalsozialisten hatten das „Gesetz zur Wiederherstellung des Berufsbeamtentums“ genutzt, um tausende Beamte, die jüdischen Glaubens oder Mitglieder republikanischer Parteien waren, aus dem Staatsdienst zu entlassen. Dem Versuch der DC eine ähnliche „Säuberung“ in der Kirche vorzunehmen, stellte sich die „jungreformatorische Bewegung“ entgegen. Dieser Zusammenschluss aus jüngeren Pfarrern aus dem Raum Berlin-Brandenburg und eines Gesprächskreises um den Charlottenburger Pfarrer Gerhard Jacobi sammelte sich unter der Forderung „Kirche muß Kirche bleiben, muß wieder Kirche werden, sonst stirbt sie.“ Aus der Sicht der Jungreformatoren waren zum einen alle Bemühungen, die Kirche nach politischen Vorgaben umzugestalten, abzulehnen und zum anderen sollten alle Fragen in

---

der Reichshauptstadt. Das lag deutlich über dem Schnitt im restlichen Reich. Die NSDAP hatte sich damit schwer getan im politisch „roten“ Berlin Fuß zu fassen und der Anteil von Menschen jüdischer Abstammung lag in der Hauptstadt auch über dem Reichsdurchschnitt. Die NS-Führung war bemüht, den von der Berliner Beamtenschaft erwarteten Widerstand direkt auszuschalten.
Wagner, Nationalsozialistische Kirchenpolitik und protestantische Kirche nach 1933, S. 79.

Bezug auf Volk, Rasse und Staat vom Evangelium her beantwortet werden.[38] Die Weltsicht der Mitglieder der jung-reformatorischen Bewegung baute sich auf einer klaren Trennung zwischen weltlicher und geistlicher Sphäre auf. Während im kirchlich-geistlichen Bereich allein die Botschaft des Evangeliums zu verkünden sei, könne man im politisch-weltlichen Bereich den Staat, welchen die Nationalsozialisten im Begriff waren aufzubauen, freudig willkommen heißen.

Abb. 4: Pfarrer Gerhard Jacobi

Die Ablehnung der nationalsozialistischen Ideologie beschränkte sich ausschließlich auf den Raum der Kirche.[39]

Noch am gleichen Tag, als die „braune Synode" die Einführung des Arierparagraphen und die Auflösung der föderalen Strukturen der evangelischen Kirche beschloss, bildete sich mit dem Pfarrernotbund (PNB) eine oppositionelle Gemeinschaft. Dieser entstand unter der Federführung der Pfarrer Martin Niemöller, Gerhard Jacobi und Dietrich Bonhoeffer. Hier fanden sich Personen zusammen, die sich verpflichteten, den Kirchenbeamten und Geistlichen, die durch den Arierparagraphen ihre Anstellung verloren, beizustehen. Der PNB ging in seiner Opposition zur DC noch weiter, da er in der Einführung rassischer Elemente, wie den Ausschluss von Menschen mit jüdischer Abstammung, nicht nur einen Bruch mit dem evangelischen Bekenntnis sah. Vielmehr stelle dieses unchristliche Verhalten durch die deutsch-christliche Kirchenleitung einen Verstoß gegen die Gebote des christlichen Glaubens selbst dar. Die offen rassistische Politik des NS-Regimes hingegen wurde nicht verurteilt.[40] Einen erneuten Schub erhielt die innerkirchliche Opposition im November 1933 durch die Rede des Berliner DC-Gauobmanns Reinhold Krause anlässlich einer Kundgebung der DC im Berliner Sportpalast. Während die anwesende Menge seine Forderung nach einem „arischen Christentum" und einer „Reinigung des neuen Testamentes von allen jüdisch-paulinischen Spuren" jubelnd begrüßte, war für die Mehrheit der Protestanten in Deutschland endgültig eine Grenze überschritten worden.[41] Die auf die Rede Krauses folgenden Auseinandersetzungen innerhalb der Glaubensbewegung Deutscher Christen führten zu deren zunehmender Spaltung und Schwächung. Die in Opposition zur DC stehenden Gruppierungen sahen sich nun unter der Berufung auf ein reichsweites „kirchliches Notrecht" zur offenen Trennung von der offiziellen Kirchenleitung gezwungen. Es wurde mit dem Aufbau von Alternativgremien und Parallelstrukturen auf allen kirchlichen Ebenen begonnen und die Zusammenarbeit mit der Offizialkirche abgelehnt. Die „freie Synode" vom 3./4. Januar 1934 in Wuppertal-Barmen formulierte die „Erklärung über das rechte Verständnis der reformatorischen Bekenntnisse in der DEK der Gegenwart", die für die anderen BK-Synoden im Reich vorbildhaft sein sollte. Am 7. März 1934 stimmte die freie Synode in Berlin-Dahlem der Erklärung von Barmen mit einigen Ergänzungen zu. Damit war der Grundstein für die Bekennende Kirche (BK) von Berlin-Brandenburg gelegt worden.[42]

Zu den verbreiteten Formen des Widerstands in der BK gehörte die Verlesung von kritischen Kanzelabkündigungen, das Verbreiten

Abb. 5: Superintendent Martin Albertz.

von Nachrichten über Zwangsmaßnahmen des Staates gegen die Kirche, und das Sammeln von Kollekten für die Arbeit der BK. Offensivere Maßnahmen, wie das Abhalten von Fürbitten für durch den Staat Verfolgte oder die Unterstützung jüdischer Mitbürger, wurden nur von wenigen in der BK vorgenommen. Zur Gruppe der „Radikalen" oder „Dahlemiten", nach der Gemeinde Martin Niemöllers, gehörten auch der Spandauer Superintendent Martin Albertz und Pfarrer Günther Harder. Diese ließen in ihren Pfarrhäusern und Büros Taufscheine, Ariernachweise und Ausweise fälschen, um von staatlicher Repression Betroffene zu schützen.[43] Von Anfang an hatte aber die BK mit dem inneren Widerspruch zu kämpfen, die radikalen Bestrebungen der DC entschieden abzulehnen und gleichzeitig der nationalsozialistischen Staatsführung in weitgehender Treue verbunden zu bleiben. Während der gesamten Dauer des NS-Regimes sollte es nie zu einer klaren Aufkündigung der Loyalität diesem gegenüber durch die BK kommen.[44] War die Glaubensbewegung Deutsche Christen ein Zusammenschluss sehr unterschiedlicher Gruppierungen, so bestand in der Bekennenden Kirche von Beginn an ein Gegensatz zwischen „Radikalen" und „Gemäßigten". Auch dieser inneren Spaltung war es geschuldet, dass die BK als Institution immer auf den Raum der Kirche beschränkt blieb und nie den Schritt in die politische Opposition machte. Abschließend sollte noch betont werden, dass die Mehrheit der Deutschen Pfarrschaft sich im Konflikt zwischen BK und DC neutral verhielt und so deren Auseinandersetzung, aus der reichsweiten Perspektive betrachtet, immer ein Kampf von zwei Minderheiten blieb.[45]

3 Berlin-Spandau zu Beginn der 1930er Jahre

Sowie eine Betrachtung des Verhältnisses von Kirche, Staat und Gesellschaft vor dem eigentlichen Untersuchungszeitraum für das Verständnis der inneren Verhältnisse der Wicherngemeinde wichtig sind, so wird nachfolgend auch der direkten Umgebung in Spandau Aufmerksamkeit gewidmet. Daher bietet es sich an, zunächst die sozialen und politischen Entwicklungen in Spandau etwas näher zu beleuchten, sich den kirchlichen Strukturen des Bezirkes zu widmen, um dann die Situation in Hakenfelde vor der Machtübernahme durch die Nationalsozialisten zu betrachten. Hierdurch wird klar, dass Spandau nicht nur der westlichste Bezirk Berlins ist, sondern sich auch selbst durch örtliche Besonderheiten und Traditionen auszeichnet.[46]

3.1 Die politische und soziale Ausgangssituation in Spandau

Es mag dem Betrachter aus dem zweiten Jahrzehnt des 21. Jahrhunderts nicht mehr direkt ins Auge fallen, aber Spandau war und ist heute noch im Bereich Industrie unter den Berliner Bezirken führend.[47] Hier waren bedeutende Konzerne wie Siemens, Orenstein & Koppel und die Deutschen Industriewerke ansässig, so dass Spandau zu Beginn des 20. Jahrhunderts zusammen mit Weißensee und Wedding im Verhältnis zur gesamten Einwohnerschaft den höchsten Anteil an Arbeitern in der Bevölkerung aufwies. Neben der Industrie war das Militär für Spandau prägend. Hier gab es zahlreiche Kasernen, Munitionsfabriken, das Festungsgefängnis und das Fort Hahneberg.[48] Die Doppelfunktion als Industrie- und Militärstandort brachte Spandau die Bezeichnung „Waffenschmiede Preußens" ein. Die allgemeine Abrüstung nach dem ersten Weltkrieg und die Umstellung der Produktion auf Konsumgüter führten zu einem sozialen Umbruch im Bezirk. Neben der Verkleinerung oder

Neuansiedlung von Unternehmen kam es auch zur Schließung von Betrieben und dem damit einhergehenden Verlust von Arbeitsplätzen. Spandau blieb jedoch ein bedeutender Standort der Reichswehr. Dazu trug die räumliche Nähe zum Truppenübungsplatz Dallgow-Döberitz bei. Aber auch der Umstand, dass hier durch die „Schwarze Reichswehr"[i] gegen die Bestimmungen des Friedensvertrages von Versailles verstoßende Rüstung betrieben wurde.[49] Aus statistischen Erhebungen lässt sich ablesen, dass von den etwa 146.000 Spandauern und Spandauerinnen knapp die Hälfte als Arbeiter und Arbeiterinnen ihren Lebensunterhalt verdienten, während nur ein gutes Viertel der Bevölkerung Beamte waren oder sich in einem Angestelltenverhältnis befanden. Die Arbeitslosenquote war mit 26,2 Prozent sehr hoch. Über drei Viertel der Bevölkerung waren Angehörige der evangelischen und ein Zehntel der katholischen Konfession. Der Anteil der Personen jüdischen Glaubens lag bei 0,5 Prozent.[50]

---

[i] Die „Schwarze Reichswehr" war ein Zusammenschluss ehemaliger Frontsoldaten des Ersten Weltkrieges oder politisch stark konservativ bis radikal rechts gesinnter Kräfte, die der Weimarer Republik ablehnend gegenüberstanden. Mit dem Friedensvertrag von Versailles war die Heeresstärke des Deutschen Reiches auf höchstens 100.000 Mann beschränkt worden. Dies hatte zur Folge, dass viele heimkehrende Soldaten ohne Beschäftigung waren und sich verraten fühlten. Andererseits wurden die zur Verfügung stehenden Truppen von der Reichsregierung in den unruhigen Anfangsjahren der Republik als nicht ausreichend empfunden, um Ruhe und Ordnung im Land sicher zu stellen. Daher wurde mit dem Wissen des Reichswehrministeriums eine geheime Zusatzarmee aufgestellt, die unter der Bezeichnung „Schwarze Reichswehr" bekannt wurde. Beschäftigungslose ehemalige Soldaten sollten so aufgefangen werden und weitere bewaffnete Kräfte im Krisenfall zur Verfügung stehen. Aufgrund der republikfeindlichen Gesinnung vieler Angehöriger der Schwarzen Reichswehr, ging von ihr eine destabilisierende Wirkung aus, was die Auflösung der Schwarzen Reichswehrverbände im Anschluss an den Putsch von Küstrin 1923 zur Folge hatte.
Sauer, Die „Schwarze Reichswehr" und der geplante „Marsch auf Berlin", S. 116ff.

Bevölkerung		Berufszugehörigkeit (%)		Religionszugehörigkeit (%)	
Insgesamt	146.472	ArbeiterInnen	49,7	Evangelisch	77,7
weiblich	74.837	Angestellte/Beamte	27	Katholisch	10,3
Männlich	71.635	Selbstständige	7,1	Juden	0,5

In der letzten Wahl zum Reichstag vor dem Ausbruch des ersten Weltkrieges im Jahr 1912 hatte sich der Sozialdemokrat Karl Liebknecht im sogenannten „Kaiserwahlkreis" Potsdam – Spandau – Osthavelland durchsetzen können. Die Weltwirtschaftskrise von 1929 sorgte aber für eine zunehmende Wählerwanderung weg von den Arbeiterparteien SPD und KPD hin zur NSDAP.[51] Hatten die Parteien der Arbeiterbewegung 1919 noch zwei Drittel der Stimmen auf sich vereinigt, so lag deren Anteil 1933 nur noch bei 40 Prozent der abgegebenen Stimmen.[52]

Wahlergebnisse für die Reistagswahlen (%)					
	KPD	SPD	Zentrum	DNVP	NSDAP
14.09.1930	20,0	32,4	3,8	12,6	15,0
31.07.1932	20,4	29,2	4,7	7,1	34,9
06.11.1932	23,2	25,7	4,4	9,5	33,0
05.03.1933	17,2	23,9	4,5	9,6	41,6

Zu Beginn der Weimarer Republik konnte die national-konservative DNVP mit ihrer Forderung nach der Restauration der Monarchie zur zweitstärksten Kraft nach der SPD in Berlin-Spandau werden. Diese fand Anklang bei einer völkisch gesinnten Gruppierung, die ein „Weg von Berlin" des erst 1920 in die Reichshauptstadt eingemeindeten Spandaus forderte. Die NSDAP sammelte ab 1929 Anhänger unter den Angehörigen des Bürgertums aus Kladow und Gatow, den Angestellten in Siemensstadt und den Bewohnern der ländlich geprägten Orte, wie z. B. Staaken-Dorf. Auch die Wohnquartiere der ungelernten Hilfsarbeiter in Stresow und der Altstadt entwickelten sich zu Hochburgen der Nationalsozialisten.[53]

Die Spandauer Sturmabteilung (SA) war zahlenmäßig stark und in vielen Straßenschlachten kampferprobt. Sie stellte für den Berliner NSDAP-Gauleiter Joseph Goebbels bei der „Eroberung" Berlins ein wichtiges Werkzeug dar. Nachdem Hitler am 30. Januar 1933 zum Reichskanzler ernannt worden war, wurden viele „Sturmlokale" der SA genutzt, um politische Gegner zu foltern. Die nationalsozialistische Reichsregierung erneuerte Spandaus zentrale Stellung in der Rüstungsproduktion. Daher wurde der Bezirk im Verlauf des Zweiten Weltkrieges ein bevorzugtes Ziel alliierter Luftangriffe und litt unter starken Zerstörungen.[54]

3.2 Die Spandauer Kreissynode

Als am 1. Oktober 1920 die Gründung der Einheitsgemeinde Groß-Berlin vollzogen wurde, sollte dies zu einem prägenden Ereignis der weiteren Entwicklung der Hauptstadt werden. Durch die Verabschiedung des entsprechenden Gesetzes im preußischen Landtag wurden 59 Landgemeinden, 27 Gutsbezirke und acht Städte zusammengefasst. Damit konnten nun auf kommunaler Ebene die dringend benötigte Vernetzung der Verwaltung für einen effektiven Wohnungsbau, der Ausbau des Nahverkehrs, die Verbesserung des Gesundheitswesens und des Sozialsystems erfolgen. Die Notwendigkeit dieser Reform war schon zu wilhelminischer Zeit lange bekannt, aber die Angst der kaiserlich-konservativen Eliten vor einer Ausbreitung der liberal-sozialdemokratischen Gesinnung der Berliner hatte die Umsetzung verhindert.[55] Während auf politischer Ebene die Zusammenfassung des städtischen Zentrums von Berlin mit seiner näheren Umgebung erst durch die Umwälzungen des verlorenen Ersten Weltkrieges möglich wurde, war man im kirchlichen Bereich schon weiter. Bereits 1900 waren Stadt und Umland im Berliner Stadtsynodalverband vereinigt worden. Dabei blieben aber zunächst die Gemeinden von

Charlottenburg, Schöneberg und Spandau ausgespart. Die Gemeinden dieser, zu diesem Zeitpunkt noch eigenständigen Städte, unterstanden weiterhin der Generalsuperintendentur der Kurmark in Potsdam.[56]

Mit der Eingemeindung von Schöneberg, Charlottenburg und Spandau durch das „Groß-Berlin-Gesetz" von 1920 erfolgte der politische Anschluss dieser ehemals selbständigen Städte an die Metropole Berlin. Während Charlottenburg und Schöneberg im Berliner Stadtsynodalverband aufgingen, erhielten die Spandauer Gemeinden eine Sonderstellung, da sie dem Konsistorium der evangelischen Kirche von Berlin und der Mark Brandenburg unterstellt wurden. Zusätzlich kompliziert wurden die Verhältnisse dadurch, dass es auf dem Gebiet des Bezirks Spandau gleich zwei Superintendenten gab. Während die südlichen Ortsteile Kladow, Gatow und Groß-Glienicke zum Kirchenkreis Potsdam II gehörten, stellten die restlichen Gemeinden des Bezirks das Gebiet der Superintendentur Spandau dar. Bei der Machtergreifung der Nationalsozialisten 1933 war Martin Albertz Spandauer Superintendent. Er sollte sich als eines der kämpferischsten Mitglieder der BK erweisen.[57]

3.3 Eine Gemeinde im Werden – Hakenfelde als vierte Pfarrstelle der Luthergemeinde Spandau und Pfarrer Hermann Bunke als ihrer prägenden Figur

Die Einrichtung der Spandauer Luthergemeinde war auf die stark wachsende Bevölkerung im Berliner Umland im Zuge der Industrialisierung zurückzuführen. Hieraus ergab sich die recht späte Gründung der Gemeinde im Jahr 1919.[i] Ab 1922 waren Rudolf

---

[i] Ähnlich wie später bei der Entstehung der Wicherngemeinde, war der zugehörige Kirchenbau auch hier bereits vor Gründung der Gemeinde vorhanden. Die

Schmidt und Hermann Stephan und ab 1. Oktober 1926 Hermann Bunke als Pfarrer an der Luthergemeinde tätig.[58] Nach nur sechs Monaten in der Luthergemeinde wurde Bunke zum 1. April 1927 die Leitung des Gemeindeaußenbezirks Hakenfelde übertragen, der etwa zehn Jahre später unter dem Namen Wicherngemeinde seine Selbstständigkeit erhalten sollte.[59] Hermann Bunke sollte die zentrale Rolle beim Aufbau der Wicherngemeinde und den kurz darauf folgenden Auseinandersetzungen zwischen der Glaubensbewegung der Deutschen Christen und den Anhängern der Bekennenden Kirche zufallen.

Hermann (Karl Ernst Martin) Bunke war am 30. März 1895 im schlesischen Münsterberg als Sohn des Pastors Ernst Bunke geboren worden.[60] Fünf Jahre später erhielt der Vater eine Anstellung bei der Berliner Stadtmission. Es folgten verschiedene Aufgaben und Wohnungswechsel, bis dieser das Amt des Vorstehers im Evangelischen Johannesstift in Spandau-Hakenfelde antrat.[61] Im März 1914 absolvierte Hermann Bunke am Spandauer Kant-Gymnasium das Abitur und nahm das Studium der Theologie in Tübingen auf. Allerdings unterbrach er dieses bei Kriegsausbruch 1914 und meldete sich beim 5. Garderegiment in Spandau als Freiwilliger. Nach kurzer Grundausbildung wurde er mit dem 206. Reserveinfanterieregiment an die Westfront zum Einsatz in Flandern verlegt. Bunke wurde in der Zeit vom Dezember 1915 bis zum Oktober 1915 drei Mal im Feld verwundet und nach erfolgreicher Absolvierung eines Offizierslehrgangs zum Leutnant der Reserve befördert. Aufgrund seiner Verwundungen und seines Einsatzes als Bataillonsführer kehrte Bunke mit dem Eisernen Kreuz erster und zweiter Klasse sowie dem silbernen Verwundeten-abzeichen hoch dekoriert aus dem Krieg zurück.[62] Nun setzte er sein Theologiestudium in Halle und Berlin fort und erhielt nach erfolgreichem Ablegen der beiden Staatsexamina seine Ordination

---

Lutherkirche selbst entstand schon in den Jahren 1895-96.

Abb. 6: Pfarrer Hermann Bunke.

am 9. April 1922. Seine erste Stelle trat Bunke noch im gleichen Monat als Hilfsprediger im brandenburgischen Neuwelzow südlich von Cottbus an. Ende des Jahres, am 30. Dezember 1922, heiratete er. Im sächsischen Ullersdorf nordöstlich von Dresden erhielt er im Mai 1923 die Leitung über seine erste Gemeinde und wechselte von hier schließlich Anfang Oktober 1926 an die Lutherkirche in Berlin-Spandau.[63]

Ein Vergleich mit seinen Berliner Berufsgenossen hinsichtlich geographischer und sozialer Herkunft sowie der bisherigen Lebenserfahrungen Pfarrer Bunkes ist für die Einordnung seiner Person in die damaligen Verhältnisse hilfreich. Der Werdegang Hermann Bunkes zeichnet sich unter den Lebensläufen der Berliner Pfarrer der mittleren 1920er und der beginnenden 1930er Jahre schon fast durch einen idealtypischen Verlauf aus. Wie bei vielen seiner Kollegen war schon der Vater Hermann Bunkes Pfarrer gewesen, die Theologen stellten stets eine der drei größten sozialen Herkunftsgruppen.[64] Die Geburtsorte der Berliner Pfarrer lagen meist in den alten, östlich der Elbe befindlichen Gebieten Preußens, wobei fast die Hälfte aus Brandenburg oder sogar Berlin selbst stammten.[65] Als in Schlesien geboren und in Berlin aufgewachsen, gilt das auch für Bunke. Dies hat mit dem Umstand zu tun, dass es üblich war für mehrere Jahre in der Provinz als Pfarrer tätig zu sein, bevor man eine der begehrten Pfarrstellen in Berlin erhielt.[66] Sowohl Hermann als auch sein Vater Ernst absolvierten diese „Ochsentour" in ländlichen Gebieten, bevor sie eine Anstellung in Berlin erhielten. Die Stadt allgemein und Berlin im Besonderen übte auf Pfarrer eine Sogwirkung aus. Nur hier konnte man den zum erfolgreichen Theologiestudium nötigen Bildungsstand erreichen und die nötigen materiellen Mittel erwerben, damit der Sohn in den Fußstapfen des Vaters treten konnte.[67] Die nötige gymnasiale Vorbildung konnte Hermann aufgrund der Versetzung seines Vaters nach Berlin erwerben. Mit seinen Studien an den Universitäten Tübingen, Halle und Berlin lag er wiederum im allgemeinen Trend der anderen Berliner Pfarrer, die ebenfalls an diesen studiert hatten.[68] Wie im Fall vieler seiner Altersgenossen und Kommilitonen stellte der Ausbruch des ersten Weltkrieges für Hermann Bunke ein einschneidendes Erlebnis dar. Er gehörte in den Augen der Berliner Pfarrer zu den „Glücklichen", die das richtige Alter hatten, um aktiv Kriegsdienst leisten zu dürfen. Minderjährige wurden nicht eingezogen und ordinierte Geistliche nicht „an der Waffe" eingesetzt. Viele Theologen wurden als Feldgeistliche oder an der Heimatfront zur „geistlichen Mobilmachung" der Bevölkerung verwendet. Durch seinen Fronteinsatz und die dort erlangten Kriegsverdienste konnte sich Hermann Bunke ein hohes Ansehen in den kirchlichen Kreisen der Nachkriegszeit erwerben.[69] Im Jahr 1933 lag der Altersdurchschnitt unter den Berliner Pfarrern bei 51 Jahren.[70] Mit seinen 38 Jahren war Hermann Bunke sehr jung, besonders wenn man bedenkt, dass er seine Pfarrstelle in der Luthergemeinde bereits sieben Jahre zuvor angetreten hatte. Dazu mag beigetragen haben, dass er trotz seiner Zeit als Soldat sein Studium bis zur Ordinierung zügig bewältigte. Sein persönliches

Ansehen als ehemaliger Frontsoldat, die Stellung seines Vaters als Vorsteher des Evangelischen Johannesstiftes sowie die relative Randlage der Luthergemeinde Spandau könnten aber hilfreich gewesen sein um bereits nach wenigen Jahren in der Provinz auf eine der begehrten Pfarrstellen der Reichshauptstadt zu gelangen.

4 Vom vierten Pfarrbezirk der Luthergemeinde zur Wicherngemeinde 1932-1945

Das Verständnis der in den einführenden Kapiteln geschilderten politischen und gesellschaftlichen Entwicklungen im Deutschen Reich ist notwendig, um den Ereignisablauf im Hakenfelder Teil der Luthergemeinde, der später zur selbstständigen Wicherngemeinde werden sollte, für den Zeitraum der nationalsozialistischen Diktatur verstehen zu können. Auch wurden bereits Personen und Organisationen vorgestellt, die für den Verlauf der Vorkommnisse von großer Bedeutung sein sollten. Der Blick des Lesers ist in der räumlichen Perspektive von der nationalen Ebene immer weiter über die Landes- auf die Bezirksebene und vom allgemein gesellschaftlich-politischen Verlauf auf den Raum der Kirche konzentriert worden. Nun begibt sich der folgende Teil der Dokumentation auf die „Mikroebene" und fokussiert sich auf den eigentlichen Untersuchungsgegenstand. Der vierte Teil dieser Dokumentation wird ein detaillierter Bericht der Ereignisse sein, die sich in der Wicherngemeinde zwischen 1932 und 1945 ereigneten.

4.1 Aufbau der evangelischen Gemeinde in Hakenfelde unter Pfarrer Bunke

Nach nur einem halben Jahr an der Luthergemeinde übernahm Pfarrer Bunke nach anfänglichem Zögern den Außenbezirk Hakenfelde. Dieser kennzeichnete sich durch eine weite räumliche Ausdehnung, mit Konzentration der Bevölkerung im Bereich der Streitstraße sowie in der Waldsiedlung in Nähe des Evangelischen Johannesstiftes aus. Durch eine große Zahl an Neubauten war die gesamte Einwohnerschaft Hakenfeldes um 1933 auf etwa 10.000 Personen angestiegen.[71]

Innerhalb der durch Gartenanlagen geprägten Waldsiedlung, die besonders junge Familien anzog, begann sich ein eigenständiges Gemeindeleben zu entwickeln.[72] In den ersten Jahren lag die Initiative hierzu fast ausschließlich bei den ortsansässigen Frauen. Im Verlauf des ersten Weltkrieges wurden immer mehr Männer zum Kriegsdienst eingezogen. Die Ehefrauen blieben mit ihren Kindern zurück. So bildete sich eine Schicksalsgemeinschaft in der sich alle kannten und gegenseitig unter-

Abb. 7: Pfarrer Karl Schlaeger.

stützten. Diese Frauen begannen gemeinsam den Chor der Lutherkirche zu besuchen, wo sich Pfarrer Karl Schlaeger[i] ihrer besonders annahm. Bald trafen sich diese Hakenfelderinnen in der Wohnung des Pfarrers und es kam die Idee auf, eine Frauenhilfe-Gruppe ins Leben zu rufen.[73] So wurde 1918 ein evangelischer Frauenhilfsverein gegründet, der bereits im Folgejahr eine Schwesternstation für karitative Zwecke unterhielt. 1923 kam noch ein Kindergarten hinzu.[74] Noch bevor der Frieden von Versailles den Krieg beenden sollte, wurde an Pfarrer Schlaeger der Wunsch

---

[i] Pfarrer Karl Schlaeger war der Amtsvorgänger von Hermann Bunke. Er verließ die Luthergemeinde 1926 um in Neuruppin das Amt des Superintendenten zu übernehmen.
100 Jahre Wichernkirche, S. 24.

herangetragen, für die Menschen in der Waldsiedlung an einem näher gelegenen Ort regelmäßig einen Gottesdienst abzuhalten. Dieser Bitte kam er nach und hielt an jedem ersten Sonntag des Monats einen Gottesdienst in der Kirche des Johannesstiftes. Neben den Frauenhilfeabenden wurden bald auch Kindergottesdienste, Bibelstunden und Chorabende angeboten. Die von der Front zurückkehrenden Männer wurden in diese Strukturen miteingebunden.[75] Dies waren die Grundlagen auf denen Pfarrer Bunke ab dem 1. April 1927 seine Tätigkeit im vierten Pfarrbezirk der Luthergemeinde aufbauen konnte. Die Leitung der Frauenhilfe mit etwa 400 Mitgliedern übernahm seine Frau Leonie Bunke. Hier nahm die erfolgreiche Gemeindearbeit des Ehepaars ihren Ausgangspunkt. Ab 1930 trat auch ein Männerdienst mit 80 Mitwirkenden hinzu. Die wirksame Jugendarbeit wurde im Anwachsen des Jungmänner- und des Jungmädchenvereins mit jeweiligem Chor deutlich. Ein Indikator für die wachsende Gemeinde war der Anstieg von etwa 50 regelmäßigen Gottesdienstteilnehmern im Jahr 1927 auf eine Anzahl von 200-300 Besuchern 1932.[76]

Für Pfarrer Bunke zeichnete es sich immer deutlicher ab, dass dem

Abb. 8: Errichtung der Wichernkirche 1932 in der Waldsiedlung in Hakenfelde.

Ortsteil Hakenfelde eine Zukunft als eigenständige Gemeinde bevorstehen würde. Dazu war besonders ein eigenes Gotteshaus vor Ort notwendig.[77] Am 4. März 1932 war es schließlich so weit. Der GKR der Luthergemeinde Spandau beschloss, die in Siemensstadt aufgrund eines Neubaus nicht mehr genutzte Kapelle zu erwerben und in Hakenfelde wieder zu errichten. Die Namenswahl fiel auf „Wichernkapelle“ und wurde am 26. August dem Konsistorium zur Genehmigung mitgeteilt. Bereits am 23. Oktober 1932, nach einem halben Jahr Bauzeit, konnte die Einweihung der Kapelle an ihrem neuen Standort vollzogen werden.[78] Bei der Namensgebung spielte für Bunke die volksmissionarische Einstellung Johann Hinrich Wicherns und die Hilfe des in der Nachbarschaft gelegenen Evangelischen Johannesstiftes als Versammlungsort für die junge Gemeinde die entscheidende Rolle. Den Umstand der Lage der

Abb. 9: Einweihung der Wichernkirche am 23. Oktober 1932.

Kapelle an der Wichernstraße sah er eher als glücklichen Zufall an. Die Kapellenweihe wurde von Superintendent Martin Albertz vorgenommen und blieb als ein fröhliches Fest der Gemeinde in Erinnerung. Die anschließenden sonntäglichen Gottesdienste zeichneten sich durch rege Teilnahme aus und auch die Kindergottesdienste wiesen 150 bis 200 Teilnehmer auf.[79]

4.2 Weihe der „Adolf-Hitler-Eiche" und verstärktes Agieren der Deutschen Christen

Nicht ganz einen Monat nach der Einweihung der Wichernkapelle fanden am 13. November 1932 Kirchenwahlen statt. In der Luthergemeinde traten mit der Glaubensbewegung Deutsche Christen und der Evangelisch-Unpolitischen-Liste (Ev.-Unpolit.) zwei Bündnisse zur Wahl an.[80] Die Kandidaten der DC für den GKR wurden angeführt mit Diplom Landwirt Erwin Haneke, von Gertrud Otto, die Ehefrau als Beruf angab und dem Oberarzt Dr. Hermann Zielke. Für die Ev.-Unpolit. traten in den Spitzenplätzen der Lehrer im Ruhestand Siegfried Berlin, der Stadtoberarchitekt August Holtz und Gerhard Sturmhövel, von Beruf Oberzollsekretär, an.[81] Die Evangelische-Unpolitische-Liste hatte sich auf Initiative der Leiterinnen und Leiter der evangelischen Jugendvereine gegründet und war entschlossen für eine evangelisch-unpolitische Ausrichtung in der Kirche einzutreten. Nichtsdestotrotz erkannten deren Vertreter die „willensstarke Erneuerungsbestrebung in unserer Kirche" durch die DC an.[82] Der GKR der Luthergemeinde insgesamt setzte sich nach der Wahl aus fünf Vertretern der DC und sieben der Ev.-Unpolit. zusammen. Im vierten Pfarrbezirk hatten sich aber zwei Deutsche Christen und nur ein Ev.-Unpolit. Kandidat durchgesetzt.[83] Dies lässt sich auch damit erklären, dass im Ortsteil Hakenfelde überproportional viele langjährige NSDAP-Mitglieder wohnhaft waren. Dieser Umstand trug dazu bei, dass sich für diesen in den

1930er Jahren der zweifelhafte Spitzname „Hakenkreuzfelde" etablierte.[84]

Das Wahlergebnis hatte zunächst keinen größeren Einfluss auf das Gemeindeleben. Auf der politischen Ebene bahnte sich aber eine gewaltige Umwälzung an, deren Folgen wohl niemand auch nur erahnte. Ihren Ausgangspunkt hatte sie in der Ernennung Adolf Hitlers zum Reichskanzler durch Reichspräsident Paul von Hindenburg am 30. Januar 1933. Hermann Bunke blickte mit gemischten Gefühlen auf den Aufstieg des Nationalsozialismus. Zum einen befürwortete er den „Schneid" und den klaren Antimarxismus der Nationalsozialisten. Auf der anderen Seite fürchtete er aber auch die möglichen Auswüchse einer Vermischung von Ideologie und Politik für die Kirche.[85] Um dem erklärten Ziel der evangelischen Kirche, eine „Volks- oder Laienkirche" zu sein, näher zu kommen, hatte Pfarrer Bunke Versammlungen mit den Gemeindevertretern abgehalten, in denen die Fragen des Gemeindebezirks erörtert werden sollten. In der Versammlung vom 25. April 1933 brachte Adolf Otto, Amtswalter[i] und Gemeindevertreter der DC in Hakenfelde, den Antrag ein, die Eiche vor der Wichernkapelle am 30. April 1933 zur „Adolf-Hitler-Eiche" zu weihen. Dem Weiheakt sollte ein von Bunke geleiteter Gottesdienst vorausgehen, nach dem dann die Organisationen der NSDAP der Weihe beiwohnen würden.

---

[i] Im streng hierarchisch gegliederten System der NSDAP-Parteiorganisation wurden die „politischen Leiter" auf der untersten lokalen Ebene auch als Amtswalter bezeichnet. Diese waren aufgrund ihrer politischen Schulung und ihrer Treue zum NS-System berechtigt Sammlungen für die verschiedenen Parteiorganisationen vorzunehmen, Mitgliedsbeiträge einzuziehen oder politische Beurteilung über Volks- oder Parteigenossen anzufertigen. Eine positive Bescheinigung über die politische Zuverlässigkeit im Sinne der NS-Ideologie war etwa für die Ernennung oder Beförderung von Beamten unablässig. Aufgrund der Entscheidungskompetenz der Amtswalter bei der Vergabe von staatlichen Dienstleistungen, wie Zuschüssen, Baugenehmigungen oder Ausbildungshilfen, verfügten diese „kleinen Führer" über bedeutenden Einfluss auf lokaler Ebene. Hummel, Deutsche Geschichte, S. 71.

Dieser Antrag war unter den NS-Anhängern und Sympathisanten zuvor abgestimmt worden. Die anderen Gemeindevertreter fühlten sich von diesem entschlossenen und kurzfristig angesetzten Vorgehen überrumpelt. Trotzdem wurde der Antrag schließlich mit zwanzig zu zwei Stimmen angenommen. Pfarrer Bunke enthielt sich, da er fürchtete, dass hier die Kirche für ein politisches Vorhaben missbraucht werden könnte. Letztlich stimmte Bunke zu, sich an den Feierlichkeiten zu beteiligen, bestand aber auf einen unpolitischen Rahmen und nur einen Gemeindevertreter als Redner nach seiner Predigt.[86]

Die Weihefeier wurde am Vortag in der Spandauer Zeitung[87] angekündigt und ein Bericht darüber am 2. Mai 1932 veröffentlicht. Dort war zu lesen, dass die Feierlichkeiten gegen halb neun vom Posaunenchor des Ev. Johannesstiftes mit Kirchen- und Vaterlandsliedern angekündigt wurden, während sich die SA mit Fahnen und Musik begleitet von vielen Menschen vom Hohenzollernring auf den Weg zum Kirchplatz machte. Die Predigt Pfarrer Bunkes handelte vom Gleichnis des guten Hirten und er erinnerte an das Vorbild hinsichtlich seines sozialen Engagements. Betont wurde aber die Anwesenheit vieler Uniformierter, ihrer Fahnen, Abzeichen und Wimpel sowie „die mustergültige Ordnung". Adolf Otto bezeichnete den Festakt als Ausdruck der Dankbarkeit der Gemeinde für die Errettung des deutschen Volkes durch den „Volkskanzler" Adolf Hitler und erklärte den Glauben zum Bestandteil des Deutschtums. Im Anschluss dankte Pfarrer Bunke Hitler für die angebliche Rettung des Reiches vor dem Bolschewismus und weihte das blumengeschmückte Holzschild mit der Aufschrift: „Adolf-Hitler-Eiche. Dem Schmied des Dritten Reiches geweiht! 1. Mai 1933, der nationalen Arbeit 1. Feiertag." Daraufhin wurde das Deutschlandlied gesungen und die Herren Haneke und Kappler hielten jeweils kurze Ansprachen. Im Anschluss gab es noch die Verlesung von Gedichten durch Frau Beiersdorf und Frau Otto. Den Abschluss bildeten das Singen des

Horst-Wessel-Liedes, ein Heilruf auf den Führer und das Lied „Nun danket alle Gott"[88]

Hermann Bunke war angesichts dieses Rahmens und Ablaufes der Veranstaltung konsterniert. Im Vorfeld hatte er klare Absprachen mit Adolf Otto getroffen, um den Eindruck zu verhindern, dass die Kirchengemeinde und die NSDAP nach innen und außen in ihren Ansichten völlig übereinstimmten.[89] Er hatte seine Teilnahme an der Weihezeremonie als Entgegenkommen an die DC angesehen und sein Lob auf Hitler als Retter vor einer kommunistischen Gefahr durchaus ernst gemeint.[90] Dass mit den Gemeindevertretern Haneke und Kappler noch weitere parteipolitische Vertreter gesprochen hatten, sah er als klaren Bruch der zuvor mit Adolf Otto getroffenen Absprache. Hier war Gertrud Otto, die auch Vorstandsmitglied in der Frauenhilfe war, die

Abb. 10: Weihe der „Hitler-Eiche" vor der Wichernkapelle am 30. April 1933, Redner: Herr Pfrarrer Hermann Bunke.

treibende Kraft, die ohne Absprache mit dem Pfarrer ihre politisch
gefärbten Interessen durchsetzen wollte. Aber auch die Deutschen
Christen nahmen an Bunkes Verhalten Anstoß. So hatte dieser beim
Heilruf auf den Führer nicht den Arm zum Hitlergruß gehoben und
„nur" seinen Hut abgenommen. Auch hätte er den Namen des
Führers in seiner Rede zu weit hinten genannt. In diesen Ereignissen
sah Pfarrer Bunke einen Vertrauensbruch, der die Gemeinde
schließlich in zwei Lager spalten sollte. Hier war aus der Rückschau
der Anfangspunkt für die Auseinandersetzungen zu finden, die
später als „Kirchenkampf" bezeichnet wurden.[91]

Abb. 11: Weihe der „Hitler-Eiche" vor der Wichernkapelle am 30. April 1933,
Rednerin: Frau Gertrud Otto.

4.3 Der Helferkreise um Pfarrer Bunke entsteht und erneute Kirchenwahlen

Laut seinen Aufzeichnungen durchlief Pfarrer Bunke vor seiner Entscheidung, dem Auftreten der Glaubensbewegung Deutsche Christen auf dem Boden der Kirche entgegen zu treten, eine Zeit des Zweifelns und Grübelns. Er sah in der Bewegung eine Kraft, welche in der Lage war, die dringend benötigten Reformen in der Kirche anzustoßen und fühlte sich von ihrer „kämpferischen" Haltung durchaus angezogen. Letztlich waren seiner Ansicht nach die DC aber eine politische Organisation, die die ideologischen Ansichten der NSDAP im Raum der Kirche verfolgte. Eine Entscheidung für die Deutschen Christen hätte aus seiner Sicht Verrat an der Botschaft des Evangeliums bedeutet und er fürchtete die Errichtung einer staatstreuen „papistischen Kirche", die nicht nach den Worten der Bibel handeln und lehren würde.[92]

In der entstehenden Gemeindegruppe der DC in Hakenfelde stand bald das alte NSDAP-Parteimitglied Adolf Otto, zugleich auch Amtswalter der Partei in Hakenfelde, an der Spitze. Während Pfarrer Bunke diesem nur einen sehr bescheidenen Intellekt zubilligte, war dessen Frau Gertrud Otto in seinen Augen sowohl mit Intelligenz als auch mit Böswilligkeit reichlich ausgestattet. Beide waren seiner Ansicht nach überzeugte Deutsch-Kirchler, wobei das „deutsch sein" klar Vorrang vor dem „gläubig sein" habe. Die bald einsetzenden Vorwürfe des Ehepaares und ihrer Mitstreiter, Bunke sei ein Reaktionär, trafen den „loyalen Staatsbürger" und „alten Frontsoldaten" schwer.[93] Pfarrer Bunke konnte sich zunächst selbst nur schwer damit anfreunden sich der kirchlichen Opposition anzuschließen, die sich in der jungreformatorischen Bewegung und im Pfarrernotbund sammelten. Er warf diesen zunächst selbst vor, reaktionären Gesinnungen anzuhängen und der nötigen theologischen Basis zu entbehren.[94] Aber der Einbruch der Politik in die Kirche, die harschen Reaktionen der DC-Mitglieder und die

„Verfolgung" Bunkes durch diese ließen seine Zweifel völlig verschwinden und er entschloss sich, Gleichgesinnte zu sammeln. Das entstehende Gefühl von Repression, durch das offensive Auftreten der Ottos und ihrer Anhänger, hatte die Formierung einer oppositionellen Gruppierung in der Gemeinde noch beschleunigt.[95]

Ein klarer Befürworter der jungreformatorischen Bewegung war der Kaufmann Walter Friedrich, der über die Evangelisch-Unpolitische-Liste in den GKR der Luthergemeinde gewählt worden war. Er beschrieb deren Forderungen als auf zwei Ziele ausgerichtet. Zum einen sollte gegen die in der Kirche vorherrschende rückwärtsgewandte Einstellung und die Bürokratie vorgegangen werden. Zum anderen lehnten die Jungreformatoren alle Bestrebungen ab, die die Freiheit und Unabhängigkeit der Kirche in irgendeiner Form zu beschneiden drohten. Diese waren in einem Aufruf von Pfarrer Martin Niemöller aus Dahlem im Juni 1933 klar formuliert worden. Walter Friedrich schloss sich durch Unterschrift dem Aufruf Niemöllers an.[96] Er gehörte zu einer Gruppe von elf Männern, die ohne von den jeweils anderen zu wissen, eines Abends von Pfarrer Bunke in seine Wohnung eingeladen wurden. Hier sprach Bunke von der gefährlichen Lage, in der sich die Kirche befinde und dem daraus resultierenden Zwang einer Bündelung aller Kräfte, die für eine freie Verkündung der evangelischen Botschaft innerhalb der Kirche kämpfen wollten. Dazu beabsichtigte er eine Laienbruderschaft als Ableger der dem Evangelium verpflichteten jungreformatorischen Bewegung in seinem Pfarrbezirk zu gründen.[97] Die Anwesenden stimmten diesen Vorhaben angeblich mit Begeisterung zu. Als Bunke die anderen aufforderte, den Aufruf Martin Niemöllers zu unterschreiben, lehnte dies Walter Friedrich ab. Seine Erklärung, er habe bereits unterschrieben, sorgte daraufhin für Freude bei Bunke.[98] Dieser nun „verschworene" Personenkreis beschloss sich einmal im Monat in Bunkes Wohnung zu treffen. Die jeweiligen Ehefrauen waren in diesem Kreis ebenfalls willkommen, handelte es sich bei diesen doch meist um schon langjährige Mitwirkende der Frauenhilfe. Am Beginn der Treffen stand zumeist das gemeinsame Studium theologischer Schriften, wobei besonders die Werke Martin Luthers Beachtung fanden. Im Anschluss wurde die Lage der evangelischen Kirche und die Angelegenheiten der Gemeinde besprochen. Mit der Zeit entstand so eine miteinander fest verbundene Gemeinschaft.[99]

Zum ersten offenen Bruch innerhalb der Gemeinde und ihres Umfeldes kam es im Sommer 1933 innerhalb der Frauenhilfe. Diese war das Herzstück der bisherigen Aufbauarbeiten Pfarrer Bunkes gewesen, und seine Frau Leonie Bunke hatte kurz nach dem Wechsel ihres Mannes in den vierten Pfarrbezirk der Luthergemeinde den Vorsitz des Vereins übernommen. Frau Gertrud Otto gehörte als Schriftführerin ebenfalls dem Vorstand an. Aus der Sicht des

Abb. 12: Bekenntnisgemeinde Wichern. Der engste Kreis um Pfarrer Bunke (1. Hr. Meyer, 2. Fr. Meyer, 3. Martha Hagen, 4. Fr. Grenz, 5. Walter Friedrich, 6. Ella Friedrich, 7. Pfr. Hermann Bunke, 8. Leonie Bunke, 9. Fr. Kaiser, 10. Fr. Hähnel, 11. Hr. Hähnel, 12. Karl Kaiser).

Ehepaars Bunke versuchte diese stets ihren Einfluss auf den Verein auszubauen. Da ihr aber in der Hakenfelder Frauenhilfe Grenzen aufgezeigt wurden, nahm sie die Funktion einer Rednerin der Frauenhilfe an und sprach nun auf vielen Tagungen des Verbandes. In seinen Aufzeichnungen beschrieb Bunke Gertrud Otto als begabte Rednerin mit beachtlicher Tatkraft. Dabei habe diese aber immer die Ziele der Deutsch-Kirchler und später des Nationalsozialismus verfolgt. Mit der Bildung einer starken DC-Gruppe unter Führung ihres Mannes Adolf im GKR und nach der Machtübernahme der Nationalsozialisten am 30. Januar 1933 interessierte sie sich nun wieder verstärkt für die Verhältnisse in der Gemeinde.[100]

In den Jahren zuvor hatte die Frauenhilfe stets eine Dampferfahrt im Juli veranstaltet. Aufgrund der angespannten Lage innerhalb der Gemeinde und des Vereins war aber der Entschluss gefasst worden, diese ausfallen zulassen. Als sich nun aber eine Gruppe von Frauen um Gertrud Otto einfach über den gefassten Beschluss hinwegsetzte und ohne Rücksprache einen Dampfer mietete, kam es zum Eklat. Die Ehefrau Bunkes stellte ihren Vorsitz zur Verfügung und 13 der 20 Frauen im Vorstand der Frauenhilfe schlossen sich ihrem Rücktritt an, etwa die Hälfte der 450 Mitglieder trat aus dem Verein aus. Der übergeordnete Provinzialverband der Frauenhilfe, heute würde man vielleicht vom Landesverband sprechen, unterstützte in der Auseinandersetzung die Fraktion um Gertrud Otto. Aus der Sicht Hermann Bunkes stützte damit der Geschäftsführer der Frauenhilfe, der der NSDAP angehörte, nur seine Parteigenossin Gertrud Otto und half ihr die Frauenhilfe in Hakenfelde unter die völlige Kontrolle der Deutschen Christen zu bringen.[101]

Die nächste Konfrontation in der Gemeinde wurde auf indirekte Weise durch eine Initiative des für kirchliche Angelegenheiten eingesetzten Staatskommissars Dr. August Jäger ausgelöst. Er beurlaubte direkt nach seinem Amtsantritt führende Persönlichkeiten der evangelischen Kirche und berief an deren Stelle

Deutsche Christen oder Personen, die mit diesen sympathisierten. So wurden die führenden Deutschen Christen in Berlin-Brandenburg, der Jurist Dr. Friedrich Werner und der Pfarrer Joachim Hossenfelder Präsident bzw. Vizepräsident des evangelischen Oberkirchenrates der Hauptstadt.[102] Der neue Präsident des Oberkirchenrats ordnete daraufhin an, dass „aufgrund der Erneuerung der Kirche", die in den vergangenen Monaten vollzogen worden sei, am 2. Juni 1933 ein Dankgottesdienst abgehalten werden sollte. Bei diesem Anlass sollten neben der Kirchenfahne auch die schwarz-weiß-rote Fahne des Deutschen Reiches und die Hakenkreuzfahne gehisst werden. Die DC-Vertreter in Hakenfelde machten sich sofort daran entsprechende Flaggen zu besorgen und Masten aufzustellen. Adolf Otto plante eine Feier anlässlich des Hissens der Flaggen vor dem Gottesdienst, unterließ es aber Pfarrer Bunke davon in Kenntnis zu setzen.[103] Die von Staatskommissar Jäger abgesetzten Kirchenführer nahmen die Anordnungen der neuen Kirchenführung nicht ohne weiteres hin. Die Führung der Landeskirche der altpreußischen Union lehnte die Anordnungen des neuen Oberkirchenrates ab und verwahrte sich gegen die Absetzung der alten Amtsinhaber. Dies sei ein unrechtlicher Eingriff der Politik in die Angelegenheiten der Kirche gewesen. Des Weiteren erging die Anweisung am 2. Juni einen Buß- und Bittgottesdienst anstatt eines Dankgottesdienstes abzuhalten. Damit war der Konflikt, welcher von den Zeitgenossen häufig als „Kirchenkampf" bezeichnet wurde, offen ausgebrochen.[104]

Als Hermann Bunke am 2. Juni vor Gottesdienstbeginn an der Wichernkapelle ankam, sah er vor ihr eine große Menge versammelt. Vom Weiten hörte er wie Adolf Otto an diese eine Ansprache hielt und ihn dabei verbal hart angriff. Das Nichterscheinen des Pfarrers zum feierlichen Hissen der Flagge sei ein Ausdruck seiner reaktionären Haltung. Dabei hatte Otto es unterlassen Bunke über die Zeremonie zu informieren. Ohne weiter auf dieses Vorkommnis zu reagieren betrat Bunke die Kapelle durch die Sakristei, während die vor ihr Versammelten zu den Klängen der Orgel das Kirchenlied „Eine feste Burg ist unser Gott" anstimmten. Dies erboste Bunke, da der Diakon Erwin Redlitz auf Anweisung Ottos und ohne seine Zustimmung spielte. Er folgte der Anweisung der Kirchenführung der altpreußischen Union und hielt vor einer zahlreich erschienenen Gemeinde einen liturgischen Buß- und Bittgottesdienst ab. Dies hatte zur Folge, dass Pfarrer Bunke am nächsten Tag auf das Gemeindeamt bestellt wurde, um sich für die liturgische Ausrichtung des gestrigen Gottesdienstes zu rechtfertigen. Dort ließ man die Angelegenheit nach seiner Ausführung, er habe aus rein kirchlichen Überzeugungen und nicht aus politischen Beweggründen gehandelt, auf sich beruhen.[105]

Mitte Juli holte die Reichsregierung zum nächsten Schlag gegen echte und vermeintliche Gegner, die sich in der Kirche sammeln würden, aus. Die erst im vergangenen November abgehaltenen Kirchenwahlen wurden für ungültig erklärt und bereits für den 23. Juli Neuwahlen angesetzt. Die offensichtliche Unterstützung von NSDAP und Staatsführung für die Glaubensbewegung Deutsche Christen gipfelte in einer Radioansprache Adolf Hitlers am Vorabend der Wahl, in der er zur Stimmabgabe für die DC aufrief. Das Ergebnis war ein Erdrutschsieg für die DC, da durchschnittlich drei Viertel der Wähler für sie votierten.[106] Das persönliche Eingreifen Adolf Hitlers erschütterte Hermann Bunke. Er hatte auf dessen Aussage, als Anführer einer politischen Organisation nicht in den Raum der Kirche Eingreifen zu wollen, vertraut. Nach der Aussage des Pfarrers drängten sich am Tag der Wahl die Menschen in der Wichernkapelle zur Stimmabgabe. Darunter seien Hunderte gewesen, die noch nie zuvor im Gottesdienst anwesend waren oder auch nur wussten worum es bei dieser Abstimmung eigentlich ging. Diese haben einfach den von der NSDAP ausgegebenen Befehl, die Deutschen Christen zu wählen, befolgt. So entfielen in Hakenfelde 809 Stimmen auf die Liste der DC, während die anderen Kandidaten 309 Stimmen erhielten.[107]

4.4 Die Deutschen Christen betreiben die Zwangsversetzung Bunkes

Das Ergebnis der Kirchenwahl hatte die Position der Deutschen Christen allgemein und auch in Hakenfelde deutlich gestärkt. Schon in der ersten Sitzung des GKR nach Abhalten des Buß- und Bittgottesdienstes durch Hermann Bunke am 2. Juni hatte die DC-Fraktion einen Antrag auf Zwangsversetzung des Pfarrers gestellt. Zunächst wurde dieser Antrag nicht weiterverfolgt.[108] Aber nach dem Erdrutschsieg in den Wahlen nahmen die Deutschen Christen die Forderung, Bunke versetzen zu lassen, wieder auf. Am 4. Juli 1933 rief der ehemalige DC-Fraktionsführer im GKR der Luthergemeinde und Zellenführer der NSDAP in Hakenfelde, der Diplomlandwirt Haneke, Pfarrer Herrmann zur Versetzung Bunkes in einen anderen Pfarrbezirk auf. Herrmann hatte nach der vorläufigen Zwangsbeurlaubung von Martin Albertz das Amt des Superintendenten in Spandau inne. Begründet wurde der Antrag damit, dass Bunke nach Abhalten des Bußgottesdienstes in Hakenfelde politisch nicht mehr tragbar sei.[109] Am 18. September wurde der Antrag auf Versetzung Bunkes in einen anderen Bezirk der Luthergemeinde erneut von der DC-Fraktion in einer GKR-Sitzung eingebracht. Deren acht Mitglieder stimmten geschlossen für den Antrag, während die drei anderen, welche sich zur Liste Evangelium und Kirche zusammengeschlossen hatten, diesen ablehnten.[110] Für Bunke war schon die Art und Weise des Antrages auf verschlagene Weise erfolgt, denn er war erst im Tagesordnungspunkt „Verschiedenes" gestellt worden, nachdem Bunke die Sitzung aufgrund einer Terminüberschneidung bereits verlassen hatte.[111]

Das Vorgehen der Deutschen Christen gegen Pfarrer Bunke ließ die Opposition in der Gemeinde immer enger zusammenrücken und löste schließlich eine starke Gegenreaktion aus den Reihen der Gruppe Evangelium und Kirche hervor. So wandten sich innerhalb kürzester Zeit 25 Gemeindemitglieder per Brief an Superintendent Martin Albertz, um sich klar für den Verbleib Bunkes im vierten Pfarrbezirk der Luthergemeinde auszusprechen.[112] Eines dieser Schreiben stammte vom Kirchenältesten Walter Friedrich. In diesem ging er deutlich auf „den Sturm der Entrüstung" ein, den das Verhalten der Deutschen Christen gegenüber Hermann Bunke ausgelöst habe. Er wies auf die äußerst gut besuchten Gottesdienste des Pfarrers und die Tatkraft, mit der dieser den Aufbau der Gemeinde in den vergangenen Jahren betrieben habe, hin. So hätten 400 Personen den Erntedankgottesdienst Bunkes besucht und 50 wären beim Abendmahl gewesen. Die Amtsträger, die die Zwangsversetzung forcierten, seien hingegen keine treuen Kirchgänger. Bei einer Abberufung des beliebten Pfarrers würde eine Zersplitterung der Gemeinde in Hakenfelde drohen und der Gottesdienstbesuch würde stark zurückgehen.[113] Die Suspendierung von Martin Albertz als Superintendent der evangelischen Kirche in Spandau im Jahr 1933 hatte nicht lang angedauert und daher konnte er sich nun persönlich in den Fall Bunke einschalten.[114] Die jeweiligen Klagen sollten gehört und geprüft werden. Dazu forderte er die im Streit befindlichen Seiten auf, am 11. Oktober 1933 zu einer GKR-Sitzung zu erscheinen, die er persönlich leiten würde.[115]

In der Zwischenzeit bemühte sich Pfarrer Bunke um einen Ausgleich mit den DC in Hakenfelde. Zu diesem Zweck bat er Frau Gertrud Otto zu einem persönlichen Gespräch in die Wohnung von Superintendent Albertz. Er hoffte über die Vermittlung von Frau Otto doch noch zu einem erträglichen Arbeitsverhältnis mit den Deutschen Christen in der Gemeinde kommen zu können.[116] In einer schriftlichen Erklärung legte Bunke ihr seine Beweggründe dar. Den Zustand der Gemeinde empfinde er als unerträglich, weil sich zwei feindliche Lager gegenüberstünden, die zu keiner Form der Aussprache mehr bereit wären. Dies würde besonders Personen in Gewissenskonflikte bringen, die sowohl treu zu ihm und der Kirche, als auch zur NSDAP stünden. Auch würde er persönlich unter dem

Zustand der Gemeinde leiden. Er sehe sich weiterhin als Seelsorger aller Gemeindemitglieder, auch der Deutschen Christen, und sei bereit, auch während eines laufenden Versetzungsverfahrens, sein Amt nach den besten Möglichkeiten weiterzuführen. Daher hoffte er auf eine Vermittlung durch Gertrud Otto, die ein für alle erträgliches Miteinander ermöglichen würde.[117] Aber dieser Versuch einen Ausgleich zu schaffen, scheiterte direkt im Ansatz, da Frau Otto es ablehnte eine vermittelnde Rolle zwischen dem Pfarrer und den Deutschen Christen in der Gemeinde zu übernehmen. Dies begründete sie damit, dass seine Initiative zu spät käme und eine für alle erträgliche Zusammenarbeit aus ihrer persönlichen Einschätzung heraus nicht mehr möglich sei. Auch solle er sich jeden weiteren Schritt in dieser Richtung ersparen, da dies nur weiteres persönliches Leid für ihn nach sich ziehen würde.[118]

Auch der Einsatz des Superintendenten Albertz für Hermann Bunke brachte nicht die von beiden ersehnte Entspannung in der Gemeinde. Vielmehr verlegten sich die Deutschen Christen Hakenfelde darauf, dem Pfarrer durch ständige Bespitzelung und Denunziation bei der Geheimen Staatspolizei (Gestapo) zuzusetzen. So saß während der Gottesdienste meist Gertrud Otto auf der Empore und stenographierte seine Predigten mit, in der Hoffnung ihn für seine „staatsfeindliche Gesinnung" bei den Behörden anklagen zu können. War Frau Otto verhindert, so übernahmen andere DC diese Aufgabe. Für die Überwachung der Bibel- und Lektürestunden, in denen besonders die Werke Luthers gelesen wurden, schickte man Personen, die dem Pfarrer nicht bekannt waren. Diese mischten sich unter die Anwesenden und leiteten angeblich kompromittierende Aussagen Bunkes weiter.[119] Beispielhaft hierfür steht etwa das Schreiben von Frau Ursula Gläser vom 9. Januar 1934 über eine zuvor unter Leitung Bunkes abgehaltene Lutherstunde. In dieser habe er über die angeblich widersprüchlichen Anordnungen von Reichsbischof Müller und die Deutschen Christen negativ gesprochen. Die DC-Vertreter wären als Heiden bezeichnet worden, welche „sich Bibel und Christentum nur noch als Mäntelchen" umhängen würden. Des Weiteren sei kritisiert worden, dass, entgegen des ursprünglichen Versprechens, die evangelische Jugend doch in die Hitlerjugend (HJ) integriert worden sei.[120] Allein bis ins Jahr 1936 wurden zehn Fälle von vermeintlich staatsfeindlichen Äußerungen Hermann Bunkes durch DC-Anhänger bei der Gestapo angezeigt, die stets eine Vernehmung des Pfarrers im einstigen Polizeipräsidium am Alexanderplatz, jetzt Sitz der Berliner Gestapo, zur Folge hatten.[121]

Im Februar des Jahres 1934 ergab sich für die Deutschen Christen eine gute Gelegenheit ihren Plan der Versetzung Hermann Bunkes zu verwirklichen. Pfarrer Küster, der Amtsinhaber des dritten Pfarrbezirkes der Luthergemeinde, wurde wegen angeblicher Trunkenheit und Veruntreuung von Geldern der Kirche mit Zwangsversetzung bestraft. Nun fasste der GKR mit den Stimmen der DC-Vertreter den Beschluss, dass Bunke den ehemals von Küster betreuten dritten Bezirk übernehmen und die Stelle in Hakenfelde mit einem Kandidaten, der sowohl altes Parteimitglied der NSDAP als auch Deutscher Christ war, besetzt werden sollte. Aufgrund dessen kam es unter den BK-Mitgliedern erneut zu Protesten und sie versuchten durch zahlreiche schriftliche Eingaben an das Konsistorium der evangelischen Kirche die Umsetzung des GKR Beschlusses zu verhindern.[122] Das Konsistorium erkannte aber nicht nur das Recht des GKRs an, einen solchen Beschluss zu fassen, sondern bestätigte diesen in einem Schreiben an den Kirchenältesten Walter Friedrich noch. In diesem Schreiben wurden zwar die Arbeit und die daraus resultierenden Erfolge Pfarrer Bunkes beim Aufbau des Gemeindelebens in Hakenfelde anerkannt. Da aber zahlreiche Gemeindemitglieder zu diesem „in ausgesprochenem Gegensatz" stünden, sei eine Versetzung Hermann Bunkes zur Befriedung der Gemeinde angebracht.[123] Nicht bereit, diese Entscheidung ohne weiteres hinzunehmen, wandte sich etwa Walter Friedrich und sechs weitere Gemeindemitglieder an die kulturelle Befriedungsstelle, die zur Vermittlung bei Streitigkeiten in der Kirche eingesetzt worden war. Er betonte, dass die Gemeindevertreter als deutsche Männer und Frauen treu zu ihrem „grossen (sic.) Führer Adolf Hitler" stünden und einen Fehler des Konsistoriums, der ihre blühende Gemeinde zu zerstören bedrohte, rückgängig machen wollten. Pfarrer Bunke wurde für seine jahrelangen Bemühungen beim Gemeindeaufbau gelobt, und es wurde auf seine Verdienste als hoch dekorierter Frontsoldat des Ersten Weltkrieges hingewiesen. Vielmehr finde man die Ursache für die Störung des inneren Friedens in der Gemeinde in der „zerstörenden Tätigkeit des Gemeindegruppenleiters der Deutschen Christen (...) Herrn Adolf Otto". Daher bat Herr Friedrich um eine objektive Prüfung der Verhältnisse, damit man feststellen möge, dass die „Uebergriffe (sic.) des Herren Ottos, die auf persönlichem Hass gegen Pfarrer Bunke beruhen" die Ursache für die „unerträglichen Zustände" in der Gemeinde sein.[124] Schließlich hat Hermann Bunke seinen Widerstand aufgegeben, indem er sich bereit erklärte am 16. April die Leitung des dritten Pfarrbezirkes der Luthergemeinde zu übernehmen. Im Gegensatz zu anderen Amtsbrüdern folgte er letztlich den Anordnungen der Kirchen-leitung, auch weil man ihm eine andere Stelle zum Ausgleich anbot. Trotz seiner tiefen inneren Niedergeschlagenheit ob dieser Entwicklung versicherte er den Gemeindemitgliedern, die sich weiterhin treu zur evangelischen Lehre bekannten, ihnen als Seelsorger zu Verfügung zu stehen. Am 29. April hielt er seine erste Predigt in der Luther-Kirche, wo er vor siebeneinhalb Jahren seine Laufbahn in Spandau gestartet hatte. Hier waren zahlreiche Gemeindemitglieder aus Hakenfelde anwesend und die anschließende Lutherstunde war mit mehr als hundert Teilnehmern deutlich überfüllt. Diesen hohen Zuspruch durch Anwesenheit interpretierte Pfarrer Bunke als deutliches Gegenvotum der Gemeinde zu der Entscheidung des evangelischen Konsistoriums.[125]

4.5 Aufbau der Bekenntnisgemeinde Luther

Ende des Jahres 1933 war die klare Artikulation der Forderungen einer Fraktion innerhalb der Glaubensbewegung Deutsche Christen für die Festigung einer Gegenbewegung in der Kirche verantwortlich. Am 13. November 1933 hatten sich ca. 20.000 Teilnehmer zu einer Veranstaltung der DC im Berliner Sportpalast zusammengefunden. Auch waren mit EOK-Vizepräsident Joachim Hossenfelder, jetzt auch Bischof von Brandenburg, und EOK-Präsident Dr. Friedrich Werner sowie zahlreichen Ober-konsistorialräten die leitenden Personen der Amtskirche in Berlin und Brandenburg vertreten. Nach der Eröffnung durch Vizepräsident Hossenfelder erhielt der DC-Gauobmann des Gaus Groß-Berlin, Studienrat Dr. Reinhold Krause das Wort. Dieser forderte „die Befreiung von allem Undeutschen im Gottesdienst und im Bekenntnismäßigen (sic.), Befreiung vom Alten Testament mit seiner jüdischen Lehrmoral, von diesen Viehhändler- und Zuhältergeschichten." Sowohl das Alte Testament, als auch alle Schriften des Apostel Paulus sollten restlos aus der evangelischen Kirche entfernt werden. Gleiches sollte auch mit allen Gläubigen geschehen, die vom Judentum zum Christentum konvertiert waren oder von solchen Konvertierten abstammten. Für sie sei „weder auf der Kanzel noch unter der Kanzel" Platz in der Deutschen Volkskirche.[126] Zwar löste Krause mit seinen Worten frenetischen Jubel bei den Anwesenden aus, dass seine Positionen aber bei weitem nicht von allen innerhalb der Glaubensbewegung Deutsche Christen geteilt wurden, war schnell zu sehen. Der „Sportpalastskandal" hatte den Zerfall der DC in verschiedene, verfeindete Organisationen mit unterschiedlichen kirchen-politischen Zielsetzungen zur Folge. Damit nahm sich die Bewegung selbst eines Großteils ihrer Durchsetzungsfähigkeit.[127]

Die Äußerungen Dr. Krauses sorgten dafür, dass ein „Sturm der Entrüstung durch die Gemeinden" fegte. Der Pfarrernotbund verlangte von Reichsbischof Müller die Schirmherrschaft über die DC niederzulegen und brachte ein Flugblatt mit dem Titel „Die Stunde der Entscheidung ist da" heraus. Pfarrer Bunke erwarb 200 Blätter und ließ sie an die Haushalte von bekennenden DC-Anhängern verteilen. Anstatt eines Umdenkens löste er damit aber bei diesen nur eine Verstärkung ihrer Haltung aus.[128] Während einer Sitzung des GKRs gab Adolf Otto eine Erklärung ab, in der er, im Namen der DC-Fraktion, die Verteilung von Flugblättern des Pfarrernotbundes ablehnte. Diese würden nur für Verwirrung unter den Gemeindemitgliedern sorgen und die vom „Führer Adolf Hitler unter großen Blutopfern erreichte Volksgemeinschaft" gefährden.[129]

Obwohl der Widerspruch zum rücksichtslosen Vorgehen der DC-dominierten Kirchenführung immer lauter wurde, gab diese nicht nach. Sie verfolgte weiterhin ihr Ziel einer vereinheitlichten Nationalkirche. In den Gemeinden, wo auf besonders willkürliche Art gegen Pfarrer vorgegangen wurde, formierte sich der Widerstand besonders schnell. So wurde den Bekenntnissynoden von Barmen, Dahlem und Augsburg auch in Spandau viel Aufmerksamkeit zuteil.[130] Zu den 400 Männern und 40 Frauen, die an der ersten freien Synode in Berlin-Dahlem teilnahmen, gehörte auch der Kirchenälteste Walter Friedrich. Hier sprach man sich zu Beginn klar für die Verbreitung der „unverfälschten Wahrheit der reformatorischen Lehre in Wort und Schrift, der Rechtfertigung, dem Bekenntnis und der Kirche" aus. Ebenso eindeutig wurde „die mechanische Übertragung des politischen Rasse-, Führer- und Machtprinzips auf die evangelische Kirche" abgelehnt. Der erneut seines Amtes enthobene Superintendent von Spandau Martin Albertz verlas die Artikel von Barmen, welche die theologische Grundlage der Bekennenden Kirche bildeten. Als schließlich die Laien in der Versammlung zu Wort kamen, begrüßten sie diese in ihren Augen längst überfällige Erwiderung auf das Wirken des Staates und der Deutschen Christen in der Kirche.[131]

Abb. 13: Walter Friedrich. Vorsitzender des Ältestenrates der Bekenntnisgemeinde Luther.

In Hakenfelde hielt die Gruppe Evangelium und Kirche eine Gemeindeveranstaltung im Großen Saal des Schützenhofes ab. Für die Organisation war der Kirchenälteste Friedrich verantwortlich, Pfarrer Bunke weilte noch im Urlaub. Allein an diesem Abend erfolgten 175 Beitrittserklärungen.[132] Der Erfolg dieser Veranstaltung am 28. Juni 1934 beruhte wohl auch auf dem Referat des Gastredners Pfarrer Gunnar Buhre über „Die Bekennende Kirche". Die Leitung der Bekenntnisgemeinde lag in den Händen eines Ältestenrates, der später in Bruderrat umbenannt wurde. Zum Vorsitzenden des Ältestenrates war Walter Friedrich gewählt worden.[133] Neben den sechs Laien[i] saßen auch die Pfarrer Bunke und Stephan im Ältestenrat der Bekenntnisgemeinde. Diese wurde über die Grenzen der Pfarrbezirke hinweg gebildet, da man von Beginn an glaubte, nur ein starker Zusammenschluss auf der Gemeindeebene könne den gewünschten Erfolg bringen. Dabei war der Hakenfelder Flügel aber, bezüglich der Anzahl von Mitwirkenden und des Arbeitseinsatzes, der deutlich stärkere. Die Angehörigen der Bekenntnisgemeinde erhielten rote Mitgliedskarten und zahlten einen Beitrag von mindestens zehn Pfennigen. Bei der Aufnahme neuer Mitglieder wurde im Ältestenrat

---

[i] Die sechs Personen konnten namentlich nicht ermittelt werden. Den engeren Kreis der Bekenntnisgemeinde um Pfarrer Bunke zeigt die Abbildung Nr. 12

beraten und genau darauf geachtet nur solche aufzunehmen, denen es allein um die Sache von Kirche und Bekenntnis ging. Personen, die in politischer Opposition zum Nationalsozialismus standen, waren nicht erwünscht.[134]

4.6 Pfarrer Rehse nimmt den Platz Bunkes in Hakenfelde ein

Zur Neubesetzung der vierten Pfarrstelle in der Luthergemeinde war explizit festgelegt worden, dass sie mit jemandem, der altes Parteimitglied der NSDAP und Anhänger der Glaubensbewegung Deutsche Christen war, besetzt werden sollte. Der Bewerber Pfarrer Johannes Rehse aus Premnitz in Brandenburg erfüllte diese Bedingungen.[135] Er hielt am 22. Juli 1934 eine Probepredigt in der Lutherkirche. Im Anschluss daran gab es eine Aussprache mit Vertretern der Gemeinde, unter anderem dem Kirchenältesten Walter Friedrich. Dieser wollte von Rehse seine Stellung zu drei Fragen des Glaubens erfahren. Erstens, ob „Jesus Christus, wahrhaftiger Mensch aus dem Stamme Davids" Jude sei. Die zweite Frage bezog sich auf seine persönliche Haltung zum Alten Testament. Drittens wollte Friedrich von Rehse wissen, ob seiner Überzeugung nach, die „Kirche vom Wort Gottes oder vom Volke her gebaut" sei.[136] Zunächst verweigerte sich Pfarrer Rehse mit dem Hinweis darauf, dass „der Führer jede Diskussion von Glaubensfragen in der Öffentlichkeit verboten" habe. Auf den Einwand Walter Friedrichs hin, dass man sich in einem kirchlichen Raum und nicht in der Öffentlichkeit befinde, verwies Rehse kurz angebunden auf die Schriften der DC zu diesem Thema. Als aber der Kirchenälteste Friedrich weiter auf eine Stellungnahme des Kandidaten bestand antwortete dieser, dass die Schriften Houston Stewart Chamberlains die arische Abstammung von Jesus Christus bewiesen und er außerdem nur Gott und kein Mensch gewesen sei. Das Alte Testament sei nur vom Neuen Testament her zu interpretieren. Abschließend gab er noch zu verstehen, dass er als Pfarrer in Thüringen „bei Auseinandersetzungen mit Freidenkern in persönliche Bedrängnis geraten sei und sich tapfer auch mit der Faust seiner Haut gewährt habe."[137]

Wie im Fall von Hermann Bunke wies auch der Lebenslauf von (Gustav Wilhelm) Johannes (Traugott) Rehse sehr typische Merkmale eines Berliner Pfarrers in den 1930er Jahren auf. Er wurde als Sohn des Volksschullehrers Traugott Rehse und dessen Ehefrau Luise am 20. November 1892 in Berlin geboren. Er besuchte das Lessinggymnasium, wo er 1912 das Abitur ablegte. Im Anschluss begann er ein technisches Studium, das er aber nach kurzer Zeit abbrach, um Theologie zu studieren. Nicht einmal einen Monat nach Ausbruch des Ersten Weltkrieges (28. Juli 1914) meldete sich Johannes Rehse am 18. August 1914 freiwillig zum Waffendienst und wurde im Juli 1916 verwundet. Nach erfolgreichem Ablegen des ersten theologischen Examens im Juli 1920 absolvierte er sein Vikariat an der Erlöserkirche in Berlin-Moabit und im Anschluss das zweite theologische Examen im November 1921. Er heirate Charlotte Bock am 2. März 1922, bevor er von der evangelischen Kirche Thüringen erst als Pfarrer in Sonneborn und später in Steinnach angestellt wurde. Am 1. Februar 1930 war er schließlich zum Pfarrer des Sprengels Premnitz im Kirchenkreis Rathenow berufen worden.[138] Johannes Rehse zählte zu jenem Viertel der Berliner Pfarrer, das in der Stadt selbst geboren worden war. Er kam so ebenfalls aus der geographischen Kernregion für die Rekrutierung der damaligen Pfarrer.[139] Die Söhne von Volksschullehrern hatten mit etwa 16 Prozent Ende des 19. und Anfang des 20. Jahrhunderts einen gleichbleibenden Anteil unter ihren Berufskollegen. Damit zählte Rehse zu jener Gruppe mit Vätern aus der mittleren und unteren Beamtenschaft des wilhelminischen Kaiserreiches, für die der Pfarrstand einen sozialen Aufstieg bedeutete.[140] Die Teilnahme am Ersten Weltkrieg mit Verwundung dürften auch für ihn und sein persönliches Ansehen bei seinen Berufskollegen eine wichtige Rolle gespielt haben.[141] Auch Rehse hatte nach Studium und Vikariat zunächst in der Provinz Erfahrung gesammelt, über eine deutlich längere Zeit als Hermann Bunke. Aber in seinem Fall waren es hauptsächlich seine Mitgliedschaften in der DC und der NSDAP, die ihm zu einem der begehrten Posten in der Reichshauptstadt verhalfen.[142] Auch wenn es keine direkten Quellenbelege dafür gibt, ist es möglich, dass die persönliche Abneigung zwischen Bunke und Rehse nicht allein an ihren Diskrepanzen über das „richtige" Christentum und ihre Einstellung zur Glaubensbewegung Deutsche Christen lag. Vielleicht spielte hier auch ein gewisser sozialer Dünkel des Aufsteigers Rehse gegenüber Bunke, der aus einer etablierten Theologenfamilie stammte, hinein, der auch in der anderen Richtung vorhanden gewesen sein mag. Natürlich darf man die Ausgangssituation nicht vergessen. Bunke war schließlich nur aufgrund des Drucks der Deutschen Christen in Hakenfelde gegangen und diese befürworteten Rehse als Nachfolger. Unter diesen Grundvoraussetzungen scheint ein friedliches Miteinander der Amtsbrüder von Beginn an unwahrscheinlich.

Abb. 14: Pfarrer Rehse, 2. von rechts, mit Diakon Redlitz, 3. von rechts und einer Jugendgruppe vor der Wichernkirche, um 1935.

Am 30. Juli 1934 kamen die Vertreter der Luthergemeinde zu einer Sitzung zusammen und wählten, auf Anordnung des stellvertretenden Superintendenten Pfarrer Herrmann, Johannes Rehse zum Pfarrer im vierten Gemeindebezirk. Dabei standen 45 ja-Stimmen 15 Enthaltungen gegenüber. Erst auf der GKR-Sitzung vom 17. September 1934 nahm Rehse die Wahl an. Seine Amtseinführung wurde auf den 7. Oktober gelegt. Der Kirchenälteste Walter Friedrich erklärte daraufhin die Nichtteilnahme der Gruppe Evangelium und Kirche, da die Amtseinführung von Pfarrer Rehse nur aufgrund der Versetzung von Pfarrer Bunke erfolge.[143] Bereits bei seiner Wahl am 30. Juli hatte Rehse wohl gemerkt, dass diese auf Widerstand einer Fraktion innerhalb der Gemeinde getroffen war und sich zunächst Bedenkzeit ausgebeten. In seinen Aufzeichnungen vermutete Hermann Bunke, dass das Ehepaar Otto diesem „Berge versprochen" habe um ihn doch zur Zustimmung zu bewegen. Die erste Begegnung von Amtsinhaber und –vorgänger erfolgte in der Sakristei der Lutherkirche bei zwei aufeinander folgenden Eheschließungen. Hier blieb es bei einer sehr förmlichen gegenseitigen Vorstellung. Bunke attestierte seinem Nachfolger in Hakenfelde einen „schleichenden Gang" und einen „diabolischen Gesichtsausdruck", der das Wesen eines „verschlagene(n) Fuchs(es)" kennzeichnete. Hierin mag sich erneut der Schmerz über die Versetzung aus seiner alten Wirkungsstätte äußern. In seiner Antrittsrede grüßte Pfarrer Rehse die versammelte Gemeinde als „deutsche Brüder und Schwestern". Als Ziele seiner Arbeit in der Gemeinde gab er Kameradschaft, Volksgemeinschaft und das Erreichen des ewigen Deutschlands aus. Kurz darauf sprach er eine Einladung an die abwesenden Gemeindemitglieder aus, denn „(u)nsere Kapelle in der Wichernstraße hat noch viel Platz. Und es ist doch schade, daß (sic.) die Bänke ihr Dasein einsam vertrauern sollen!"[144] Dies hat bei Hermann Bunke, dem Ton seiner Aufzeichnungen nach, zum einen Dankbarkeit für die Treue vieler

Gemeindemitglieder ihm gegenüber aber auch ein gewisses Maß an Genugtuung hervorgerufen.

4.7 Konfrontationen und gerichtliche Auseinandersetzungen

Im Oktober 1934 wurde auf Betreiben des ehemaligen staatlich eingesetzten Kommissars für Angelegenheiten der Kirche und jetzigen Rechtswalter der DEK Dr. August Jäger die lutherische Landeskirche Bayern[i] in zwei Teile mit jeweils einem Bischof in München und Nürnberg aufgeteilt. Aufgrund dieser Vorgänge verfasste der Bruderrat der Bekennenden Kirche ein Flugblatt mit dem Titel „Zwei Reichskirchengebiete". Hier wurde das Vorgehen der staatlichen Behörden und der Kirchenleitung, die die Vorgänge in Bayern betrieben oder nicht verhindert hatten, scharf angegriffen. Zu den erhobenen Vorwürfen zählte, dass die zuständigen Stellen mit „Willkür und Verlogenheit" das Ziel verfolgen würden, die durch „Geschichte, Bekenntnis und Verfassung" zusammengefügte Kirche zerschlagen zu wollen. „Die Reichsregierung vergewaltige ein rechtmäßiges Kirchenregiment und eine gläubige Kirche", was auch in ihrer Verleugnung der „zehn Gebote" zu Tage trete. Der abschließende Vorwurf lautete, Reichsbischof Müller und Kirchenkommissar Jäger „trieben des Satans Werk".[145]

Dieses Flugblatt verteilten nun Walter Friedrich und zwei weitere Vertreter der Bekennenden Kirche nach dem sonntäglichen Gottesdienst an den drei Ausgängen der Lutherkirche. Der Kirchenälteste wurde daraufhin von einem Herrn in Zivil aufgefordert dies zu unterlassen und die ausgegebenen Flugblätter wieder einzusammeln. Herr Friedrich folgte der Aufforderung nicht

---

[i] Die bayerische Landeskirche war bislang noch eine der „intakten" Landeskirchen, vgl. erste Anm. im Kapitel 2.2.

und verteilte weiter die Blätter. Erst nachdem alle Zettel verteilt waren, gab sich sein Gegenüber als Angehöriger der Geheimen Staatspolizei zu erkennen. Von dieser Seite erfolgten aber keine Konsequenzen für das Verteilen der Flugblätter.[146] In einer Sitzung des GKR-Luther am 6. November 1934 stellte Pfarrer Rehse einen Antrag auf die Einleitung eines Verfahrens zur Aberkennung der kirchlichen Rechte von Walter Friedrich. Den Antrag begründete er mit der Verteilung des Flugblatts „Zwei Reichskirchengebiete" und er wurde in der Sitzung angenommen.[147]

Nachdem wieder alle Pfarrstellen in der Luthergemeinde besetzt waren, wurde ein für die dortigen Pfarrer verbindlicher Predigtplan aufgestellt. Demnach sollte Pfarrer Bunke alle drei Monate einen Gottesdienst samt Predigt in der Wichernkapelle halten. Diese Gottesdienste wurden von der Gemeinde wohl sehr gut besucht aber die Überwachung durch die örtlichen Deutschen Christen in Hakenfelde dauerte weiter an. Bunkes Predigten wurden wieder stenographiert, meistens von Gertrud Otto, und angeblich staatsfeindliche Äußerungen an die Gestapo weitergeleitet. Die Folge war, wie bereits erwähnt, Vernehmungen des Pfarrers in deren Berliner Hauptquartier am Alexanderplatz.[148] Eine besonders heftige Auseinandersetzung gab es im Anschluss an den von Bunke in der Wichernkapelle gehaltenen Gottesdienst vom 18. November 1934. Neben der üblichen Kollekte erbat Pfarrer Bunke auch eine Spende für seine Arbeit im dritten Pfarrbezirk, die er persönlich an der Tür einzusammeln beabsichtigte. Nach dessen Bericht habe ihn darauf eine äußerst erregte Gertrud Otto an den Arm gefasst und aufgefordert diese angeblich unrechtmäßige Sammlung abzubrechen. Bunke dachte gar nicht erst daran ihrer Aufforderung zu folgen. Als auch noch Adolf Otto auftauchte und begann auf den Pfarrer einzureden und diesen zu bedrängen, wurde das Ehepaar Otto von Männern der Bekennenden Gemeinde auf Abstand gebracht, während sich unter den Anwesenden „Empörung" ausgebreitet habe. Schließlich hätten die Ottos unter dem Ausruf von Gertrud „Komm, Adolf, lass die Reaktionäre." das Feld geräumt.[149] Noch am gleichen Tag reichte Pfarrer Bunke eine Klage bei der Polizei gegen die Ottos wegen Behinderung bei der Ausübung seines Amtes und eines körperlichen Übergriffs durch Gertrud Otto ein. Der GKR wiederum beschloss in einer außerordentlich angesetzten Sitzung die strafrechtliche Verfolgung einzuleiten, um die Herausgabe einer unterschlagenen Kollekte zu erreichen.[150] Am 9. Mai 1935 teilte die Generalstaatsanwaltschaft Hermann Bunke mit, dass das Verfahren gegen ihn eingestellt worden sei, „da die Ermittlungen für eine strafbare (sic.) Handlung keinen Anhalt ergeben haben."[151]

Im von Bunke gegen das Ehepaar Otto eingeleiteten Verfahren ermittelte die Staatspolizei. Dazu wurden beide Seiten befragt und der Pfarrer stellte in seiner Aussage klar, dass eine Bestrafung Frau Ottos nicht in seinem Sinne sei, aber er sich einen Aufruf des Gerichtes zur Mäßigung ihres Verhaltens wünsche. In seinem Urteil vom 2. Juli 1935 hielt der Generalstaatsanwalt die Schuld der versuchten Nötigung durch Frau Otto fest. Jedoch wurde im „Interesse der Befriedigung der innerkirchlichen Verhältnisse" das Verfahren gegen die „eifrige und überzeugte Anhänger(in) der Glaubensbewegung Deutsche Christen" eingestellt. Der GKR ignorierte dieses Urteil völlig. Stattdessen dankte man dem Ehepaar Otto für deren entschiedenes Vorgehen am 18. November und nahm eine Abwandlung der Pfarrdienstordnung vor, die Pfarrer Bunke von seinen Dienstpflichten in der Wichernkapelle vollständig freistellte. Die Bestätigung durch das Konsistorium der evangelischen Kirche, die für die endgültige Rechtsgültigkeit dieses Beschlusses nötig gewesen wäre, wurde aber nicht erteilt.[152]

4.8 Der Kampf um die Konfirmation in der Wichernkapelle

Die Auseinandersetzungen in der Gemeinde wurden größtenteils mit Eingaben an das evangelische Konsistorium, Beschlüssen im GKR, Briefe an die leitenden Pfarrer, Flugblättern, Anzeigen bei der Staatspolizei und Klagen vor Gericht ausgefochten. Dieser Kampf über die Instanzen mit den jeweiligen Beschlüssen und Dienstanordnungen lief im Frühjahr 1935 auf einen Höhepunkt zu. Eigentlich sollte es sich um einen freudigen Anlass handeln, denn für den 31. März 1935 war eine Konfirmation mehrerer Kinder aus dem Pfarrbezirk Hakenfelde durch Pfarrer Bunke in der Wichernkapelle angedacht.[153] Zunächst war der Pfarrer über die Anmeldung von 60 Kindern aus Hakenfelde in seinen Konfirmationsunterricht glücklich. Mit Schwierigkeiten rechnete er nicht, denn laut Pfarrdienstordnung stand ihm ein Sonntagsgottesdienst im Monat in der Wichernkapelle zu, den er für den Konfirmationsgottesdienst zu nutzen gedachte.[154] Pfarrer Rehse wiederum war in keiner Weise geneigt Bunke „seine" Wichernkapelle zu überlassen. In einem Schreiben an den geschäftsführenden Pfarrer der Luthergemeinde Pfarrer Schmidt teilte er mit, dass sein „Predigtpensum so lächerlich gering" sei und er den ihm so „belastet erscheinenden Amtsbrüder(n) der Luthergemeinde" nicht noch zusätzliche Arbeit aufbürden möchte. Des Weiteren sei die Pfarrdienstordnung vom GKR abgewandelt worden und Bunke habe gar keinen festen Predigttermin mehr in der Wichernkapelle. Gegen Einwürfe der Gruppe „Evangelium und Kirche", die sich für die Beibehaltung des bisherigen Predigtplans und für Konfirmation durch Pfarrer Bunke eingesetzt hatte, verwahrte er sich völlig. Denn ihre „grundsätzliche Absentierung" von den GKR-Sitzungen habe zur Folge, dass man auf ihre Wünsche und Anregungen nicht eingehen könne.[155]

Es folgte ein ausgedehnter Schriftwechsel, der nie zwischen Bunke und Rehse direkt, sondern meist über andere, oft den geschäftsführenden Pfarrer Schmidt, erfolgte.[156] Unter den Eltern und Konfirmanden breitete sich aufgrund der unsicheren Lage Nervosität aus. Verschiedene Gesuche wurden von der Gruppe „Evangelium und Kirche" und von betroffenen Eltern beim Evangelischen Konsistorium der Mark Brandenburg eingereicht, damit dieses sich der Angelegenheit annehme und die Konfirmation zusagen würde. Sowohl die Änderung der Pfarrdienstordnung durch den GKR, als auch die Weigerung, einem ordentlichen Pfarrer der Luthergemeinde die Wichernkapelle für eine Konfirmation zu überlassen, wurden als unrechtmäßig bezeichnet. Die Eltern der Konfirmanden drückten deutlich aus, dass sie sich „als Gemeindemitglieder um ihr gutes Recht" betrogen fühlten.[157] Als das Evangelische Konsistorium „die berechtigten Wünsche" der Eltern anerkannte, schien die Konfirmation am 31. März durch Pfarrer Bunke sicher.[158] Die Fraktion der Deutschen Christen im GKR zeigte sich von diesem Beschluss völlig unbeeindruckt. Diese forderte Pfarrer Schmidt auf, dafür Sorge zu tragen, dass die Konfirmation durch Pfarrer Rehse vollzogen würde, da Pfarrer Bunke nicht geeignet sei. Dabei wurde besonders auf den angeblichen „Kollektenvorfall" vom 18. November 1934 verwiesen.[159]

Obwohl die Konfirmation immer zeitlich immer näher rückte ging die Auseinandersetzung um die Frage, welcher Pfarrer sie abhalten würde, unvermindert weiter. Schließlich wurde die Polizei eingeschaltet, so dass schon während der Sitzprobe am 28. März in der Wichernkapelle zwei Beamte der Staatspolizei und vier Vertreter der Schutzpolizei anwesend waren. Diese sollten sich noch als wichtige Zeugen erweisen. Denn, als die Sitzprobe beginnen sollte, waren die Türen verschlossen und der Kirchendiener nirgends auffindbar. Nachdem ein Schlosser den Anwesenden Zugang zur Kapelle verschafft hatte, stellte sich heraus, dass die Türen von innen zusätzlich mit Draht gesichert worden waren. Trotz der Anwesenheit der Polizei sprachen die Deutschen Christen von einem Einbruch. Die Beamten dienten nun den Mitgliedern der BK als

Entlastungszeugen.[160] Aber noch am Abend des 29. März erhielt Bunke ein Telegramm des Probstes Otto Eckert, in dem die Konfirmation in der Wichernkapelle auf Anweisung des Oberkirchenrates nun doch verboten wurde. Daraufhin rief am nächsten Morgen Pfarrer Bunke den Präsidenten des Oberkirchenrates Dr. Friedrich Werner an. Nachdem er diesem gedroht hatte, unter allen Umständen die Konfirmation in der Wichernkapelle zu vollziehen, lud Dr. Werner zu einem persönlichen Gespräch, an dem neben Bunke auch Pfarrer Schmidt und Vertreter der DC teilnahmen. Man einigte sich auf einen Kompromiss, nachdem Pfarrer Rehse um 9:00 Uhr einen Abendmahlsgottesdienst in der Wichernkapelle abhalten würde und ab 10:30 Uhr Pfarrer Bunke mit der Konfirmation beginnen könne. Das Teilnehmerverhältnis beider Veranstaltungen soll laut der Aufzeichnungen wieder sehr eindeutig gewesen sein. Während an Rehses Abendmahlsgottesdienst gerade 20 Personen teilgenommen hätten, waren bei der Konfirmation, die unter Polizeischutz stattfand, hunderte Personen anwesend.[161]

Nur kurze Zeit später verfasste Pfarrer Bunke eine Flugschrift mit dem Titel „Erleben Gottes im Gemeindebezirk Wichern, Spandau-Hakenfelde", in der er die Ereignisse im Vorfeld und während der Konfirmation ausführlich beschrieb. Darin hebt er deutlich hervor „daß (sic.) wir heute in der Kirche zwei im tiefsten Grunde verschiedene Glaubensrichtungen nebeneinander haben". Mit dem im letzten Moment erwirkten Kompromiss haben die Mitglieder der BK in Hakenfelde im „Kampf für Recht und Ordnung" ihren ersten Sieg errungen. Die Auseinandersetzung um die Konfirmation in der Wichernkapelle waren in Bunkes Augen ein „Einblick in den Kampf, der heute um Sein (sic) und Nichtsein (sic) unserer Kirche als einer wahrhaft evangelischen Kirche geführt wird." In diesem Ringen stünden auf der einen Seite „der Geist der „unevangelischen Deutschen Christen, der die Gewalt an die Stelle der Liebe" gesetzt habe. Auf der anderen befinde sich „die verkannte und verleumdete, bekennende Gemeinde, die über die Treue zum irdischen Vaterland und seinem Führer den Gehorsam gegen den Herrn der Kirche stellt."[162]

Auch Pfarrer Rehse veröffentlichte seine Sichtweise auf die Ereignisse um den 31. März 1935 und deren Vorgeschichte. Im Vergleich zur Schilderung Bunkes fielen seine Ausführungen deutlich kürzer aus und waren mit reichlich Sarkasmus und Spott verfasst.[163] Er beklagte die wankende Haltung der kirchlichen Behörden und betonte die Notwendigkeit den Befehlen von Vorgesetzten befolgen zu müssen. Diese Ansichten hätte Pfarrer Bunke sicherlich bestätigen können, da er selbst häufig die Unentschlossenheit der Offizialkirche bemängelte und sich für die Einhaltung von Regeln und Anordnungen stark machte.[164] Rehse mokiert sich in seiner Ausführung über die angebliche Scheinheiligkeit der BK-Mitglieder, die nur einer Anordnung folgen würden, wenn sie in ihrem Sinne ausfallen würde. Auch gab er dem Vorwurf, die Gruppe um Bunke habe einen Einbruch begangen, erneut Raum, da diese „sich mit dem Dietrich" Zugang zur Kapelle verschafft habe. Am Schluss steht der Vorwurf, die Mitglieder der Bekennenden Gemeinde würden nur ihren eigenen Dickkopf durchsetzen wollen und nicht das Evangelium verteidigen. In diesem Bestreben würden sie einen schädlichen Eifer an den Tag legen.[165]

In seinen Aufzeichnungen bezeichnete Pfarrer Bunke das Frühjahr 1935 als eine Zeit der „Aufregung", die für ihn selbst und seine Frau mit „hohen Kosten an Nervenkraft" verbunden war. Dafür waren nicht allein die Auseinandersetzungen um die Konfirmation vom 31. März verantwortlich. Für den Gottesdienst am 17. März 1935 setzte die Bekenntnissynode der Evangelischen Kirche der altpreußischen Union die Verkündung einer Erklärung an, welche sich klar gegen die Ausbreitung des „neu deutsche(n) Heidentums" und die „Vergötzung des eignen Volkstums" richten sollte. Obwohl Bunke diese Erklärung befürwortete, informierte er die Leitung der Bekenntnissynode, dass er sie nicht am 17. März verlesen werde, da er durch einen Gedächtnisgottesdienst am

Kant-Gymnasium am Vormittag und eine Konfirmanden Abendmahlsfeier an dem Tag bereits ausgelastet sei. Am Abend des 16. März erhielt Bunke Besuch von einem Beamten der Staatspolizei, der ihn aufforderte sich schriftlich zu verpflichten, die Erklärung der BK am nächsten Tag in keiner Weise bekannt zu machen, andernfalls würde er mit Hausarrest belegt.[166] Einer solchen Aufforderung wollte der Pfarrer unter keinen Umständen Folge leisten. Der Polizeibeamte appellierte daraufhin an Bunkes Staatstreue als alter Frontsoldat und Mitglied der SA-Reserve.[i] Man wolle von staatlicher Seite am morgigen Volkstrauertag nur für Ruhe sorgen, da zahlreiche Gottesdienste und Veranstaltungen von Parteiorganisationen zum Gedenken an die Gefallenen der vergangenen Kriege angesetzt wären. Davon ließ sich der Pfarrer überzeugen und unterschrieb die Verzichtserklärung mit dem Vermerk, dass seine Zustimmung zum Verzicht auf eine Bekanntgabe nur für den morgigen Tag gelten würde. Am Sonntag führte Bunke seinen Gedenkgottesdienst am Kant-Gymnasium und die Abendmahlsfeier mit seinen Konfir-manden wie geplant durch. Bereits am nächsten Tag erhielt Bunke erneut Besuch von einem Beamten der Staatspolizei. Dieser verkündete, dass der Pfarrer unter Hausarrest stehe. Auf Hermann Bunkes Nachfrage, was der Grund dafür sei konnte weder der Beamte vor Ort noch dessen Vorgesetzter am Telefon eine befriedigende Antwort geben. So blieb der Hausarrest auf zwölf Stunden beschränkt und er durfte währenddessen weiter Amtshandlungen vollziehen.[167]

Erst im Nachhinein breitete sich in der BK-Gemeinde die Erkenntnis aus, dass es sich um ein groß angelegtes Vorgehen von Staatsseite gehandelt hatte bei dem über 400 BK-Pfarrer verhaftet

---

[i] Die Mitgliedschaft Hermann Bunkes in der SA-Reserve II wird auf seine Mitgliedschaft im Reichskriegerbund Kyffhäuser zurückzuführen sein, deren Mitglieder Ende 1933 in die SA eingegliedert wurden.

worden waren. Der Bruderrat der BK-Gemeinde Luther schickte darauf einen Brief an den preußischen Ministerpräsidenten Hermann Göring, den Reichskulturminister Dr. Bernhard Rust und den Reichsinnenminister Dr. Wilhelm Frick. Sie beklagten sich über die Tatenlosigkeit des Staates gegenüber der heidnischen „Deutschen Glaubensbewegung", die in aller Öffentlichkeit gegen die christliche Glaubenslehre Stellung beziehe. Stattdessen sei diese durch das staatliche Eingreifen in Form der Verhaftung so vieler bekenntnistreuer Pfarrer noch gestärkt worden. Mit diesem Vorgehen sei „die Volkseinheit aufs schwerste geschädigt worden".[168] Eine Antwort auf dieses Schreiben hat der Bruderrat anscheinend nie erhalten.

Um sich über die Ereignisse im Bezirk zu informieren suchte Bunke das Büro von Superintendenten Martin Albertz auf. Als er im Vorzimmer die Sekretärin fragte, wer außer ihm noch das staatliche Unterlassungsschreiben zur Verlesung der BK-Erklärung gegen die „Deutsche Glaubensbewegung" unterschrieben habe, hätte diese ihm scharfen Ton mitgeteilt er wäre in Spandau der einzige gewesen. Wie sich herausstellte, galt das Einlenken Bunkes, trotz der Beschränkung nur am 17. März auf die Verlesung zu verzichten, besonders unter BK-Mitgliedern in der Nikolai-Gemeinde als dessen Kapitulation. Die Erklärung Bunkes, der Termin sei sowieso ungünstig gewählt, da er mit dem Volkstrauertag zusammenfiel, verstärkte diesen Eindruck anscheinend noch. Der Pfarrer fühlte sich daraufhin in den eigenen Reihen diffamiert. Er ließ sich zu dem Vergleich hinreißen „(D)ie Bekenntnisgemeinde Nikolai hat einen reaktionären Einschlag (viele alte Deutschnationale), während wir in Luther den neuen Staat mit gutem Willen bejahten".[169] Der Umstand, dass Hermann Bunke im Frühjahr 1935 großem Druck und scharfer Kritik sowohl von Seiten der Deutschen Christen, des Staates aber auch aus der Bekennenden Gemeinde erfahren hat, dürften diese Zeit für ihn und seine Ehefrau zu einer der schwersten in den Jahren von 1933 bis 1945 gemacht haben. Wobei es sich sicherlich darüber streiten ließe, ob es sich Bunke mit seiner sehr ausgeprägten Staatstreue an manchen Stellen nicht etwas leicht gemacht hat.

4.9 Der Landeskirchenausschuss und die Wiedereinsetzung Bunkes

Die erfolgreiche Durchführung der Konfirmation durch Bunke in der Wichernkapelle vom 31. März 1935 zog erneut eine Reaktion der Gruppierung der Deutschen Christen in der Gemeinde nach sich. Man bediente sich des schon zu Beginn der Auseinandersetzungen gewählten Mittels des Antrags auf Zwangsversetzung. In der GKR-Sitzung vom 2. April 1935 wurde beschlossen „um eine restlose Befriedung des Kirchenbezirkes „Wichern" in die Wege zu leiten" beim Evangelischen Konsistorium der Mark Brandenburg „die Versetzung von Pfarrer Bunke auf eine Stelle außerhalb Spandaus zu beantragen". Ein zweiter GKR-Beschluss in derselben Sitzung forderte die Herauslösung des Ortsteils Hakenfelde aus der Luthergemeinde. Dieser sollte unter dem Namen Wicherngemeinde selbstständig werden und vom bisherigen DC-Pfarrer Rehse weitergeleitet werden.[170] Die Kirchenältesten der Gruppe Evangelium und Kirche reagierten hierauf mit einem Schreiben an das Evangelische Konsistorium. In diesem legten sie scharfen Protest gegen die Versetzung Pfarrer Bunkes auf eine Pfarrstelle außerhalb Spandaus ein. Zum einen führten sie formale Bedenken ins Feld, denn der geschäftsführende Pfarrer Schmidt habe die GKR-Sitzung vor der Abstimmung über den Versetzungsantrag verlassen. Daher sei dieser überhaupt nicht rechtskräftig. Zum anderen wurde entschieden darauf hingewiesen, dass eine Versetzung Bunkes keine befreiende Wirkung auf die Gemeinde haben würde, sondern viel mehr das Gegenteil bewirken würde. Vielmehr liege die Verantwortung für den verbreiteten Unfrieden in der Gemeinde und den Rückgang kirchlichen Lebens auf allen Ebenen im Bezirk bei den Deutschen Christen.[171] Um ihre Argumentation zu untermauern, führten sie eine vergleichende Gegenüberstellung der Beteiligung am kirchlichen Leben vor und nach der Versetzung Pfarrer Bunkes aus Hakenfelde bei.[172]

	Vor der Versetzung Pfarrer Bunkes	Nach der Versetzung Pfarrer Bunkes	
Gottesdienst	200-300	40-60	Besucher
Kollekte	12-20	2-7	Reichsmark
Kindergottesdienst	140	30-50	Kinder
Frauenhilfe	450	320	Mitglieder
Bibelstunde	70 (wöchentlich)	25 (14 tägig)	Besucher
Kirchenchor	25	0	Mitglieder

Abschließend erklärten sie, dass eine „wirkliche Befriedung“ nur durch die Rückkehr Pfarrer Bunkes zu erreichen sei und forderten dessen Rückversetzung.[173] Der GKR-Antrag den vierten Pfarrbezirk aus der Luthergemeinde herauszulösen, um diesen zu verselbstständigen fand keine Erwähnung. Dies lässt verschiedene Interpretationsmöglichkeiten zu. Zwei denkbare Varianten wären, dass angesichts der drohenden Versetzung Bunkes aus Spandau dieser Antrag nicht beachtet wurde oder dass er auch unter den Mitgliedern der Gruppe Evangelium und Kirche Zuspruch fand.

Ein Beschluss von Seiten des Evangelischen Konsistoriums blieb aus. Die Deutschen Christen verfolgten ihre Strategie Bunke das Leben schwer zu machen, weiter. Bei einer erneuten Konfirmation durch den Pfarrer in der Wichernkapelle am 31. Mai 1935 hatte dieser es unterlassen die Hakenkreuzfahne zu hissen und den Arm zum Hitlergruß zu erheben. Darauf folgte direkt eine Anzeige bei der Staatspolizei. Auch sollte seine Kassenführung in den Jahren 1932-34 in Hakenfelde geprüft werden. Aber beide Angriffe liefen schließlich ins Leere. Die Ankündigung durch die Einsetzung von Reichs- und Landeskirchenausschüssen eine Befriedung der Gemeinden von Staatsseite vorzunehmen, sorgte für das Aufkeimen von Hoffnung in der BK-Gemeinde. Die Gemeindegruppe Evangelium und Kirche wandte sich mit der Bitte, Pfarrer Bunke wieder in den vierten Pfarrbezirk zurückzuversetzen an den zuständigen Landeskirchenausschuss. Es wurde zugesichert, dass über die Personalie Bunke, zusammen mit der Frage um die Wiedereinsetzung von Superintendenten Martin Albertz, noch vor Weihnachten 1935 entschieden werden sollte. Aber auch diese Entscheidung ließ über den ursprünglich verkündeten Zeitpunkt auf sich warten.[174]

In der Zwischenzeit wurde deutlich, dass die zurückliegenden Auseinandersetzungen deutliche Erschöpfungserscheinungen bei den Mitgliedern der BK-Gemeinde zurückgelassen hatten. Der Kreisbruderrat der Bekennenden Gemeinde Spandau sah sich daher veranlasst einen Aufruf zu Standhaftigkeit und Durchhaltevermögen zu verfassen. Hier wurde nochmals daran gemahnt die Evangelische Kirche in ihrem „heissen (sic.) ringen um die Botschaft und die Gestalt" nicht im Stich zu lassen. Man erinnerte daran, „dass wir keine politische Reaktion sind, aber wir wollen jeder an seinem Teil auch darauf bedacht sein, alles zu vermeiden, was uns in ein falsches Licht stellen könnte. Wir wollen alle mithelfen an dem Neubau unseres Volkes. Wem dieser Wille fehlt, hätte kein Recht an unseren Reihen." Die größte Triebkraft der BK sei weiterhin, „dass sich unsere Kirche in ihrem Leben und Handeln allein vom Worte Gottes her, nach dem Verständnis der Reformation bestimmen lässt."[175] Diese Mischung aus Kampf für die freie und bekenntnistreue Verkündung des Evangeliums im Inneren der Kirche und absoluter Treue zum nationalsozialistischen Staat nach außen schien aber ihre bindende Wirkung immer stärker zu verlieren. Denn sowohl der harte oppositionelle Kern, als auch die überzeugten Anhänger des Staates fühlten sich mit diesem Mittelweg nicht wohl. Wer sich weder mit der einen noch der anderen Gruppe identifizierte, konnte sich dem großen Lager der „kirchenpolitisch Neutralen" zwischen den Fraktionen der Deutschen Christen und der Bekennenden Kirche anschließen und so dem Konflikt entgehen.

Anfang 1936 kam wieder Bewegung in die verfahrene Situation um die Anträge auf Versetzung Pfarrer Bunkes weg von Spandau und auf Wiedereinsetzung in seine alte Position in Hakenfelde. Auslöser war ein erneuter Versuch der DC Bunke aus Spandau zu vertreiben. Diesmal wandten sie sich an den Berliner Superintendenten Pfarrer Richard Zimmermann und begründeten ihren erneuten Versetzungsantrag mit der angeschlagenen Gesundheit von Pfarrer Bunke. Dieser war gerade erst von einem Kuraufenthalt in Baden-Baden zurückgekehrt, was aber nicht als Anzeichen für eine besondere körperliche Hinfälligkeit des Pfarrers zu deuten war. Als der Bruderrat der Bekenntnisgemeinde erneut mit einem Protestschreiben auf den Vorstoß der DC reagierte, lud Superintendent beide Seiten für den 11. Februar 1936 zu einer Verhandlung vor das Konsistorium.[176] Die DC-Vertreter erklärten bei dieser Gelegenheit Pfarrer Bunke würde die erfolgreiche Arbeit Pfarrer Rehses in Hakenfelde sabotieren und hätte keinerlei Anspruch auf die dortige Pfarrstelle. Auf den Vorwurf hin, Bunke halte die DC für „Heiden und Gottlose", verlas dieser ein DC-Schreiben in dem gedroht wurde, dass bei dessen Rückkehr ein Großteil der Deutschen Christen in Hakenfelde zur Deutschen Glaubensfront hinüberwechseln würden. Die von Superintendent Zimmermann geleiteten Verhandlungen führten zu keinem Ergebnis, so dass die Entscheidung über die Vergabe der vierten Pfarrstelle der Luthergemeinde weiterhin beim Landes-kirchenausschuss lag.[177]

Im Ringen um die Besetzung der Pfarrstelle griffen die Deutschen Christen zu neuen Methoden, um Druck auf die Mitglieder der Bekennenden Gemeinde auszuüben. Eines Tages erfuhr der Kirchenälteste Walter Friedrich, dass auf seinen angeblichen Wunsch sein Sohn Klaus umgeschult werden sollte. Dieser Umstand sorgte für einige Verwirrung, da weder Sohn noch Vater eine solche Versetzung wollten, geschweige denn beantragt hatten. Wie sich im Nachhinein herausstellte handelte es sich dabei um eine eigenmächtige Aktion des Schuldirektors Walter Wegner, der für die DC ebenfalls im GKR der Luthergemeinde saß. Dieser versuchte den Sohn des Kirchenältesten Friedrich an seine Schule zu holen, vermutlich glaubte er, so über ein Druckmittel gegen den Vater zu verfügen. Dabei berief er sich auf eine Änderung im Zuschnitt der Schulbezirke, nach welcher der Teil der Streitstraße, in der die Familie Friedrich wohnte, nun zu seinem Bezirk gehöre. Aber es war nie eine Verordnung ergangen, nach der die betroffen Schüler umgeschult werden sollten. Auf Anfrage von Walter Friedrich schaltete sich Stadtschulrat Topp ein und machte dem Direktor Wegner klar, dass seine eigenmächtigen Handlungen zu unterbleiben haben.[178] Für Walter Friedrich war nun klar, mit „entsprechend charaktervollem Auftreten konnte man auch zum Recht kommen."[179] Eine Erkenntnis, die sein Handeln auch über die weiteren Jahre der nationalsozialistischen Herrschaft in Deutschland prägte.

Die Mitglieder der Bekennenden Gemeinde in Hakenfelde waren das lange Warten leid und entschlossen sich den Landeskirchenausschuss mit einem Ultimatum zu konfrontieren. Am 5. Mai 1936 entschloss sich der Bruderrat der BK dem Ausschuss mitzuteilen, dass Pfarrer Bunke am 10. Mai wieder seine volle seelsorgerische Tätigkeit in Hakenfelde aufnehmen würde. Nun kam aber Bewegung in die Angelegenheit.[180] Als Walter Friedrich am 7. Mai persönlich das Ultimatum des Bruderrates an Superintendenten Zimmermann übergeben wollte, war der Landeskirchenausschuss zu einer Entscheidung gekommen. Sowohl die Pfarrbezirke Haselhorst, als auch Wichern sollten selbständig werden, wobei die Pfarrstelle in der noch zu bildenden Wicherngemeinde mit Pfarrer

Bunke besetzt werden sollte.[i] Diese Verfügung wurde bereits im Sonntagsgottesdienst vom 10. Mai 1936 der Gemeinde in Hakenfelde bekannt gegeben.[181]

Die Deutschen Christen in der Gemeinde waren auf diese Ankündigung vorbereitet und nicht gewillt, ihr Folge zu leisten. Noch am Ende des Gottesdienstes vom 10. Mai wurden zwei DC-Flugblätter verteilt, in denen klar für die deutsch-christliche Ideologie, deren Bewegung, „ihren" Pfarrer Rehse und gegen die staatsfeindliche Bekenntnis Gemeinde unter Superintendent Martin Albertz und Pfarrer Bunke Stellung bezogen wurde.[182] Am jeweiligen Ende der Texte war der Gruppenobmann Adolf Otto als Verantwortlicher aufgeführt. Das längere und eher gemäßigtere Blatt trug den Titel „Eine große und heilige Sache ist in Gefahr! Aber sie muss durch!" Hier wurde zunächst auf den angeblichen Gegensatz zwischen der Bekennenden Gemeinde, die nur an die Interessen der Kirche denken würde und den Deutschen Christen, die sich in ihrem „Dienstwillen" dem neuen Staat völlig unterordnen würden, hingewiesen. Es folgte der Vorwurf der „außenpolitischen Hetze durch die Bekenntnisfront".[183] Hiermit mag eine Denkschrift des Pastors Dr. Wilhelm Jannasch gemeint sein, die im Namen der vorläufigen evangelischen Kirchenleitung an den „Führer und Reichskanzler" gerichtet war und am 4. Juni 1936 übergeben wurde. In dieser wurden neben der nationalsozialistischen Welt-anschauung, auch politische Vorgehensweisen wie Wahlfälschung, das Weiterbestehen von Konzentrationslagern, und das Vorgehen der Gestapo ohne richterliche Überwachung kritisiert. Obwohl die Denkschrift von der Kirchenleitung als geheim deklariert worden war, fand sie sich bereits im Juli in der internationalen Presse.[184] Da die Nationalsozialisten mit den Sommerspielen 1936 in Berlin eine

---

[i] Dagegen sollte die Pfarrstelle der neuen Gemeinde in Haselhorst, bislang Bestandteil der St. Nikolai-Gemeinde, gewissermaßen zum Ausgleich mit einem DC-Pfarrer besetzt werden.
Sandvoss, Widerstand, S. 116.

riesige Selbstinszenierung planten, sollte ein vollständig positives und weltoffenes Bild vom Deutschen Reich und seiner Hauptstadt Berlin vermittelt werden. Dazu wurden etwa die öffentlichen antisemitischen Aufrufe entfernt und die sonst allgegenwärtige Diskriminierung von Homosexuellen stark gelockert.[185] Die in der Denkschrift der evangelischen Kirchenleitung geäußerte Kritik an der politischen Praxis und der Ideologie der Nationalsozilisten war nicht geeignet, um das von der nationalistischen Propaganda angestrebte Bild eines weltoffenen und freundlichen Deutschlands zu stützen.

Im Flugblatt folgte eine Aufzählung der aus deutsch-christlicher Sicht notwendigen ideologischen Änderungen in der Kirche, wie die Herstellung einer Volks- anstelle einer Pfaffenkirche, die Durchsetzung des Arierparagraphen in der Kirche, die Abschaffung aller jüdischen Überlieferungen, sowie eine „positive Bindung an die nationalsozialistische Weltanschauung". Das Pamphlet endet mit einem langen Aufruf für den Beitritt zu den Deutschen Christen, um die Bewegung zahlenmäßig, aber auch finanziell über Mitgliedsbeiträge zu stärken.[186] Das zweite Flugblatt richtete sich zunächst an die Kinder, die den Konfirmationsunterricht von Pfarrer Rehse besuchten und deren Eltern. Es beinhaltete den Aufruf sich der von Rehse vermittelten deutsch-christlichen Tugenden zu besinnen und gegen die Wiedereinsetzung des Bekenntnispfarrers Bunke zur Wehr zu setzen. Dabei wurden die Mitglieder der Bekennenden Gemeinde eindeutig als „Staatsfeinde in der Kirche" betitelt und zu Angehörigen des „internationalen Muckertum(s) in der Bekenntnisfront" erklärt. Auch dieses Schreiben endete mit dem Appell der „Reichsbewegung Deutsche Christen" beizutreten.[187]

Pfarrer Bunke war nicht bereit die Anschuldigung auf sich beruhen zu lassen. Er legte Beleidigungsklage gegen den Vorwurf ein Staatsfeind zu sein ein. Teil dieser Klage war auch die Beschuldigung gegenüber der Bekennenden Kirche sich durch „Muckertum" auszuzeichnen, sprich eine feige und heuchlerische

Geisteshaltung. Pfarrer Niemöller schaltete sich als Nebenkläger mit ein und der Pfarrernotbund übernahm die Kosten des Verfahrens. Dieses sollte sich wie so häufig hinziehen.[188] Bereits am 18. Mai ging Pfarrer Bunke auch gegen Pfarrer Rehse vor, in diesem Fall über den Provinzial-Kirchenausschuss. Anlass war eine durch Pfarrer Schmidt übermittelte Drohung des deutsch-christlichen Amtsbruders, die folgend gelautet haben soll: „Sagen Sie Herrn Bunke, er möchte sich vorsehen, mir zu begegnen, ich könnte sonst tätlich werden.“[189] Dieses Verhalten war in den Augen Bunkes, „weder deutsch noch christlich“ und so wurde der Ehrenrat des Pfarrvereins auf seine Klage hin tätig. Aber trotz mehrerer Aussprachen und Stellungnahmen kam es zu keinem Ergebnis und so verlief die Angelegenheit schließlich im Sand.[190]

Am 24. Mai 1936 sollte Bunke seinen ersten Gottesdienst nach Bekanntgabe des Beschlusses des Landeskirchenausschusses über dessen Rückkehr nach Hakenfelde in der Wichernkapelle halten. Noch am Abend zuvor soll Pfarrer Rehse seine Gemeinde aufgefordert am nächsten morgen früh in der Kapelle zu sein. Sie sollten diese besetzt halten, während die Mitglieder der Bekennenden Kirche draußen bleiben müssten. Sobald der Gottesdienst von Pfarrer Bunke begönne, würden sie dann die Kapelle unter Protest verlassen.[191] Am folgenden Morgen fand Pfarrer Bunke sowohl einhundert DC Mitglieder unter der Führung Pfarrer Rehses, als auch eine ähnlich große Zahl an Angehörigen der BK in der Kapelle vor. Nachdem die Glocke um 10:00 Uhr den Beginn des Gottesdienstes verkündet hatte, erhob sich Rehse um mitzuteilen, dass der Gottesdienst von Bunke gehalten wurde. Darauf zog sich Rehse samt seinen Anhängern aus der Kapelle zurück, wobei diese den Zurückbleibenden Anfeindungen wie „gemeine Bande“, „Kommunisten“ und „Staatsfeinde“ zuriefen. Im Nachhinein ging Bunke davon aus, dass härtere Auseinandersetzungen nur aufgrund der Anwesenheit von zwei Beamten der Staatspolizei ausgeblieben waren.[192] In einem Brief an Martin

Niemöller machte er Adolf Otto für die Verhältnisse in der Gemeinde verantwortlich. Dieser würde als „Gruppenobmann (...), Inhaber des goldenen Parteizeichens, alter Deutschkirchler (...) für die Verhetzung der Gemeinde und die Verschärfung des Kirchenkampfes bei uns in Spandau-Luther wesentlich die Verantwortung" tragen. Erneut stellte Bunke auch klar, dass ihn der Vorwurf der Staatsfeindlichkeit als „alter Frontsoldat und Offizier", sowie Angehöriger des „Reichskriegsbundes Kyffhäuser und der SA Reserve II bis zu ihrer Auflösung" besonders schmerze.[193] Der Bruderrat der Bekennenden Gemeinde sah vielmehr die „Befriedung der Gemeinde durch den Deutschen Christen Pfarrer Rehse aufs schwerste gefährdet", dies ging aus dessen Schreiben an das Evangelische Konsistorium hervor. Um Ruhe und Ordnung in Hakenfelde wieder herzustellen sei es notwendig, die „vom Prov.-Kirchenausschuss am 7. Mai 1936 gegebene Empfehlung, Herrn Pfarrer Bunke mit sofortiger Wirkung den Pfarrbezirk Hakenfelde zu übertragen" umzusetzen.[194]

Die gegenseitigen Anfeindungen und Beschuldigungen in der Gemeinde gingen ungebrochen weiter. Da die Deutschen Christen nun eine tatsächliche Rückkehr Bunkes nach Hakenfelde für möglich hielten, verstärkten sie erneut ihre Aktivitäten und die Besucherzahlen in den Gottesdiensten von Pfarrer Rehse nahmen wieder zu.[195] Der Bruderrat ging wieder mit einem Flugblatt gegen erneut erhobene Vorwürfe der DC gegenüber Pfarrer Bunke vor und versuchte so die Anschuldigungen zu entkräften.[196] Da wurde in der Spandauer Zeitung am 25. Juni 1936 für den 5. August zu einer Anhörung zur Gründung einer eigenständigen Gemeinde in die Wichernkapelle eingeladen.[197]

An der Versammlung vom 5. August 1936 nahmen etwa 300 Personen teil, die etwa zu gleichen Teilen der Bekennenden Gemeinde oder den Deutschen Christen angehörten. Neben diesen gab es aber auch Anwesende, die weder der einen noch der anderen Fraktion angehörten. Die Leitung der Versammlung lag beim geschäftsführenden Pfarrer Schmidt. Diesem saßen der DC-Kirchenälteste Herr Wegner und Pfarrer Rehse zur Seite, aber kein Vertreter der BK wurde an den Sitzungstisch gebeten. Bei der Eröffnung der Versammlung zeigte sich Pfarrer Schmidt über das rege Interesse erfreut, verlor aber kein Wort über die beiden verfeindeten Lager. Zunächst verlas er die Gründungsurkunde und einen allgemeinen Bericht über die Entwicklung in der Gemeinde.[198] In diesem Abriss über die Entstehung und Entfaltung kirchlichen Lebens in Hakenfelde wurde der Name Pfarrer Bunkes nicht einmal erwähnt. Auch blieb die Frage der personellen Besetzung der Pfarrstelle absichtlich offen. Daraufhin meldete sich Bunke zu Wort und verlas seine Berufungsurkunde für die vierte Pfarrstelle der Luthergemeinde.[199] In dieser war auch die Verpflichtung des Amtsinhabers die Gemeinde sowohl im Alten, als auch im Neuen Testament zu unterrichten, festgehalten. Dies regte zu Zwischen-

Abb. 15: Bekenntnisgemeinde Wichern,
Gruppenfoto.

rufen aus den Reihen der DC an: „Und Talmud. Wir wollen keine Judenkirche, keinen Judenpfarrer. Wir brauchen nicht Pfarrer und Bibel. Wir haben den Führer und mein Kampf." Auf die Versicherung Bunkes fürs Vaterland mit seinen besten Mitteln zu sorgen, wurde mit Gelächter geantwortet. Daraufhin meldete sich Pfarrer Rehse zu Wort und zeigte seine eigene Berufungsurkunde vor. Dabei soll er einen derart zynischen Ton und Verachtung gegenüber dem Evangelischen Konsistorium der Mark Brandenburg an den Tag gelegt haben, dass es zu Protestrufen kam.[200] Als sich daraufhin Pfarrer Bunke ein zweites Mal zu Wort meldete, brandeten erneut Geschrei auf: „Sie sind ja der Staatsfeind. Sie haben die Fahne nicht gegrüßt. Sie sind mit der Kollekte durchgebrannt." Auch die Bitte Bunkes an Pfarrer Schmidt für Ruhe zu sorgen verbesserte die aufgeheizte Stimmung nicht.[201] Trotzdem gelang es Bunke gegen einige der Anklagepunkte Stellung zu beziehen. So betonte er, dass seine Zwangsversetzung ein Ergebnis des Kirchenkampfes war, während dieser Auseinandersetzung habe eine „skrupellose Gewaltherrschaft" von der Kirche Besitz ergriffen. Seine Rückversetzung erfolge aufgrund der Anweisung des Führers Adolf Hitler an den Kirchenminister Hanns Kerrl über die Einsetzung von Kirchenausschüssen für die Befriedung der Gemeinden zu sorgen. Des Weiteren sei er stets unpolitisch gewesen und habe daher am 30. April 1933 nicht den „deutschen Gruß" bei der Weihe der Hitler-Eiche entrichtet, da dieser zu diesem Zeitpunkt noch Parteigruß gewesen sei und weitere Parteien bestanden hatten. Auf seinen Hinweis hin Frontkämpfer gewesen zu sein, erfolgte der Einwurf auch Kommunisten seien unter den Frontsoldaten gewesen.[202] Bunkes Ausführungen endeten mit den Worten: „Ich habe mir Ihre Verleumdungen und Beschimpfungen angehört als Christ, der das Kreuz Jesu trägt. Die Behörde habe die Sache entschieden. Ich werde in die Gemeinde zurückkehren und allen dienen, es sei denn, daß (sic.) die Deutschen Christen es vorzögen zur Deutschen Glaubensbewegung[i] zu gehen, wie sie selbst gesagt haben." Es wurde noch weitere Beschuldigungen von Seiten der DC gegen Bunke erhoben und einige der sich allgemein ruhiger verhaltenden BK-Mitglieder verließen die Kapelle.[203] Am Ende äußerte Rehse den Vorschlag Hakenfelde zu verlassen, wenn Bunke dasselbe tun würde. Darauf ging dieser aber nicht ein. Am Ende wurde durch Pfarrer Schmidt ein Protokoll verabschiedet aus dem hervorging, dass die Anwesenden dem Entwurf zur Gründung einer eigenen Gemeinde zugestimmt haben. Die Frage der Besetzung der Pfarrstelle sollte erneut an die Behörden verwiesen werden.[204]

Am 10. August 1936 wurde ein Antrag Pfarrer Rehses im GKR Luther angenommen, Adolf Otto, die durch die Beleidigungsklage Pfarrer Bunkes gegen diesen, entstandenen Prozesskosten zu erstatten.[205] Walter Friedrich sendete darauf im Namen der Kirchenältesten der BK in Luther ein Schreiben an das Evangelische Konsistorium mit der Bitte diesen Beschluss aufzuheben. Adolf Otto habe als Privatmann gehandelt und daher in dieser Angelegenheit keinen Anspruch auf Erstattung aus Mitteln der Kirche.[206] Das Konsistorium folgte der Ansicht der Kirchenältesten aus den Reihen der BK und untersagte die Befolgung des GKR-Beschlusses vom 10. August 1936.[207] Das Amtsgericht Berlin Mitte stellte die Zulässigkeit der Klage Bunkes in diesem Fall fest und setzte den Verhandlungstermin auf den 10. November 1936. Die Verhandlungen zogen sich noch über weitere Termine hin. Am Ende wurde Adolf Otto zu einer Zahlung von 300 Reichsmark oder 15 Tagen Gefängnis verurteilt. Da aber dieser sofort Widerspruch einlegen ließ und es

---

[i] Damit ist jene germanisch-heidnische orientierte Gruppierung gemeint, die eine Form der Religiosität frei von christlichen Traditionen propagierte, die unter Leitung von Professor Wilhelm Hauer und dem ehemaligen DC Gauobmann Reinhold Krause stand und mit den Jahren immer stärker unter den Einfluss der SS geriet.
Kühl-Freudenstein, Evangelische Religionspädagogik und völkische Ideologie, S. 176.

Abb. 16: Die Wichernkirche von Westen gesehen. Um 1937–1945.

zu keinen weiteren Verhandlungen in dieser Angelegenheit kam, wurde das Urteil nie vollstreckt. Für Pfarrer Bunke handelte es sich aber zumindest um einen moralischen Sieg über die Deutschen Christen in Hakenfelde.[208]

Von Pfarrer Schmidt erhielt Pfarrer Bunke den Auftrag, alle zwei Wochen im Wichernheim[i] eine Singstunde mit Jungen und Mädchen aus der Gemeinde abzuhalten. Sowohl diese Termine, als auch Bunkes Bibelstunden und die von ihm laut Predigtplan abzuhal-

---

[i] Mit „Wichernheim" oder auch „Wichernsaal" ist der hinter dem Altar der Wichernkirche gelegene Raum gemeint.

tenden Gottesdienste boten für die DC Gelegenheiten ihm das Leben schwer zu machen. Häufig waren das Wichernheim oder die – kapelle abgeschlossen und der Schlüssel nicht aufzufinden, so dass man auf Ausweichmöglichkeiten im Ev. Johannesstift zurückgreifen musste. Am 4. Oktober 1936 sollte Bunke den Erntedankgottesdienst in Hakenfelde abhalten, und die Bekennende Gemeinde wollte im Vorfeld die Kapelle schmücken. Dies war aber schwierig, da die DC zuvor eine riesige Hakenkreuzflagge auf der Empore und eine mit Hakenkreuzflaggen überdeckte Erntekrone angebracht hatten. Um keine Angriffsfläche zu bieten, blieben diese Embleme des dritten Reiches an Ort und Stelle.[209] Als am Morgen des 4. Oktober Bunke mit 75 Kindern den Kindergottesdienst abhalten wollte, fand er den Wichernsaal erneut verschlossen vor. Wieder einmal musste ein Schlosser gerufen werden, damit Türen geöffnet wurden. Kurz darauf fand sich auch Frau Otto nach diesem angeblichen „Einbruch" im Saal ein, um die Erntegaben der Deutschen Christen vor vermeintlichem Diebstahl zu schützen.[210]

Für die weiteren Entwicklungen in Hakenfelde war die Berufung des Konsistorialrates D. Johannes Rosenfeld zum Bevollmächtigten im Bezirk durch den Provinzialkirchenausschuss von großer Bedeutung. Am 11. August 1936 hatte dieser Bunke persönlich in dessen Wohnung aufgesucht. Dabei besprachen sie die Verhältnisse in der Spandauer Kirche, Bunkes Pläne für Hakenfelde und die Frage, wer für die Posten der Gemeindebevollmächtigten der neu zugründenden Gemeinde in Frage käme. Das Gremium der Gemeindebevollmächtigten sollte nach den Vorstellungen Rosenfelds paritätisch mit Vertretern der BK, der DC und „Neutralen" besetzt werden. Das Verhalten der Deutschen Christen schien nun auf diese zurückzufallen, denn D. Johannes Rosenfeld setzte sich nun entschieden für die Wiedereinsetzung Bunkes ein.[211]

Mit dem Inkrafttreten der Urkunde über die Selbständigkeit wurde am 1. Januar 1937 aus dem vierten Pfarrbezirk der Luthergemeinde Berlin-Spandau eine eigenständige Kirchengemeinde.[i] Am gleichen Tag wurde auch die Versetzung Bunkes in die neu entstandene Gemeinde rechtswirksam, und bereits am 14. Februar 1937 konnten im Rahmen eines Festgottesdienstes die Gemeindebevollmächtigten in ihr Amt eingeführt werden.[ii]

4.10 Die Auseinandersetzungen gehen weiter: „deutsche Konfirmationsfeier" und fortwährende Bespitzelung

Aber auch mit der Wiedereinsetzung Pfarrer Bunkes und Eigenständigkeit der Wicherngemeinde kehrte der Frieden nicht in Hakenfelde ein. Die Bespitzelung in den Gottesdiensten wurde weiter betrieben und als die Gemeindebevollmächtigten das Stenographieren der Predigten verboten, wurden diese heimlich mitgeschrieben. Diese Mitschriften erschienen dann häufig im „Schwarzen Corps", einem NS-Presseorgan, zusammen mit Spottgedichten. Auch erhielt Bunke zahlreiche Drohbriefe.[212] So erhielt er Schreiben mit dem angeblichen Absender U.d.S.S.R. Abteilung Berlin, die ihn sicherlich als Kommunisten kompromittieren sollten. Am heftigsten war aber sicherlich die Nachricht in der zu lesen stand: „Ich bete täglich zu Gott, daß (sic.) Sie recht bald mit ihrem lieben Bruder (Adolf im Konzentrationslager) vereint sein möchten." Der alte und nach dem 1. Januar 1937 nicht mehr im Amt befindliche GKR traf sich weiterhin unter der Leitung von Adolf

---

[i] Der ursprüngliche Name der neuen Gemeinde lautete „Evangelische Kirchengemeinde Berlin-Spandau-Hakenfelde". Die Umbenennung in „Wichernkirchengemeinde in Berlin-Spandau" erfolgte zum 11. Januar 1938.
Chronik Walter Friedrich, S. 15.
GA-WiRa, Kirchengemeinde, Urkunde K II Nr. 9099, Evangelisches Konsistorium der Mark Brandenburg, Abteilung Berlin, 11. Januar 1938.
[ii] Die Bevollmächtigten waren: Kaufmann Adolf Seppelt, Malermeister Willi Kulle, Kaufmann (Walter) Friedrich, Kaufmann Erich Kappler. Erich Kappler (DC) nahm die Ernennung nicht an.
Chronik Walter Friedrich, S. 15f.
Bunke, Einer von Vielen, S. 61.

Otto und verabschiedete Beschlüsse. Ebenso nahm Pfarrer Rehse Amtshandlung ohne Zuständigkeit oder Erlaubnis vor.[213] Sowohl fortwährende körperliche Gewaltandrohung gegenüber Bunke durch Deutsche Christen, als auch das Werfen von Steinen an die Fenster der Kapelle während der Gottesdienste, und das unter DClern geläufige Sprichwort „Bunke wird noch einmal hängen" sorgten in der Gemeinde für ein Klima der Angst. Daher wurde Bunke über Monate immer von mehreren Vertretern der Gemeinde begleitet, wenn er das Haus verließ.[214]

Die Angehörigen der Schwesternstation in Hakenfelde schienen in dieser Zeit eher der Bekennenden Gemeinde verbunden gewesen zu sein. Sie sahen sich aber sofort Repressalien ausgesetzt, wenn sie diese Einstellung zu deutlich zeigten, denn hier verfügten die Deutschen Christen immer noch über den größeren Einfluss. So erhielt die Leitende Schwester Marie eine später zurückgenommene Kündigung, nachdem die Gemeindeschwestern sich am Gemeindefest beteiligt hatten. Aber auch positive Entwicklungen waren festzustellen. So zählte das Gemeindefest am 6. Juni 1937 um die 500 Personen, unter denen sich auch 178 Kinder befanden, die am Kindergottesdienst teilgenommen hatten.[215] Eine abschließende Beurteilung über die in der Schwesternstation tätigen Diakonissen bleibt aber schwierig. In einem von Gertrud Otto und Gertrud Kerner gemeinsam unterzeichneten Bericht an den für die Kirchen zuständigen Reichsminister Hanns Kerrl über die von Pfarrer Bunke am 3. März 1938 abgehaltene Bibelstunde, befindet sich die Beschwerde, dass weder die „anwesende Diakonisse, noch der Organist, der Parteimitglied ist" ihre Stimmen gegen den Rauswurf der beiden Anklägerinnen aus eben jener Bibelstunde erhoben hätten.[216] Andererseits tritt in einem Denunziationsschreiben, dass im Anschluss an den von Bunke am 6. März gehaltenen Sonntagsgottesdienst ebenfalls bei der Staatspolizei einging, die zuvor von Entlassung bedrohte Diakonisse Marie als Zuträgerin der Deutschen Christen auf. Wie sich nun herausstellte, war sie die Gemeinde-

Abb. 17: Die Wichernkirche. Innenansicht zum Altar. Um 1937–1945.

schwester, welche es unterlassen hatte gegen den Rauswurf von Frau Otto und Fräulein Kerner in der drei Tage zuvor abgehaltenen Bibelstunde zu protestieren. Dafür unterrichtete Schwester Marie nun diese beiden darüber, dass im Anschluss an ihren Rauswurf über das Schicksal von Pfarrer Niemöller gesprochen worden war.[217]

Von der Seite des Staates erfolgte Ende Juni 1937 ein heftiger Schlag gegen die Bekennende Kirche in Berlin. Zunächst wurden die Pfarrer Gerhard Jacobi und Wilhelm Niesel, sowie die Laien Dr. Hermann Ehlers[i] und Wilhelm von Arnim-Lützlow festgenommen,

---

[i] Nach 1945 Präsident des Deutschen Bundestages. Schon als Schüler nahm Hermann Ehlers eine herausragende Position in der evangelischen Jugendbewegung ein. Als promovierter Jurist übernahm er häufig die rechtliche Vertretung der Bekennen Kirche vor Gericht, aber als Mitglied im Bruderrat der Altpreußischen Union nahm er auch auf anderen Gebieten aktiv am Kirchenkampf teil. Dieses Engagement führt zu seiner Entlassung aus dem öffentlichen Dienst und

die Leitende Positionen in der Berliner BK innegehabt hatten. Ihnen folgte am 1. Juli schließlich auch Pfarrer Martin Niemöller. Dieser habe angeblich „seit langer Zeit in Gottesdiensten und Vorträgen Hetzreden geführt, führende Persönlichkeiten des Staates und der Bewegung verunglimpft und unwahre Behauptungen über staatliche Maßnahmen verbreitet (...), um die Bevölkerung zu beunruhigen. Desgleichen soll er (zu) Auflehnung gegen staatliche Gesetze und Verordnungen aufgefordert haben."[218] Die in der Wichernkapelle abgehaltenen Fürbitten und gesammelten Kollekten für in Haft sitzende Mitglieder der Bekennenden Kirche brachten Bunke wieder mehrere Vorladungen zur Gestapo am Alexanderplatz ein. In seinen Predigten hatte er um göttlichen Beistand für die „um des Glaubens willens" Eingesperrten gebeten. Man legte ihm diese Aussage als staatsfeindlich aus. Aber Bunke entkräftete den Vorwurf durch das Argument, er habe dabei an seinen Bruder Adolf und seinen Schwager Karl gedacht, die sich beide in einem Konzentrationslager befanden.[219] Als am 1. bzw. 2. September 1937 Karl und Adolf aus ihrer jeweiligen Gefangenschaft entlassen wurden, war die Freude bei den Bunkes groß. Als Adolf Bunke nach seiner Entlassung meinte er „habe dem Nationalsozialismus ins Herz gesehen", schien das auch auf seinen Bruder Hermann deutlichen Eindruck zu machen.[220]

Es liegen uns noch vier der Klagen, welche von Frau Gertrud Otto und von Fräulein Gertrud Kerner bei der Staatspolizei oder beim Reichsminister für kirchliche Angelegenheiten Hanns Kerrl über

---

einer kurzzeitigen Verhaftung. Nach dem Ende des 2. Weltkriegs trat er der Christlich Demokratischen Union (CDU) und zog für diese 1949 als Abgeordneter in den ersten deutschen Bundestag ein. Nach dem Rücktritt von Erich Köhler wurde Hermann Ehlers am 19. Oktober 1950 zum zweiten Bundestagspräsidenten gewählt. Ehlers politisches Wirken war stets auf einen Ausgleich zwischen der politischen Verantwortung eines Christen und der Trennung von Staat und Kirche ausgelegt.
Lohmann, Ehlers, Hermann Ludwig, in: Neue Deutsche Biographie, Bd. 4, Dittel – Falck, S. 347.

Pfarrer Bunke im September 1937 eingereicht haben vor.[221] Diese Schreiben werden von einer Erzählung dominiert, in der Deutschen Christen und Nationalsozialisten Opfer eines „unter der religiösen Tarnkappe Volksverhetzung betreibenden" Bekenntnispfarrers seien. Dieser nutze seine Position, um „die Macht der Konfessionskirche gegen die Macht des Staates auszuspielen", und das in der Anwesenheit von „staats- und städtischen Beamten (darunter ein Lehrer, der Pg. ist, ein Polizeibeamter, ein Parteianwärter, der Verbindungsmann des Kyffhäuser zur Partei ist u. a.)". Dabei war aus der Sicht Gertrud Ottos besonders beunruhigend, dass Bunke nicht „nur die alten Leutchen, die ja einmal aussterben" beeinflusse, sondern dieser über „Konfirmandenunterricht, Taufen und Trauungen (...) immer wieder an die Jugend und deren Eltern heran" komme.[222] Nur eine Woche später fühlt sich Frau Otto „als Nationalsozialistin aufs tiefste erschüttert". Der Anlass hierzu war eine Sonntagspredigt Pfarrer Bunkes, die aus ihrer Sicht am besten in die „Zeit des roten Staates" gepasst hätte. Für sie war „die Überwachung dieses Herren völkische Pflicht", der „sehr ausführlich und nachdrücklich für die 208 Pastoren, die um des Glaubens und des Gehorsams gegen das Evangelium willen (sic.) verhaftet sind, Redeverbot haben oder aus ihren Gemeinden ausgewiesen sind" betet.[223]

In Hakenfelde war Pfarrer Rehse ab dem 1. Januar 1937 das Recht eingeräumt worden einen Gottesdienst im Monat in der Wichernkapelle abzuhalten. Dieses Recht hatte, zu mindestens auf dem Papier, auch Pfarrer Bunke nach seiner Zwangsversetzung innerhalb der Luthergemeinde nach der Pfarrdienstordnung besessen. Rehses deutsch-christliche Gottesdienste, die mit dem Hitlergruß sowohl begonnen, als auch beendet wurden, blieben aus der Sicht der Bekennenden Gemeinde ein erheblicher Störfaktor vor Ort.[224] Das deutsch-christliche Liturgieverständnis wurde noch einmal in Rehses Konfirmationsfeier am 27. März 1938 deutlich. Zunächst hatte es auch bei dieser Gelegenheit Auseinandersetzungen über den Veranstaltungsort gegeben. Nun war es Pfarrer Bunke der Pfarrer Rehse die Wichernkapelle nicht für dessen

Abb. 18: Die Wichernkirche von Süden gesehen, mit Hakenkreuzbeflaggung Um 1937–1945.

Konfirmation überlassen wollte. Aber schließlich gab Bunke trotz des Einspruchs des Konsistoriums, die Feier habe in der Lutherkirche stattzufinden nach, da er keine rechte Handhabe fand. Die Konfirmation stand unter dem Motto „Deutschland ist unsere Aufgabe! Christus ist unsere Kraft!" und war nach der Ansicht Pfarrer Bunkes frei von jeder Wärme und Kraft. Gesungen wurden angeblich meist deutsch-christliche Lieder, wobei die Anwesenden noch nicht mal textsicher gewesen seien. Teil der Liturgie war die Ansprache der Konfirmanden, in der es hieß: „Kamerad, wer Ehre im Blute hat, der stelle sich frei und fromm ins Glied und singt des Volkes Morgenlied und singst's (sic.) mit Flammenmute. Wir haltens (sic.) mit der Treue, Du und ich im Glied und die Treue ist unser Herz, das singt ein Tapfer Lied. Und zählt der Feind wie Sand am Meer die Herzen in die Glut, hell funkeln sollen Treu und Ehr! Kamerad, Gott richt (sic.) es gut." Die Antwort der Gemeinde lautete: „Kamerad, und stürzten wir in das Grab, und bliesen alle Teufel Sturm, die Fahne weht vom höchsten Turm, weht sieghaft in die Sterne. Kamerad, und stürzten wir in das Grab." In seiner Predigt führte Rehse dann auf die Frage „wie gewinne ich das ewige Leben?" aus: „durch ein Christentum der Tat, wie es sich im Winterhilfswerk, in der Volkswohlfahrt und im Arbeitsdienst äußert."[225]

Die Gemeindeverordneten sahen sich veranlasst, nachdem sie vom Ablauf dieser Konfirmationsfeier erfahren hatten, beim Evangelischen Konsistorium Einspruch zu erheben. In ihrer Eingabe führten sie an, dass den dort „gesungenen Lieder(n) jeder bewußt (sic.) evangelisch-christlicher Glaubensinhalt fehlte und die Ausführungen des Pfarrers Rehse den Geist jüdischer Werkgerechtigkeit geatmet hätten." Für Pfarrer Bunke war dieser Mangel an christlichen Werten und ihr fehlender Ausdruck durch die angebrachte Liturgie ein Ärgernis dem ein Ende bereitet werden musste.[226] Es ist nicht sonderlich überraschend, dass man den Denunziationsschreiben der Deutschen Christinnen Gertrud Kerner und Gertrud Otto eine komplett andere Vorstellung von der

„richtigen“ offiziellen Form eines Gottesdienstes entnehmen kann. Als Pflegerin bei der Nationalsozialistischen Volkswohlfahrt (NSV)[i] fühlte sich das Fräulein Kerner von der Predigt Bunkes „die eine versteckte Aufforderung, das NSV-Hilfswerk zu ignorieren und lächerlich zu machen“ direkt angegriffen. Auch sprach der Pfarrer von der Inneren Mission „als die eine Liebe, die demütig alles tut zum Besten der Nächsten, aber nicht bloss (sic.) aus Lust am Organisieren oder um sich einen Namen zu machen und zu brüsten, arbeitet.“ Diese Äußerungen seien ihr „als Pflegerin, die ich mit vollem Herzen in der Liebesarbeit der NSV stehe, ganz besonders auf die Nerven gegangen, da ich aus Erfahrung weiss (sic.) wieviel Segen diese Einrichtung über unser Volk brachte, das von der kirchlichen Segnung der Inneren Mission nicht allzuviel (sic.) verspürt hatte.“[227] Frau Otto teilte die Ansicht von Gertrud Kerner in Bezug auf die angebliche karitative Überlegenheit von NS-Organisationen, wie dem Winterhilfswerk und dem NSV gegenüber der Inneren Mission. Noch verwerflicher an den Verlautbarungen Hermann Bunkes erschien ihr aber, „(d)ass unser Führer der grösste (sic.) Diener in seiner Liebe zu seinem Volk ist, ist dem Herrn Bunke unbekannt, aber unendlich viele tote Kirchenleute sollen seine Anhänger noch heute interessieren.“[228]

---

[i] Die Nationalsozialistische Volkswohlfahrt (NSV), gegründet im Mai 1933, und das Winterhilfswerk (WHW), bereits vor 1933 entstanden, gehörten zu den Organisationen mit denen die Nationalsozialisten auch im Bereich der Wohlfahrtspflege nach Gleichschaltung in Politik und Gesellschaft, sowie nach der Machtkonzentration in den eigenen Händen strebten. Diese neuen Einrichtungen sollten kirchliche Organisationen und andere Verbände, wie die Arbeiterwohlfahrt (AWO) verdrängen und deren Aufgaben übernehmen. Finanziell gut gestellte Angehörige der Volksgemeinschaft wurden ständig zu Spenden aufgerufen, um bedürftige Volksgenossen zu unterstützen. So trugen auch diese Wohlfahrtseinrichtungen ihren Teil zur Überwachung und angeblichen sozialen Gleichstellung der Bevölkerung bei.
Hummel, Deutsche Geschichte, S. 118f.

Auch aus dem Jahr 1938 sind an die offiziellen Stellen gerichtete Beschwerdeschreiben der Deutschen Christen aus Hakenfelde überliefert worden. Hier wird nun auch von einer neuen Methode berichtet, wie die Mitglieder der Bekennenden Gemeinde versuchten sich der Bespitzlung durch Frau Otto und ihre Helferinnen zu entziehen. Zuvor war es den bekannten Angehörigen der Deutschen Christen verboten worden in Pfarrer Bunkes Bibelstunde Fragen zu stellen oder sie waren der Kirche verwiesen worden, wenn ihr Verhalten unangebracht erschien. Anfang März konnte diese nun einem an den jeweiligen Kirchentüren angebrachten Plakat entnehmen, dass „das Schreiben in Bibelstunde und Gottesdienst verboten" worden sei. Damit erbrachte für Gertrud Otto und Gertrud Kerner der „Kanzelhetzer" Hermann Bunke einen weiteren Beweis für die Umwandlung von „einem Gebiet, das einmal als Hakenkreuzfelde in der Kampfzeit an erster Stelle stand" und nun Gefahr lief „ein Herd der Zwietracht zu werden."[229]

Abb. 19: Schild gegen die Aktivität der Deutschen Christen
um Frau Gertrud Otto in der Wicherngemeinde.

Aus dem Sommer des Jahres 1938 ist auch eine Einschätzung der Geheimen Staatspolizei zur Lage in der Gemeinde in Spandau-Hakenfelde für den für kirchliche Angelegenheiten zuständigen Reichsminister Kerrl erhalten. In dieser wird Hermann Bunke klar als „eifriger Bekenntnispfarrer" eingeschätzt aber dessen „Beteiligung am Kirchenstreit (würde) nicht über das bei Bekenntnispfarrern allgemein übliche Mass (sic.) hinaus" gehen. Die von Fräulein Kerner und Frau Otto erstatteten Anzeigen wurden als zur Ergreifung von „staatspolizeilichen Maßnahmen" ungeeignet bewertet. Da diese „ein recht herausforderndes Verhalten zeigten und Bunke immer wieder in unnötiger Weise reizten" wurden sie als „offensichtlich einseitig gebundene Anzeigeerstatter" eingeschätzt. Die Staatspolizei würde über die Berliner Beamten weiterhin auch eine Überprüfung von Bunkes Gottesdiensten vornehmen und gegebenenfalls eingreifen aber „eine Überwachung des Bunke durch kirchenpolitische Gegner ist daher nicht erforderlich."[230]

Die andauernden Auseinandersetzungen mit Pfarrer Rehse und seinen DC-Anhängern gingen nicht spurlos an Pfarrer Bunke vorbei. Zeitweilig dachte er daran, Hakenfelde und die Wicherngemeinde zu verlassen. Bewerbungen in Gütersloh und in Berlin-Steglitz blieben indes ebenso erfolglos wie auch eine Anfrage zu einer anderen Stelle an Pfarrer Jacobi.[231]

4.11 Die Wicherngemeinde und Pfarrer Bunke in den Kriegsjahren

Mit dem Ende des Jahres 1937 schienen die Auseinandersetzungen in der Gemeinde aber immer mehr einzuschlafen. Als am 1. September 1939 schließlich der Zweite Weltkrieg mit dem Überfall deutscher Truppen auf Polen ausbrach, wurde das Alltagsleben in der Gemeinde von anderen Themen dominiert. Die Repressalien des

Staates gegenüber der Bekennenden Kirche hatten aber auch in Spandau noch nicht zu einem Ende gefunden. So musste Superintendent Martin Albertz für anderthalb Jahre eine Gefängnisstrafe in der Haftanstalt Tegel verbüßen. In dieser Zeit lag die Leitung der freien Kreissynode Spandau in den Händen von Walter Friedrich als Laienvorsitzenden.[232] Nun lagen die Leitung der Bruderräte und der Bekenntnisgemeinde in den Händen eines Kirchenältesten der Wicherngemeinde. Die Leitung durch Walter Friedrich wurde von Pfarrer Bunke als vorbildlich wahrgenommen.[233] Dieser konzentrierte sich in Anlehnung an seine frühere Tätigkeit in der evangelischen Jugend auf die Jugendarbeit. So wurde am Sonntag, den 17. Mai 1942 mit 42 Jugendlichen die erste „Jugendrüste" im Evangelischen Johannesstift abgehalten. Trotz eines schwierigen Anfangs ließ man sich von den Rückschlägen zu Beginn nicht abschrecken und baute so innerhalb der nächsten Monate eine blühende Jugendarbeit auf. In dieser war auch der junge Pfarrer und spätere Theologieprofessor Dr. Martin Fischer sehr aktiv. Glückwünsche erhielten Pfarrer Bunke und Walter Friedrich sogar vom inhaftierten Superintendenten Albertz.[234]

Hermann Bunke verfasste noch eine kurze Abhandlung über seinen „inneren Werdegang im Kirchenkampf 1933-42", die doch einige Aufschlüsse über seine Einstellung zur Bekennenden Kirche und zu seinem Vorgesetzten Superintendent Martin Albertz gibt. Noch einmal hebt er deutlich hervor, dass Sinn und Zweck der Bekennenden Kirche in der „Rettung des Evangeliums für unser Volk" lägen und nicht in der „staatspolitischen Reaktion". In seinen Augen war Martin Albertz ein herausragendes Beispiel für die „staatspolitisch reaktionären Christen innerhalb der BK. Seine Weigerung, etwa an „nationalen Festtagen die Hakenkreuzfahne" zu hissen habe „die ganze Spandauer Bekennende Kirche ins Licht der Staatsfeindschaft" gebracht.[235] Trotzdem soll sich die BK laut Bunke für die Freilassung und Wiedereinsetzung von Albertz in Spandau einsetzen, er bliebe „unser Bruder". In der Zwischenzeit solle man mit dem neuen Superintendenten das Gespräch suchen, wie es mit dem eigenen Gewissen vereinbar wäre. Die Bekennende Kirche sei immer erfolgreich gewesen, wenn es ihr um „die Verkündung der reinen Lehre" gegangen sei. Wiederum habe sie „(I)m Kampf mit dem Staat in allen Dingen der äußeren Ordnung (...) den kürzeren (sic.) gezogen".[236] Auch mit Ausbruch des zweiten Weltkrieges und den Bemerkungen seiner aus dem Konzentrationslager heimgekehrten Verwandten blieb Hermann Bunke seiner ursprünglichen Überzeugung in Bezug auf die Bekennende Kirche treu. Deren Kampf war seiner Ansicht nach ein rein auf den Raum der Kirche beschränkter und drehte sich allein um das Recht der freien Verkündung des Evangeliums. Auch in den späteren Jahren lehnte er eine politische, gegen das nationalsozialistische Regime gerichtete Tätigkeit der Bekennenden Kirche kategorisch ab.

4.12 Ein Neubeginn: Kriegsende und Weggang Pfarrer Rehses

Die deutsche Kapitulation am 8. Mai 1945 markierte auch in der Wicherngemeinde einen Neuanfang. Hier widmete man sich direkt dem Wiederaufbau und begann mit der Neugründung eines Kindergartens, den früheren hatten die Deutschen Christen aufgelöst. In einer alten Militärbaracke auf dem Grundstück der Kirchengemeinde wurden im Schlehenweg neben der Wichernkirche ein Kindergarten, eine Schwesternstation und ein Jugendheim untergebracht. Die Finanzierung wurde durch Spenden der Gemeinde sichergestellt, denn trotz der Folgen des Krieges waren zu diesem Zweck in den sonntäglichen Kollekten 1945 7.000 Reichsmark zusammengekommen.[237] Die Anzahl der Gemeindemitglieder wuchs stetig an, bis sie schließlich bei 12.000 Personen lag. Dies hatte zur Folge, dass zunächst eine zweite und dritte

Pfarrstelle eingerichtet wurde. Eine der Pfarrstellen nahm später eine Pfarrerin wahr.[238]

Um Pfarrer Rehse war es schon im Verlauf der Kriegsjahre ruhiger geworden, auch wenn er bis zum Ende des Krieges in Spandau verblieb. Im Sommer 1941 wurde noch ein Konflikt zwischen dem Pfarrer und einem Konfirmanden bzw. dessen Vater aktenkundig, ohne dass der Anlass genauer beleuchtet wurde. Allerdings wurde Rehse angeraten den Konflikt selbst beizulegen. Im September 1945 bat Charlotte Rehse den wieder eingesetzten Superintendenten Martin Albertz um finanzielle Unterstützung, da sich ihr Ehemann in britischer Kriegsgefangenschaft befinde. Nach der Gefangenschaft sollte Johannes Rehse aber nicht mehr nach Spandau zurückkehren, stattdessen fand er eine Anstellung bei der lutherischen Landeskirche Hannover. In Berlin war noch ein Verfahren gegen ihn aufgrund seiner Tätigkeiten während der nationalsozialistischen Herrschaft anhängig, dass ihm eine Rückkehr unmöglich machte. 1947 verzichtete er unwiderruflich auf seine Pfarrstelle an der Lutherkirche in Berlin-Spandau. Am 18. Juni 1953 erging in der Rechtssache Rehse schließlich folgende abschließende Antwort an die Landeskirche Hannover: „Pastor Johannes Rehse, früher Pfarrer in Premnitz, Kirchenkreis Rathenow, dann an der Lutherkirche in Berlin-Spandau war Nationalsozialist und aktiver Deutscher Christ. Das seinerseits gegen ihn eingeleitete Spruchverfahren wurde nicht weitergeführt, weil er durch Erklärung vom 10. März 1947 aus seiner Spandauer Pfarrstelle ausschied. Wenn Pastor Rehse sich in der Ev. luth. Landeskirche Hannovers in seiner Amtsführung bewährt hat, erhebt die Evangelische Landeskirche Berlin-Brandenburg keinen Anspruch gegen seine Übernahme in den Dienst Ihrer Kirche."[239] Der Grund für die Einstellung des Verfahrens lag also im Verzicht Rehses auf seine Spandauer Pfarrstelle, ein Freispruch von den gegen ihn erhobenen Vorwürfen war damit nicht gemeint. Für Pfarrer Bunke war bereits die 1945 getroffene Entscheidung des

Evangelischen Konsistoriums Pfarrer Rehse seiner Sonderrechte in der Wicherngemeinde zu entheben, die Befreiung von einem „Alpdruck".[240]

5 Die Wicherngemeinde während des „Kirchenkampfs" – Entwicklungsstränge und Leitlinien von 1932 bis 1945

Werden die Auseinandersetzungen zwischen der Bekennenden Kirche und der Glaubensbewegung Deutscher Christen von der gesamtstaatlichen Perspektive des Deutschen Reiches betrachtet, so sind zwei in sich selbst stark gespaltene Gruppierungen erkennbar, deren Ränder die Existenz der jeweilig anderen Gruppe ablehnen. Während die extremen Anhänger der völkischen Ideologie in den Mitgliedern der Bekennenden Kirche Verräter am „Deutschen Volkstum" und dem „Staat Adolf Hitlers" sehen, sprechen die Bekennenden Christen, die jedwede Annährung an die andere Seite ablehnen, den Deutschen Christen das „Christ sein" ab. Dazwischen gab es eine Vielzahl von Fraktionen und Personen, die nicht nur ein Nebeneinander akzeptierten, sondern auch miteinander kooperierten. Wie es etwa in den Kirchenausschüssen geschah oder die sich sogar eine Wiedervereinigung von deutsch-christlich dominierter Offizialkirche und Bekennender Kirche vorstellen konnten.

Unterstützung von Seiten des nationalsozialistischen Staates, soweit dessen führende Vertreter überhaupt das Fortbestehen von christlichen Kirchen bejahten, erfolgte nur gegenüber der Glaubensbewegung der Deutschen Christen. Aber diese Patronage war nie umfassend oder langanhaltend genug, damit sich diese gegenüber der Bekennenden Kirche restlos durchsetzen konnten. Auch wurde von staatlicher Seite darauf verzichtet, die zur Verfügung stehenden Instrumente einzusetzen mit denen andere Organisationen, wie Gewerkschaften und Parteien, unterdrückt und aufgelöst worden waren.

Der Kirchenkampf war auch ein Resultat des Aufbaus des nationalsozialistischen Staates. Das Nebeneinander von Partei- und Staatsapparat führte zu zahlreichen Doppelzuständigkeiten und internen Kompetenzstreitigkeiten. Die hieraus resultierende Konkurrenz sollte den absoluten Gestaltungsrahmen des Führers Adolf Hitler garantieren, da ausschließlich diesem die finale Entscheidungskompetenz vorbehalten sein sollte. So konnte die Bekennende Kirche auch aufgrund der Grabenkämpfe unter den führenden Köpfen des NS-Staates, die dem jeweils anderen keinen Erfolg gönnten, über die Dauer der gesamten nationalsozialistischen Diktatur fortbestehen.[241] Aus der Rückschau entsteht häufig der Eindruck eines monolithischen und alles überwachenden Staatsapparates für die Zeit von 1933-1945 in Deutschland. Tatsächlich hatte dieser aber entgegen seines eigenen Absolutheitsanspruches Lücken. Dies konnte eine Organisation wie die Bekennende Kirche nutzen, um wenigstens fortzubestehen. Des Weiteren beschränkte die überwiegende Mehrheit der Bekennenden Christen ihre Opposition gegen das Regime auf den Raum der Kirche. Ein solch eng gesetzter Wirkungsrahmen dürfte ebenfalls zum Fortbestehen der Bekennenden Kirche beigetragen haben. Den sich in der „inneren Migration" befindenden oder dem neuen System sogar zugeneigten Mitgliedern, stand nur eine kleine Gruppe an Menschen gegenüber, die eine aktive und nach außen gerichtete Form von Widerstand leisteten. Unter der Berücksichtigung dieser Umstände scheint dem Historiker Magnus Brechtken eine recht positiv gefärbte aber auch passende Gesamtbetrachtung gelungen zu sein, als er formulierte:

„Eine aus den Wurzeln des christlichen Glaubens gespeiste, fortwährende „weltanschauliche" Immunisierung war zwar kein aktiver Widerstand, mit dem sich das Regime stürzen ließ, sie unterminierte allerdings den totalitären Anspruch und wurde dementsprechend von den Nationalsozialisten als widerständig empfunden – weshalb es einen permanenten Erziehungskampf um die Köpfe zu führen galt."[242]

War Spandau am Ende des wilhelminischen Kaiserreiches und zu Beginn der Weimarer Republik in politischer Hinsicht ein „roter"

Arbeiterbezirk, so fand in der Zeit darauf eine Hinwendung zur konservativ-monarchistischen DNVP und schließlich zur NSDAP statt. Die Worte des Berliner Gauleiters und späteren Propaganda-ministers Joseph Goebbels „die NSDAP habe Berlin von Spandau aus erobert"[243] sind ein klarer Hinweis auf die strategische Bedeutung des Bezirks für die Umsetzung der Ziele der Nationalsozialisten in Berlin. Die meisten Wähler der NSDAP waren zum einen unter ungelernten Arbeitern, zum anderen aber unter Angestellten und niedrigen Beamten, man könnte auch vom Kleinbürgertum sprechen, zu finden. Dies waren die prägenden Berufsgruppen unter den Spandauer Einwohnern der 1930er Jahre. Der Bezirk war in religiöser Hinsicht deutlich durch die evangelische Kirche geprägt, immerhin bekannten sich 1933 mehr als Dreiviertel der Bewohner zu ihr. In Hakenfelde und anderen Ortsteilen war die Landwirtschaft noch immer von großer ökonomischer Bedeutung. Wie in anderen Gegenden mit dieser gesellschaftlichen und wirtschaftlichen Zusammensetzung waren die Nationalsozialisten in Spandau und in Hakenfelde besonders erfolgreich.

Zunächst scheint das Aufkommen der Deutschen Christen und die wachsende Anhängerschaft der NSDAP in Hakenfelde bei dem Personenkreis um Pfarrer Bunke, der zu Beginn der 1930er Jahre das Gemeindeleben entscheidend prägte, nicht beunruhigt zu haben. Bunke selbst, so wie viele andere Mitglieder seines Berufstands, hat in der NSDAP eher einen stabilisierenden Faktor gegenüber den Kommunisten gesehen. Die Deutschen Christen wiederum wurden als etwas grob in der Art und Weise ihres Auftretens gesehen, aber auch als Kraft, die die verkrusteten Strukturen der Amtskirche mit neuem Leben erfüllen könnte. Nach den Kirchenratswahlen von 1932 waren diese mit einer eigenen Fraktion von fünf Mitgliedern im Gemeindekirchenrat vertreten, brauchten aber zunächst Zeit um sich in ihrer neuen Funktion einzufinden. Hier tritt nun auch das Ehepaar Otto in Erscheinung. Frau Gertrud Otto war in der Kirchengemeinde aufgrund ihrer

Tätigkeit im Frauenhilfsverein keine Unbekannte, hatte sich aber in den Jahren zuvor stärker auf ihre politische Arbeit als Rednerin für die NS-Frauenhilfe konzentriert. Ihr Mann Adolf Otto hingegen schien, bevor er zum Führer der DC Fraktion im GKR aufstieg, nicht aktiv am Gemeindeleben beteiligt gewesen zu sein. Zunächst gab es aber keinen Anlass zu vermuten, dass zwischen diesen Personen und den sie jeweils unterstützenden Kreisen eine jahrelange Auseinandersetzung entstehen würde.

Die Machtergreifung der Nationalsozialisten am 30. Januar 1933 und die in den kommenden Monaten folgenden Ereignisse sollten den Wendepunkt in der Beziehung des Pfarrers zu den Deutschen Christen markieren. Besonders der stark politisch eingefärbte Ablauf während der Weihe der Adolf-Hitler-Eiche gab Pfarrer Bunke Anlass seine Position gegenüber der neuen Strömung in der Kirche zu überdenken. Allein, dass der Pfarrer zu ihnen und ihren politischen Überzeugungen auf Abstand ging, reichte führenden Vertretern der Deutschen Christen wiederum aus, um ihn in ihren Augen zu einer unerwünschten Person zu machen, die es los zu werden galt. Die politische Situation gab ihnen die Möglichkeit Bunke in einen anderen Bezirk der Gemeinde ver- und durch den überzeugten Nationalsozialisten Johannes Rehse ersetzen zu lassen. Der Übertritt Pfarrer Bunkes zur Bekennenden Kirche scheint zunächst weniger aus innerer Überzeugung erfolgt zu sein, als vielmehr aus der Erkenntnis, dass er Verbündete in seinem Kampf gegen die Deutschen Christen in Hakenfelde benötigte.

Was nun folgte, mag in den Augen einiger Betrachter einem jahrelangen „Nachbarschaftsstreit" ähneln. Ein Nachbarschaftsstreit der durch eine ideologische Komponente ergänzt wurde und sich über die Zeit zu einer persönlichen Feindschaft entwickelte. Sowohl auf der gesamtstaatlichen Ebene, als auch in Hakenfelde, dominierte in der Bekennenden Kirche das Streben nach der Bewahrung der Unabhängigkeit der Gemeinde von ideologischen Vorschriften und der freien Verkündigung des

Evangeliums. Ein offener Kampf gegen das nationalsozialistische System oder Unterstützung von verfolgten Menschen wurde auch hier, wenn überhaupt vorhanden, dann nur von einer sehr kleinen Minderheit verfolgt. Pfarrer Bunke hatte mit Martin Albertz einen Vorgesetzten, der radikaler dachte und handelte. Obwohl sie beide der Bekennenden Kirche angehörten, blieben Konflikte zwischen dem „gemäßigten" Bunke und dem „radikalen" Albertz nicht aus. Der Hakenfelder Pfarrer stand in einer Art „unfreiwilligen Opposition" zur Kirchenpolitik aber nicht zum nationalsozialistischen Staat. Diese Einstellung sollte Bunke erst im Verlauf der Diktatur anzweifeln.

Das Verhalten der federführenden Deutschen Christen in Hakenfelde war von dem Willen gekennzeichnet die Bekennende Kirche zu zerschlagen und als Organisation zu vernichten. Ihre Anhänger sollten gedemütigt werden, aber es scheint auch eine gewisse Grenze gegeben zu haben, was die Wahl der Mittel zum Erreichen dieses Ziels anging. Der Kampf wurde mit Arglist und unfairen Methoden geführt, aber wenigstens vor direkter körperlicher Gewalt schreckten die Deutschen Christen zurück. Das Eingreifen des Staates, etwa durch die Geheime Staatspolizei wurde gefordert und wäre einem Walter Friedrich oder einem Hermann Bunke bei Befragungen oder gar in Haft etwas zugestoßen, so hätte der Gedanke nahe gelegen, dass dies als „gerechte Strafe" von ihren Gegnern wahrgenommen worden wäre. Neben den bei staatlichen und auch kirchlichen Stellen eingereichten Klagen gehörten Drohungen, Beleidigungen und allgemeine Diffamierung zu den liebsten Kampfmitteln der Deutschen Christen gegen die Mitglieder der Bekennenden Kirche in Hakenfelde. Auch wurden, wann immer sich eine Gelegenheit bot, Veranstaltungen sabotiert. Etwa indem der Zugang zu Räumen oder Personen, wie der Kirche, dem Gemeindehaus oder dem Kirchendiener, verweigert wurden.

Nach der Quellenlage scheint die Bekennende Kirche immer eine eher defensive Haltung in ihrem Kampf mit der Glaubensbewegung Deutscher Christen in Hakenfelde eingenommen zu haben. Die Versetzung Hermann Bunkes sollte zurückgenommen werden, damit er in der neu geschaffenen Wicherngemeinde Pfarrer sein konnte. Die Gottesdienste sollten die freie Verkündigung des Evangeliums, nach den Überzeugungen der Mitglieder der Bekennenden Kirche, ermöglichen und keiner politischen Ideologie verhaftet sein. Dieser Zustand war aus Sicht der Deutschen Christen nicht hinnehmbar. Aber, ob diese über die Einsetzung eines überzeugten Nationalsozialisten wie Johannes Rehse und ein national-patriotisch ausgerichtetes Predigt- und Gottesdienstprogramm hinaus über weitere Pläne zum Umbau der Gemeinde verfügten, ist Spekulation. Unter personell und inhaltlich entgegen gesetzten Vorzeichen strebten Bekennende Kirche und Deutsche Christen in Hakenfelde ähnliche Ziele an. Der Inhalt der Predigten sollte die jeweilige Weltanschauung wiedergeben und der Prediger sollte aufgrund seines Werdegangs und seiner persönlichen Überzeugungen die jeweilige Vorstellung glaubhaft übermitteln können.

In der Retrospektive scheint die Auseinandersetzung zwischen Deutschen Christen und Mitgliedern der Bekennenden Kirche in Hakenfelde in der Qualität und Intensität, wie oben erwähnt, einem „Nachbarschaftsstreit" zu ähneln. Die Konsequenzen hätten aber auch eine andere Dimension erreichen können. Wenn man bedenkt, dass der Bruder und der Schwager Hermann Bunkes aufgrund ihres Eintretens für ihre persönlichen Überzeugungen in Konzentrationslagern interniert wurden, wird deutlich, welche schwerwiegenden Konsequenzen auch hier drohten. In der genau eingehaltenen Beschränkung des Widerstands auf den kirchlichen Raum und dem offiziellen Bekenntnis zum neuen Staat scheint die Bekennenden Kirche in Hakenfelde geradezu exemplarisch für die überwiegende Mehrheit unter den Bekennenden Christen gestanden zu haben. In dieser Beschränktheit des Widerstands lag aber auch der Grund für die fortbestehende Existenz. Eine offene Opposition wäre vom

Regime mit aller Brutalität zerschlagen worden. Die Hakenfelder Deutschen Christen wurden zum einen durch ein ostentatives Bekenntnis zum Deutschtum, sowie durch die Gegnerschaft zur Bekennenden Kirche zusammengehalten. Die Auseinandersetzungen in Hakenfelde scheinen geradezu beispielhaft für den Konflikt innerhalb der evangelischen Kirche zwischen 1932 und 1945 zu stehen. Letztlich wurde der Kampf zwischen Bekennender Kirche und der Glaubensbewegung Deutscher Christen erst durch den Sieg der Alliierten im Mai 1945 über das nationalsozialistische Regime in Deutschland beendet. Mit dieser Stunde Null wurden für die evangelische Kirche in Deutschland und in Hakenfelde die Karten neu gemischt.

6 Kann man ein Hakenkreuz hören? – Die Glocken der Wichern-Kirche (Jürgen Elmen)

6.1 Die Bedeutung der Glocke im kirchlichen Raum

Zu Beginn gilt es, die Geschichte der Kirchenglocken zu skizzieren, insbesondere die Geschichte ihrer Inschriften und Verzierungen.[244] Erstmals wurden Glocken zu kultischen Zwecken während der Shang-Dynastie (1600 – 1027 vor Chr.) in China verwandt. Der erste Sakralbau in Europa, der eine Glocke trug, war der Jupiter-Tempel in Rom. Über Handglöckchen, die von Wandermönchen getragen wurden und ersten geschmiedeten Glocken entwickelte sich vom 6. bis zum 9. Jahrhundert der Glockenguss aus Bronze.

Nach katholischem Verständnis sind Glocken durch die Weihe dem Profanen entzogen. Sie werden gesalbt, mit Weihwasser besprengt und beräuchert. Diese zu den dinglichen Sakramenten zählende Handlung stellt die Glocke in den dauerhaften und ausschließlichen Dienst Gottes. Im Mittelalter hatte die erwartete Gnadenwirkung, die durch die Weihe erfleht worden war, große Bedeutung, z. B. erhoffte man sich durch das „Wetterläuten" eine Verschonung vor Hagel und Blitz. Dieses Denken stieß bei den Reformatoren auf Kritik, aber Glocken blieben in Gebrauch, obwohl das Ritual ihrer Weihe anders gehandhabt wurde. Noch nüchterner gingen die Reformierten mit ihren Glocken um, ohne allerdings auf ihren Gebrauch zu verzichten. Die Läutegewohnheiten änderten sich über die Jahrhunderte in den verschiedenen Kirchen. Einzig das Totengeläut spielte in allen Gegenden bei allen Konfessionen eine herausgehobene Rolle. Erst in neuerer Zeit bekamen die Glocken in der evangelischen Kirche wieder vermehrt liturgische Aufgaben (Vater-Unser-Glocke, Taufglocke, Abendmahlsglocke u. a.).

Mit Beginn des Glockengusses begann auch die Beschriftung und Verzierung. Waren es im Mittelalter überwiegend Inschriften, die auf biblische Texte Bezug nahmen, gewannen im Barock überbordende Dekorationen und die Selbstdarstellung der Stifter an Bedeutung. Glocken erhielten auch weltliche Namen, z. B. nach Tieren. Die 1729 für die Wormser Dreifaltigkeitskirche gegossenen Glocken heißen Löwe, Bär, Nachtigall und Grille und tragen kuriose Inschriften, z. B.: „Ich bin der große Bär. Wenn man mich höret brummen, muss alles um mich her erzittern und verstummen." Bemerkenswert auch die Inschrift von 1766 für eine nicht mehr erhaltene Glocke in Kierspe Rönsahl (Nordrhein-Westfalen): „Bum Bum Bum. Es leb das Lutherthum."

Zunehmend dominierten auf den Glocken die Namen der Stifter. Als Paradebeispiel wären zwei Glocken des Magdeburger Domgeläuts zu nennen, auf denen die Namen sämtlicher Domherren einschließlich ihrer Ämter zu lesen waren bzw. zehn große Wappenreliefs, darunter das des regierenden Kurfürsten von Brandenburg. Nach der Reichsgründung 1871 begann im Zeichen eines sich steigernden Nationalismus die Epoche der „Kaiserglocken". Beispielhaft sei die 1874 gegossene große Glocke des Kölner Doms genannt. Eine ihrer drei Inschriften lautete: „Die Kaiserglocke heiss' ich, Des Kaisers Ehren preis ich / auf heil'ger Warte steh ich, Dem Deutschen Reich erfleh' ich, / Dass Fried und Wehr ihm Gott bescher'." Später fanden auch die Namen von Bismarck und Hindenburg ihren Weg auf Kirchenglocken.

Angesichts dieser Vorgeschichte kann es nicht verwundern, dass die Vereinnahmung der Kirchenglocken in der Zeit des Nationalsozialismus ihre unrühmliche Fortsetzung fand. Zeichen des Nationalsozialismus wie das Hakenkreuz finden sich auf vielen Glocken, ebenso Reliefs von Hitler nebst markigen Sprüchen. Auf einer 1934 für eine thüringische Gemeinde bei Mühlhausen gegossenen Glocke sind Martin Luther und Adolf Hitler gleichberechtigt verewigt. Die Reihe ließe sich fortsetzen. Anzumerken ist, dass nur wenige Glocken in katholischen Kirchen mit nationalsozialistischen Symbolen bekannt sind.

Soweit die Glocken nicht für die Kriegsindustrie eingeschmolzen oder durch Kriegseinwirkung zerstört wurden, läuteten wohl die meisten – wie auch die unsrige – weiter, einige auch auf dem Gebiet der früheren DDR, z. B. in Lößnitz im Erzgebirge (im Übrigen dort bis heute). Es sind viele Fälle bekannt, in denen nach dem Ende des zweiten Weltkrieges versucht wurde, die Zeichen des Nationalsozialismus zu entfernen; meist mit dem Ergebnis, dass davon noch Reste und Abdrücke zu sehen sind.

6.2 Die ersten beiden Standorte der Kirche/Kapelle und ihr Weg nach Hakenfelde

Als die Wichernkirche am 23. Oktober 1932 an ihrem heutigen Platz an der Wichernstraße Ecke Schlehenweg am Rand der Waldsiedlung im Ortsteil Hakenfelde von Spandau eingeweiht wurde, hatte sie bereits zwei vorherige Standorte.[i] Ihr erster Standort war in Charlottenburg am Spandauer Damm, Ecke Fürstenbrunner Weg. Am 4. April 1897 erfolgte dort ihre erste Einweihung als Übergangslösung bis zum Bau einer größeren Kirche. Zum 1. Juli 1906 kündigte der dortige Gemeindekirchenrat das gepachtete Grundstück, weil die Einweihung der Epiphanienkirche an der Knobelsdorffstraße bevorstand. Die kleine Notkirche wurde für 3.000 Mark an den Zimmermeister Eickhoff verkauft.

---

[i] Die in früheren Chroniken enthaltene Behauptung, der erste Standort sei 1896 als Pavillon auf dem Gelände der Weltausstellung in Treptow lässt sich laut Wolfgang Schallnas nicht aufrechterhalten, weil der Pavillon noch dort stand, als die Kapelle am 4. April 1897 in Westend geweiht wurde.
Schallnas, 75 Jahre Wichernkirche in Spandau-Hakenfelde, 23.Oktober 1932 bis 2007, Die „Wanderkirche von Hakenfelde", S. 2f.

Abb. 20: Erster Standort der späteren Wichernkirche in Westend
an der Straßenecke Spandauer Damm – Fürstenbrunner Weg.
Im Hintergrund das Klinikum.

Als, ausgelöst durch die Industrieansiedlungen, die ersten Wohnbauten in Siemensstadt entstanden, wuchs in dem noch zur Nikolai-Gemeinde gehörenden Gebiet der Bedarf für eine eigene Kirche. Auf einem von der Firma Siemens zur Verfügung gestellten Grundstück am Rohrdamm Ecke Schulstraße (heute Jugendweg) wurde die von dieser Firma erworbene kleine Kirche wieder aufgestellt und am 6. September 1908 eingeweiht. Als nach 23 Jahren im Herbst 1931 die neue Siemensstädter Kirche fertig gestellt wurde, war dort die – seinerzeit noch bescheiden als „Kapelle" bezeichnete Fachwerkkirche – ein zweites Mal überflüssig geworden.

Abb. 21: Zweiter Standort in Siemensstadt, Rohrdamm Ecke heutiger Jugendweg. Im Dachreiter ist eine Glocke erkennbar.

Zu diesem Zeitpunkt war im stark gewachsenen Gemeindeteil
Hakenfelde, dem 4. Pfarrbezirk der Luthergemeinde, der Bedarf für
eine eigene Kirche dringlich geworden. Ein Grundstück war bereits
vorhanden, aber die bisherigen Planungen für den Kirchenbau
kamen durch die Wirtschaftskrise nicht zustande. Da war es ein
Glücksfall, dass die Siemensstädter Kapelle frei wurde. Gegen die
Konkurrenz des Gemeindebezirks Klosterfelde der Nikolai-
Gemeinde erhielt die Luthergemeinde vom Spandauer Parochial-
verband den Zuschlag.

Im Mai 1932 begann der Abriss in Siemensstadt und im Oktober
1932 war der Wiederaufbau, der ein teilweiser Umbau war, beendet.
Die Weiherede am 23. Oktober hielt Superintendent Lic. Martin
Albertz. Die Predigt hielt Pfarrer Hermann Bunke, seit Oktober 1926
Pfarrer in der Luthergemeinde und verantwortlich für den

Weihe

der Wichernkapelle in Hakenfelde am Sonntag, dem 23. Oktober 1932, vorm. 10 Uhr.

■

Die Gemeinde und die Ehrengäste versammeln sich auf dem Waldgelände vor und neben der Kapelle.

Schlüsselübergabe
Einzug der Ehrengäste und der Gemeinde in die Kapelle.

Bläserchor: Die Himmel rühmen . . . . Beethoven

Kirchenchor: Groß ist der Herr . . . . Rungenhagen

Gemeinde:

1. Nun danket alle Gott / mit Herzen, Mund und Händen, / der große Dinge tut / an uns und allen Enden, / der uns von Mutterleib / und Kindesbeinen an / unzählig viel zu gut / und noch jetzund getan.

2. Der ewig reiche Gott / woll uns bei unserm Leben / ein immer fröhlich Herz / und edlen Frieden geben / und uns in seiner Gnad / erhalten fort und fort / und uns aus aller Not / erlösen hier und dort.

Weiherede und Weihehandlung
Generalsuperintendent Propst D. Haendler

(Die Gemeinde erhebt sich während der Weihehandlung)

Erstes Spiel der Orgel (an der Orgel: Organist Wilhelm Reblitz)

Die Sammlung am Ausgang ist bestimmt zur Beschaffung einer neuen Glocke.

Nach dem Gottesdienst in der Kapelle

Ansprache
des Herrn Generalsuperintendenten Propst D. Haendler an die Gemeindevertreter und Laienmitarbeiter.

Grußwort
des Herrn Superintendenten Schlaeger, Neu-Ruppin.

Gemeinde:

Lob, Ehr und Preis sei Gott, / dem Vater und dem Sohne / und dem, der beiden gleich / im höchsten Himmelsthrone / ihm, dem drei- einigen Gott, / wie es anfänglich war / und ist und bleiben wird / jetzund und immerbar.

Abb. 22: Programm zur Weihe der Wichernkapelle am 23. Oktober 1932 (Auszug-Montage). Anstelle des angekündigten Probstes D. Haendler nahm Superintendent Albertz die Weihe vor. Unten der auf der Rückseite abge- druckte Hinweis auf die Geldsammlung für eine neue Glocke.

Abb. 23: Weihe der Wichernkapelle. In der vorderen Reihe von links: Pfr. Stephan, Super-intendent Albertz, Pfr. Bunke und Architekt Kühne bei der Schlüsselübergabe.

Gemeindeteil Hakenfelde. Er predigte über 1. Johannes 5,4, den Wahlspruch von Johann Hinrich Wichern, dem Namensgeber der Kapelle: „Unser Glaube ist der Sieg, der die Welt überwunden hat." Im Programm für den Gottesdienst findet sich der Satz: „Die Sammlung am Ausgang ist bestimmt zur Beschaffung einer neuen Glocke."[245]

6.3 Die Glocken an den ersten beiden Standorten

Ob die kleine Kirche an ihrem ersten Standort in Westend eine Glocke hatte, konnte bisher nicht ermittelt werden. Baulich war die Kirche jedenfalls durch ihren Dachreiter für die Aufnahme einer Glocke vorbereitet. An ihrem zweiten Standort in Siemensstadt[246] hing im Dachreiter[247] die größere der beiden in St. Nikolai nicht mehr benötigten so genannten Signierglocken.[i] Als dort 1930 die neue Kirche eingeweiht wurde, fand diese Glocke neben den zwei neu gegossenen ihren Platz.[ii]

6.4 Die Glocke von 1934 und die Jahre bis 1945

Zur Einweihung der Wichernkapelle im Oktober 1932 an ihrem jetzigen Standort[248] könnte im Dachreiter die kleinere der beiden erwähnten Signierglocken aus dem Dachreiter von St. Nikolai gehangen haben. Diese kleinere Glocke wurde 1936 dem Spandauer Heimatmuseum übereignet und ging im 2. Weltkrieg verloren.[249] Es ist durchaus möglich, dass sie vom Oktober 1932 bis zum Oktober 1934 ihren Dienst im Dachreiter der Wichernkapelle verrichtet hat.

In der „Spandauer Zeitung" vom 6. Oktober 1934 ist im Artikel über die Glockenweihe darüber Folgendes zu lesen: „Das Glöcklein, das bisher in dieser Randgemeinde Ruferdienst tat, hatte zwar ein ehrwürdiges Alter, aber ein gar dünnes Stimmchen. Es geht zurück zur Spandauer Reformationskirche St. Nikolai, wo ihm nach 500-jährigem Dienst wohlverdiente Ehre wird." Im DC-Organ „Evangelium im Dritten Reich" vom 21. Oktober 1934 findet sich ein Satz, der diese Sichtweise unterstreicht: „Zwei Jahre lang hatte ein Glöcklein mit zwar ehrwürdigem Alter, aber dünnem Stimmchen die Gemeindeglieder gerufen – die 500jährige Glocke aus dem Dachreiter von St. Nikolai, wohin sie nun zurückwandert."

Tagesordnungspunkt eins der Sitzung des Gemeindekirchenrats der Luthergemeinde vom 4. Juli 1934 lautete:" Bericht des Herrn

---

[i] Auch Zeichenglocken genannt, die zum Vaterunser, zu Taufen oder zu Beerdigungen geläutet werden.
[ii] Neben der Kapelle wurde später ein Turm zur Aufnahme einer „stimmstärkeren" Glocke errichtet,
Vgl., Siefert, Grußwort der Ev. Kirchengemeinde Siemensstadt zum 50-jährigen Kirchweihjubiläum, S. 23.

HOFGLOCKENGIESSEREI

FRANZ SCHILLING SÖHNE

APOLDA IN THÜRINGEN

GEGRÜNDET 1826 · FERNRUF 160

VERTRAG

ÜBER LIEFERUNG VON _einer_ BRONZE·KIRCHEN·GLOCKEN

FÜR DIE _Wichern - Kapelle_ ~~KIRCHE~~ ZU _Berlin - Spandau_

STATION:

RIPPE: „GLORIOSA" IM ERFURTER DOME UND VIELE ANDERE

NORMAL·STIMMUNG: A₁ = 435 DOPPEL·SCHWINGUNGEN PRO SEKUNDE

DIE ERSTE GLOCKE _erhält_ DEN TON d'' WIEGT _180_ KILOGRAMM

DIE ZWEITE GLOCKE .... DEN TON .... WIEGT .... KILOGRAMM

DIE DRITTE GLOCKE .... DEN TON .... WIEGT .... KILOGRAMM

DIE VIERTE GLOCKE .... DEN TON .... WIEGT .... KILOGRAMM

DIE FÜNFTE GLOCKE .... DEN TON .... WIEGT .... KILOGRAMM

DIE SECHSTE GLOCKE .... DEN TON .... WIEGT .... KILOGRAMM

ZUSAMMEN _180_ KILOGRAMM

Abb. 24 a und b (Doppelseite): Vertrag über die Gießung der Wichernglocke (Auszug und Montage).

	Reichsmark	Pf.
1. Die neue ____ Glocke ____ liefern wir je kg ____ *2* RM *20* Pf. ab Werk Apolda	*396*	—
2. ____ *1* ____ Armaturen - bestehend aus Klöppeln, Jochen, Lagerungen, Eisenzeug	*100*	—
3. Ein eiserner Glockenstuhl im Gewicht von ca. ____ kg je kg ____ RM		
4. Reisespesen und Aufenthaltskosten bei der Ablieferung ~~zu den Selbst-kosten~~ *gratis* . . . . *3 Seilführungen à 3.- RMK*	*9*	—
Reichsmark	*505.*	—
5. Der Besteller liefert altes Bronzemetall im Gewicht von ca. ____ kg ab; wir übernehmen dasselbe mit ____ RM je kg frei Bahn Apolda		
Reichsmark		

Glockeninschrift:

UNSER GLAUBE IST DER SIEG, DER DIE WELT UEBERWUNDEN HAT

SPANDAU   1 9 3 4   WICHERNKAPELLE

Spandau , am *16. Juli* 19*34*.
Apolda

DER AUFTRAGGEBER:

DER GLOCKENGIESSER:

Organisten Langer über unser Geläut und die Beschaffung einer neuen Glocke."[250] Zu diesem Zeitpunkt hatten die „Deutschen Christen" bereits die absolute Mehrheit im GKR. Die Gruppe „Kirche und Evangelium" um Pfarrer Bunke und dem Ältesten Walter Friedrich war in der Minderheit. Eine der drei Glocken des Geläuts der Lutherkirche war schadhaft geworden und sollte ersetzt werden. Weiterhin wurden Glocken für den Pfarrbezirk der Gemeinde in der Stadtrandsiedlung und für die Wichernkapelle benötigt. Im Protokoll dieser Sitzung, an der auch Walter Friedrich teilnahm, ist festgehalten: „Der GKR erbittet für eine neue Glocke in der Lutherkirche die vom Prov.- Kirchenrat für die Stadtrandsiedlung zur Verfügung gestellten 2000 M. Für das Gemeindehaus der Stadtrandsiedlung soll aus vorhandenen Mitteln eine Bronzeglocke beschafft werden. Für die Wichernkapelle soll ein Angebot für eine Bronzeglocke von der Fa. Schilling angefordert werden."

Die nächste Sitzung des GKR fand am 17. September 1934 statt. Im Protokoll findet sich unter TOP sechs folgender Eintrag: „Für die Lutherkirche ist eine Ersatzglocke, für die Stadtrandsiedlung und die Wichernkapelle sind neue Glocken bestellt worden." Sitzungsteilnehmer waren u. a. Pfarrer Bunke und Walter Friedrich. Letzter schrieb auf seine Einladung mit Tagesordnung zu dieser Sitzung auf die Rückseite zu TOP sechs die folgende handschriftliche Notiz:[251] „Stadtrandsiedlung (RM 737,- + 30), (Land, Land höre des Herren Wort); Wichernkapelle 505,- + 30 RM Schilling Apolda (Unser Glaube ist der Sieg, der die Welt überwunden hat); 3. Lutherkirche 1200,- + 30; (30,- RM für Hoheitszeichen nachträglich anbringen)."

Obwohl auf der Sitzung vom 4. Juli nur die Einholung eines Kostenvoranschlags für die Glocke der Wichernkapelle beschlossen worden war, schloss Pfarrer Schmidt für den GKR mit der Gießerei Schilling aus Apolda am 16. Juli 1934 einen Vertrag über die Anschaffung einer Bronzeglocke für die Wichernkapelle zum Preis von 505,- Reichsmark[252]. Am Ende des Vertrages steht: „Glockeninschrift: Unser Glaube ist der Sieg, der die Welt überwunden hat

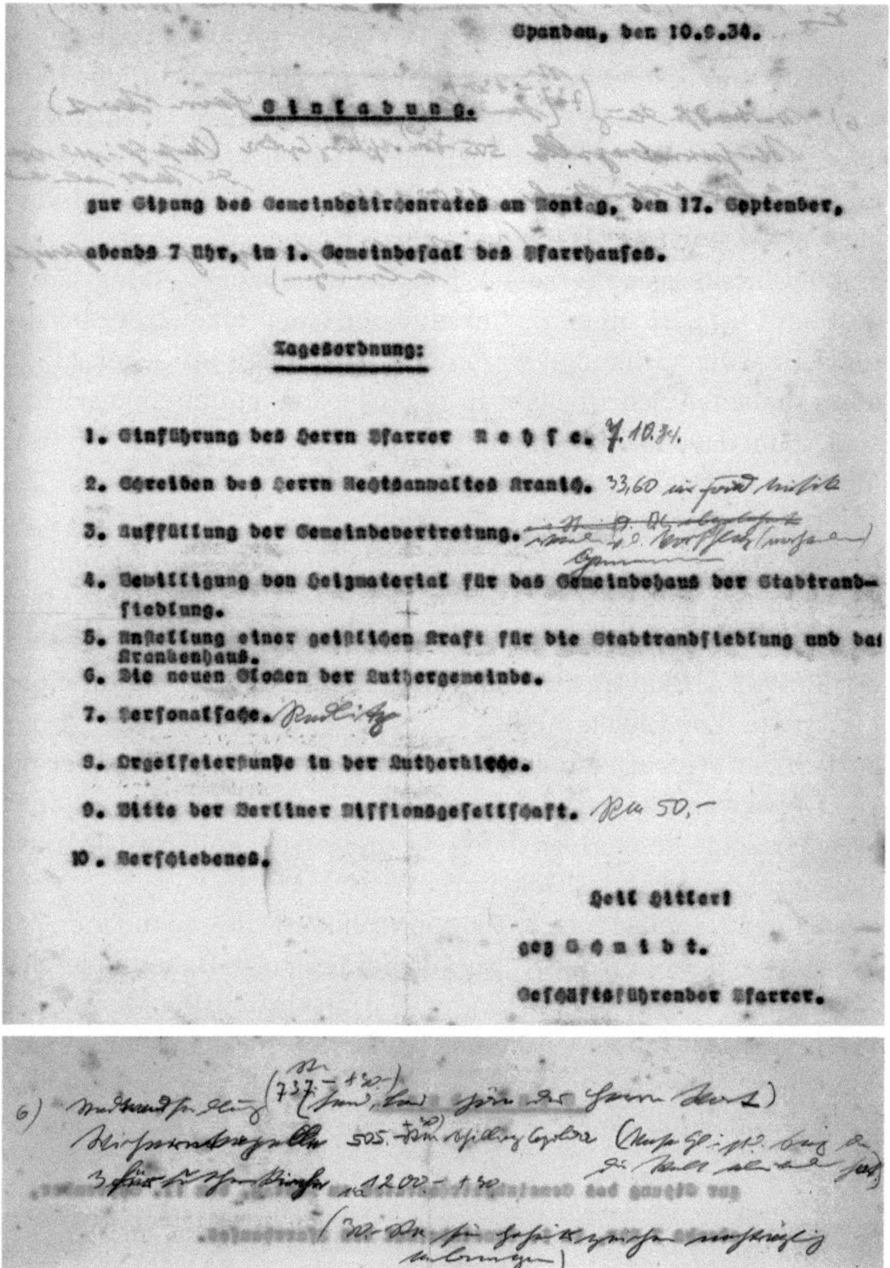

Spandau, den 10.9.34.

Einladung.

zur Sitzung des Gemeindekirchenrates am Montag, den 17. September,

abends 7 Uhr, im 1. Gemeindesaal des Pfarrhauses.

Tagesordnung:

1. Einführung des Herrn Pfarrer Nethe. 7.10.34.

2. Schreiben des Herrn Rechtsanwaltes Franz. 33,60 ~~~~

3. Auffüllung der Gemeindevertretung. ~~~~

4. Bewilligung von Heizmaterial für das Gemeindehaus der Stadtrandsiedlung.

5. Anstellung einer geistlichen Kraft für die Stadtrandsiedlung und das
Krankenhaus.

6. Die neuen Glocken der Luthergemeinde.

7. Personalfrage. ~~~~

8. Orgelfeierstunde in der Lutherkirche.

9. Bitte der Berliner Missionsgesellschaft. RM 50,-

10. Verschiedenes.

Heil Hitler!

gez. Schmidt.

Geschäftsführender Pfarrer.

Abb. 25: Einladung zur GKR-Sitzung am 17. September 1934 mit Notizen
(unten) von Walter Friedrich: „(30,- für Hoheitszeichen nachträglich anbringen)".

Spandau 1934 Wichernkapelle." Der Vertragsabschluss erfolgte offenbar ohne einen Beschluss des GKRs. Die handschriftliche Notiz von Walter Friedrich „30,00 für Hoheitszeichen[i] nachträglich anbringen" meint den Preis für das nachträglich in Auftrag gegebene Einarbeiten des Hakenkreuzes auf allen drei Glocken. Zumindest die für die Wichernkapelle bestimmte Glocke war zusätzlich mit einem Christuskreuz versehen, wie die „Spandauer Zeitung" am 6. Oktober 1934 berichtete. Da Christuskreuz und Hakenkreuz bei der Glockenweihe vorhanden waren und ihre Linien im Gegensatz zu den erhabenen Schriftzügen in den Glockenmantel eingearbeitet sind, kann davon ausgegangen werden, dass die Gießerei Schilling mit der nachträglichen Anbringung beauftragt wurde.

Die Glockenweihe fand im Gottesdienst am 7. Oktober 1934 statt. In diesem Gottesdienst wurde auch der neue Pfarrer der Gemeinde, das NSDAP- und DC-Mitglied Johannes Rehse in sein Amt eingeführt. Am Vortag berichtete die „Spandauer Zeitung" in ihrem bereits oben erwähnten Artikel ausführlich über die beiden bevorstehenden Ereignisse. Zur Glocke heißt es dort: „Die neue Glocke trägt den Spruch der Wicherngemeinde „Unser Glaube ist der Sieg, der die Welt überwunden hat", auf der einen Seite unter dem Namen „Wichernkapelle" das Christenkreuz und auf der anderen „Spandau 1934" und darunter das Hakenkreuz."[253]

In der Ausgabe vom 8. Oktober schildert die „Spandauer Zeitung" unter der Überschrift „Kirchlicher Festtag in Hakenfelde" den Ablauf der Glockenweihe und die Amtseinführung des neuen Pfarrers: „Die Gemeindemitglieder, Pfarrerschaft, Ehrengäste und Abordnungen versammelten sich am Vormittag vor dem Schwesternheim der Evangelischen Frauenhilfe, von wo sie sich alle in

---

[i] Offenbar wurde das Hakenkreuz 1934 bereits als Hoheitszeichen wahrgenommen, obwohl erst 1935 dazu erklärt. Dagegen stand die Hakenkreuzfahne schon seit März 1933 gleichberechtigt neben der Reichsfahne schwarz-weiß-rot. Vgl. www.dhm.de/lemo/kapitel/ns-regime/innenpolitik/hakenkreuz/, Abfrage vom 7. Dezember 2019.

feierlichem Zug zum Gotteshause begaben. Dem Festzug wurden die Fahne der PO Spandau-Neustadt, die Kreisfahne und die Gemeindegruppenfahnen Luther, St. Nikolai und Melanchthon der Deutschen Christen, der NSKOV Spandau-Neustadt sowie Fahnen der Hitlerjugend und des Jungvolkes vorangetragen. Die Wichernkapelle war festlich mit Blumen und Herbstlaub geschmückt. Der feierliche Gottesdienst wurde mit dem Einzug der Fahnen unter den Orgelklängen des Luther-Liedes „Ein feste Burg ist unser Gott" eingeleitet. (...) Die Amtseinführung des neuen Pfarrers erfolgte durch den Superintendenturvertreter Pg. Pfarrer (Oskar) Scherrer mit Assistenz des Pfarrers Schmidt (Lutherkirche) und des Pfarrers Pg. Dr. (Rolf) Berg (St. Nikolai). (...) Zum ersten Mal ließ dann die neue Glocke ihre Stimme ertönen und Pfarrer Rehse nahm die Glockenweihe vor. (...) Nach dem Gottesdienst legte die Gemeinde an der Adolf-Hitler-Eiche ein Bekenntnis zum Dritten Reich ab. Pfarrer Rehse betonte, dass das Leben nicht dem eigenen Ich, sondern Deutschland gehöre. Pg. Adolf Otto, Gruppenleiter der Deutschen Christen und Mitglied des Kirchenrates der Luthergemeinde, sprach Worte innerer Bewegung für das Evangelium Christi, für den Führer Adolf Hitler und für das Vaterland. Nach einem Sprechchor der Jugend schloß die Feierstunde mit dem Heilruf und dem Gesang der Nationalhymnen. (...)."[254]

Der Artikel schließt mit einem Bericht über das anschließende Beisammensein im „Schützenhof". Die Mitglieder der Gruppe „Kirche und Evangelium" nahmen aus Protest gegen die erfolgte Versetzung von Pfarrer Bunke in einen anderen Pfarrbezirk nicht am Gottesdienst und dem Beisammensein teil. Während der Zusammenkunft im Schützenhof überreichte Gruppenleiter Adolf Otto an Pfarrer Rehse „zwei für das Wichernheim bestimmte wohlgelungene Bilder der neuen Glocke, die das Hakenkreuz und das Christenkreuz als Sinnbild des neuen deutschen Lebens trage."[255]

6.5 Die Kriegsjahre

Auf Anordnung des Reichswirtschaftsministers[i] versandte das Konsistorium über die Superintendenturen im Jahr 1940 einen Meldebogen zur Erfassung der Bronzeglocken in den Kirchen an die Gemeinden[256]. In den beigefügten Erläuterungen heißt es u. a.: „Um die für eine Kriegsführung auf lange Sicht erforderliche Metallreserve zu schaffen, ordne ich an:

1. Die in Glocken aus Bronze und in Gebäudeteilen aus Kupfer enthaltenen Metallmengen sind zu erfassen und unverzüglich der deutschen Rüstungsreserve dienstbar zu machen.
2. Die Glocken aus Bronze sind anzumelden und abzuliefern (...)“

Für die Wicherngemeinde füllte Pfarrer Bunke den Meldebogen am 26. April 1940 aus. Das Konsistorium bestätigte den Eingang am 14. Juni 1940. Vermutlich sind die meisten der in Spandau erfassten Glocken dieser „Rüstungsreserve“ zugeführt worden. Die Wicherngemeinde erhielt am 2. März 1942 vom Hauptwirtschaftsamt beim Oberbürgermeister der Reichshauptstadt die Mitteilung, dass die Glocke der Gemeinde zunächst in der Gemeinde verbleibt.[257] Dort verblieb sie unbehelligt während der weiteren Kriegsjahre. Die Existenz des Hakenkreuzes auf der Glocke wird bei der Entscheidung des Hauptwirtschaftsamtes keine Rolle gespielt haben. Zum einen ist es in dem Erfassungsbogen nicht erwähnt, zum anderen wurden auch Glocken eingezogen, die mit diesem Hoheitszeichen des Dritten Reiches versehen waren.[ii]

---

[i] Zur Einziehung von Glocken zu Rüstungszwecken in den beiden Weltkriegen siehe Wille, S. 50ff.

[ii] Beispielhaft seien Glocken mit Hakenkreuz aus den folgenden Gemeinden genannt: Lutherkirche Spandau, Weihnachtskirche Haselhorst, Gustav-Adolf-Kirche Charlottenburg. Die eingezogenen Glocken wurden nach 1945 durch Neugüsse ersetzt.

Wille, S. 122f, 136, 138.

6.6 Die Jahre von 1945 bis 1978

Nach dem Ende des Zweiten Weltkriegs verrichtete die Glocke von 1934 weiterhin ihren Dienst. Pfarrer Rehse setzte sich nach Niedersachsen ab, wurde von der Spruchkammer[i] in Hannover als Mitläufer des Nationalsozialismus eingestuft, gelangte in den Dienst der Landeskirche Hannover und war bis zu seiner Pensionierung Pfarrer in der St. Marien Gemeinde in Veerßen / Niedersachsen.[258] Pfarrer Bunke blieb in der Gemeinde bis zu seiner Pensionierung im Jahre 1963. Wegen der gestiegenen Zahl der Gemeindemitglieder kamen Pfarrer Dr. Ekkehard Biehler und Pfarrer Dr. Hansgeorg Schroth als weitere Pfarrer in die Gemeinde. Auch der Kirchenälteste Walter Friedrich gehörte weiterhin dem Gemeindekirchenrat an. An der Tatsache, dass die Glocke ein Hakenkreuz trug, nahm offenbar niemand, der davon wusste, Anstoß.

Im Zusammenhang mit Erneuerungsarbeiten an der Kirche erfuhr Pfarrer Dr. Schroth 1962 von zwei Gemeindemitgliedern von dem Hakenkreuz auf der Glocke. Daraufhin schrieb er am 5. Oktober 1962, also fast auf den Tag achtundzwanzig

Abb. 26: 25jähriges Weihjubiläum der Wichernkapelle 1957. Von links: Pfr. Bunke, Superintendent Albertz und Pfr. Schroth.

---

[i] Nach 1945 wurden von den Landeskirchen Spruchkammern eingesetzt, die die Verstrickungen der Pfarrer und Kirchenbeamten in den Nationalsozialismus überprüfen und Empfehlungen für die Weiterbeschäftigung geben sollten.

Jahre nach der Glockenweihe einen Brief an den Gemeindekirchenrat zu Händen des geschäftsführenden Pfarrers Dr. Biehler. Hier heißt es unter anderem: „Ich bin nicht nur darüber erschüttert, dass mir diese Tatsache in nunmehr nahezu 10 Jahren des Dienstes in der Gemeinde verborgen geblieben ist, sondern auch darüber, dass nicht schon vor meinem Dienstantritt in der Gemeinde die Konsequenzen aus unseren theologischen Erkenntnissen und politischen Überzeugungen, mindestens ab 1945, gezogen worden sind. Es darf – hoffentlich! – genügen, auf diesen Tatbestand hinzuweisen, weil es jedem von uns bewusst sein muss, wie schändlich und lästerlich es ist, dass die Glocke, die zu den Gottesdiensten ruft und unsere Gebete begleitet, heute noch das Zeichen der Ideologie des dritten Reiches trägt! Wer wie ich außerdem im Auftrag unserer Berliner Kirche für die Versöhnung Israels und der Kirche zu wirken hat, dem ist es unerträglich, die Glocke in dieser Form noch benutzen zu lassen und kann in diesem Dienst nicht stehen und zugleich zulassen, dass in der eigenen Gemeinde die Glocke im Zeichen des Hakenkreuzes läutet! Ich stelle daher an den GKR den Antrag: ,GKR beschließt die sofortige Ersetzung der deutsch-christlich nazistischen Glocke durch eine neue unter Verwendung des Materials der jetzigen und trifft alle Maßnahmen, die dazu erforderlich sind' "[259]

Der Antrag wurde auf der Sitzung des GKR am 19. Oktober 1962 unter TOP drei behandelt: „Verunzierung unserer Kirchenglocke durch ein Hakenkreuz." Im Protokoll dieser Sitzung, bei der Pfarrer Bunke und Walter Friedrich entschuldigt fehlten, heißt es dazu: „Hakenkreuz soll mit Metallkitt, der abzuschleifen ist, verkittet werden, so dass das Hakenkreuz nicht mehr zu sehen ist."

Spuren am Hakenkreuz[i] deuten darauf hin, dass dieser Versuch unternommen wurde, aber erfolglos blieb. Pfarrerin i. R. Anneliese

---

[i] Folgen dieses Versuchs könnten die beiden hellen Flecken sein, die in der linken Hälfte des Hakenkreuzes zu sehen sind. Siehe hierzu Abbildungen 29 und 36.

Gogol erinnert sich an folgende Begebenheit. Sie war von Oktober 1961 bis Oktober 1962 Vikarin in der Wicherngemeinde. Mit Pfarrer Dr. Schroth und einem jungen Mann seien sie zu dritt in den Dachreiter gestiegen und hätten vergeblich versucht, das Hakenkreuz mit einer Feile oder einem ähnlichen Werkzeug unkenntlich zu machen. Den gescheiterten Versuch hätte sie mit dem Satz kommentiert: „Nun haben wir die Glocke wenigstens entnazifiziert"[i]

In den weiteren Protokollen finden sich keine weiteren Bemerkungen zu diesem Thema, so dass vermutet werden muss, dass nach dem missglückten Versuch bzw. den Versuchen der Beseitigung nichts Weiteres unternommen wurde. Es überrascht, dass Pfarrer Dr. Schroth nach seinem so engagierten Brief keinen weiteren Vorstoß unternommen zu haben scheint. Äußerungen von Pfarrer Bunke oder Walter Friedrich, die sich doch durch den Antrag von Pfarrer Dr. Schroth direkt kritisiert gesehen haben müssen, sind nicht überliefert.

6.7 Die Jahre von 1978 bis 2017

Im Jahr 1978 besuchte der Autor des Buches „Die Glocken von Berlin (West), Geschichte und Inventar", Klaus-Dieter Wille im Rahmen seiner Recherche auch die Wicherngemeinde und besichtigte die Glocke, um sie zu beschreiben:[260]

„Eine Bronzeglocke. Gießjahr: 1934. Gießer: Franz Schilling. H. 55 cm, Durchmesser 66 cm Krone: 11 cm, Gew. 180 kg, Ton g. Inschrift der Schulter zwischen zwei Stegen[ii]: UNSER GLAUBE IST

---

[i] Bearbeitungsspuren durch eine Feile o. ä. sind an der Glocke nicht zu erkennen. Telefonate mit Pfarrerin i. R. Anneliese Gogol am 27. Februar und 7. März 2019.

[ii] Ein Vergleich zwischen Glocke und Beschreibung ergibt einige Unterschiede bzw. Präzisierungen. Die erwähnten Stege sind nicht vorhanden. An der Glockenschulter verläuft ringsum der Bibelspruch 1. Johannes 5,4 „Unser Glaube ist der

Abb. 27: Die Wichernkirche von Westen gesehen, Januar 2020.

DER SIEG, DER DIE WELT ÜBERWUNDEN HAT. WICHERN-
KAPELLE-SPANDAU, darunter ein Kreuz im Strahlenkranz. Auf der
gegenüberliegenden Seite SPANDAU 1934, darunter ein Hakenkreuz
und das Gießereizeichen."

Weder der Besuch des Autors in der Gemeinde, noch das
Erscheinen seines Buches scheinen in der Gemeinde eine Reaktion
hervorgerufen zu haben. Die Jahrzehnte vergingen, ohne dass
jemand an der belasteten Glocke Anstoß nahm. Ob die Firma, die

---

Sieg, der die Welt überwunden hat.", zwischen dessen Anfang und Ende auf der
Hakenkreuzseite „Spandau 1934" eingeschoben ist. Über dem Christuskreuz auf
der gegenüberliegenden Seite ist der Schriftzug „Wichernkapelle" (ohne Binde-
strich) angebracht. Ferner berücksichtigt die Beschriftung Groß- und Kleinschrei-
bung und besteht nicht durchgehend aus Majuskeln.

die schwer zugängliche Glocke in regelmäßigen Abständen wartete, auf das Hakenkreuz hinwies, wissen wir nicht. Die Zahl der Gemeindemitglieder, die von der Glocke mit dem Hakenkreuz wussten, nahm ab. Die nachwachsenden Generationen ahnten nicht, welche Glocke sie zum Gottesdienst rief. Auch die Mitglieder einer gemeindlichen Arbeitsgruppe, die sich 2008/2011 mit der Gemeindegeschichte in der Zeit des Nationalsozialismus beschäftigte, hatten keine Kenntnis davon.

Anfang November 2013 ergänzte in der Onlineenzyklopädie Wikipedia unter dem Pseudonym „Der wahre Jakob" ein Bearbeiter den Artikel über die Wichernkirche[261] mit der Glockenbeschreibung von Klaus-Dieter Wille, einschließlich der Erwähnung des Hakenkreuzes. Die Kirchengemeinde erfuhr davon zunächst nichts, bis im Frühjahr 2014 ein Mitglied des Gemeindekirchenrates dort die Beschreibung der Glocke entdeckte.

Abb. 28: Der Dachreiter mit der Wichernglocke von 1934 im Jahre 2014. Die Seite mit dem Christuskreuz zeigte zum Schlehenweg.

Die Inaugenscheinnahme der Glocke bestätigte die Existenz des Hakenkreuzes, woraufhin der GKR in seiner nächsten Sitzung am 11. April 2014[262] über Konsequenzen aus dieser Entdeckung beriet. Eine erste Überlegung ging dahin, zu überprüfen, ob sich das Hakenkreuz entfernen ließe.[i] Alternativ wurde an einen Austausch der Glocke, beispielsweise gegen eine anderweitig überflüssig gewordene, gedacht. Die folgende Sitzung vom 13. Juni 2014[263] brachte das Ergebnis, vor einer Entscheidung Rat beim zuständigen Glockensachverständigen der Evangelischen Kirche Berlin-Brandenburg-schlesische Oberlausitz (EKBO), Helmut Kairies einzuholen. Dies geschah zum einen, weil Angelegenheiten, die Glocken betreffen, gemäß Kirchenbaugesetz im Einvernehmen mit der Landeskirche zu regeln sind,[264] und zum anderen in der Annahme, dass es sich bei der Entdeckung einer Glocke mit NS-Symbolik, kaum um einen Einzelfall handeln könne, sondern dass von Zeit zu Zeit vergleichbare Entdeckungen auch in anderen Kirchengemeinden gemacht werden. Mit der Anfrage war die Erwartung verbunden, Informationen und Hinweise zu erhalten, wie der Umgang mit derartigen Glocken in der EKBO gehandhabt wurde, um eine Grundlage für eine eigene Entscheidung zu haben. Einstweilen begnügte sich der GKR[265] mit der Feststellung, dass das Hakenkreuz auf der offen sichtbar im Dachreiter über dem Haupteingang der Kirche hängenden Glocke vom Erdboden aus nicht zu erkennen sei und unmittelbarer Handlungsbedarf nicht bestehe.

Auf Initiative von Pfarrer Klaus-Gerhard Reichenheim wurde der Glockensachverständige der EKBO im April 2015[266] um eine schriftliche Antwort und um einen Textentwurf für eine

---

[i] Dies erwies sich als schwierig. Eine Entfernung des NS-Symbols, das aus in die Glockenoberfläche eingearbeiteten Linien besteht (z. B. durch Abschleifen), hätte eine Schwächung des Glockenmantels und eine Unwucht der Glocke zur Folge gehabt. Bei einer Verkittung oder Überklebung wäre das Hakenkreuz an sich, wenn auch verdeckt, als Struktur erhalten geblieben.

Informationstafel gebeten, denn ergänzend zu den Überlegungen vom Vorjahr dachte der GKR jetzt darüber nach, in der Kirche eine Tafel mit erläuterndem Text zur Glocke anzubringen. Herr Kairies, als Glockensachverständiger nicht bei der EKBO angestellt, sondern für diese in freiberuflicher Form tätig, leitete die Anfrage im Laufe des Jahres zur Bearbeitung an den Leiter des Kirchlichen Bauamtes beim Konsistorium der EKBO, Matthias Hoffmann-Tauschwitz weiter.

Abb. 29: Das Hakenkreuz auf der Wichernglocke, 2014.

6.8 Der Weg zum Schweigen der Glocke und die Ankunft der „Neuen"

Die Zeit verging. Zum Ende des Jahres 2016 stand die turnusmäßige Neuwahl eines Teils des GKRs an. Ein Personalwechsel erfolgte auf der zweiten Pfarrstelle, die seit dem 1. März 2017 mit Pfarrerin Sigrid Jahr besetzt ist. Auf ihren Vorschlag hin beschloss der GKR eine neue Läuteordnung, nach der neben dem abendlichen Läuten um 18:00 Uhr künftig auch morgendlich um 8:00 Uhr und mittags um 12:00 Uhr geläutet werden sollte.[267] Die Bekanntgabe der geänderten Läuteordnung geschah im Juni 2017 über einen Artikel im Gemeindebrief, der in einem Halbsatz auch das Hakenkreuz auf der Glocke erwähnte.[268] So erfuhr erstmals die Gemeindeöffentlichkeit von dessen Existenz. Die Folge war ein kritischer Leserbrief eines Ehepaares aus der Gemeinde, mit dem die Gemeindeleitung am 6. Oktober ein Gespräch führte.[269] Das Ehepaar schlug vor, die Glocke stillzulegen und dies der Öffentlichkeit mit einer Erklärung bekannt zu geben. Diese sollte folgenden Tenor haben: „Wir verstehen das Schweigen der Glocke als Mahnung für die Zukunft, Buße für die Beteiligung von ev. Christen an den Gräueln der Nazizeit und als Solidarität mit den Opfern der Nazizeit."[270] Den (unveröffentlichten) Leserbrief und das Gespräch nahm Pfarrer Reichenheim zum Anlass, beim Glockensachverständigen Herrn Kairies und dem Leiter des kirchlichen Bauamtes, Hoffmann-Tauschwitz an die Anfrage von 2015 zu erinnern. In seinem Schreiben vom 26. September 2017[271] bedauerte letzterer die ausgebliebene Antwort auf die Anfrage der Gemeinde aus dem Jahr 2015 und schrieb u. a.: „Grundsätzliche Leitlinien unserer Landeskirche zum Umgang mit derartigen Zeugnissen aus Schuld und Verstrickung unserer Kirche, die bis heute im Leben von Kirchengemeinden eine Rolle haben und sogar im liturgischen Gebrauch stehen, existieren bisher ebenso wenig, wie darüber hinausgehende grundlegende Impulse." Und weiter: „Es ist deshalb aus unserer Sicht – bzw. bis auf Weiteres –

angemessen und geboten, die Glocke an ihrem bisherigen Hängeort zu belassen und dafür zu sorgen, dass sie keine liturgische Funktion mehr erfüllt bzw. erfüllen kann. Dies sollte sowohl durch rechtskräftige Beschlüsse, als auch durch technische und organisatorische Vorkehrungen sichergestellt werden." Abschließend wurde empfohlen, dass die Gemeinde ihre Geschichte während der Zeit des Nationalsozialismus mit dem Ziel aufarbeitet, eine schriftliche Stellungnahme zur Glocke zu verfassen. Im Falle, dass die Glocke abgehängt werden sollte, wurde die Genehmigung hierzu in Aussicht gestellt.

Der Brief von Herrn Hoffmann-Tauschwitz machte deutlich, dass die Annahme aus dem GKR von 2014, die EKBO verfüge über Regeln zum Umgang mit NS-belasteten Glocken, nicht zutraf. Die Landeskirche und auch die EKD standen hier selbst am Anfang eines Denkprozesses. Deutschlandweit waren zwischenzeitlich weitere Gemeinden bekannt geworden, die Glocken in Gebrauch hatten, die Symbole des Nationalsozialismus trugen, z. B. in Herxheim in der Pfalz. Die Öffentlichkeit war aufmerksam geworden. Die Kirchenleitungen begannen zu reagieren.

Mit dem Glockensachverständigen der EKBO, Kairies fand am 4. Oktober 2017 ein Ortstermin in der Gemeinde statt. Dieser berichtete von Diskussionen auf den jährlichen Fachtagungen der Glockensachverständigen aus den östlichen Landeskirchen der EKD zum Umgang mit NS-Symbolen auf Kirchenglocken. In Frage käme demnach im Fall der Wichernglocke, die als zeitgeschichtliches Zeugnis unverändert erhalten werden sollte, der Ersatz durch eine neue Glocke. Herr Kairies wurde gebeten, sich im Rahmen seiner Tätigkeit nach einer Glocke umzusehen, die als Ersatz für die Wichernglocke in Betracht käme.

Auf seiner Sitzung am 9. Oktober 2017 beschloss der GKR,[272] den nächsten Thementag[i] am 24. November dem „Umgang mit der

---

[i] Thementag: Zusätzlich zu den regulären monatlichen Sitzungen trifft sich der

Wichernglocke“ zu widmen. In einem öffentlichen Teil sollten alle Interessierten die Möglichkeit haben, an der Meinungsbildung mitzuwirken. Ein Antrag zur Stilllegung der Glocke zum diesjährigen Ewigkeitssonntag fand im GKR keine Mehrheit.[273] Maßgebend hierfür war, dass die Wichernkirche nur über eine Glocke verfügt und bei deren Stilllegung auf unbestimmte Dauer kein Läuten mehr möglich gewesen wäre.

Die Recherche des Glockensachverständigen nach einer Ersatzglocke war unerwartet schnell erfolgreich. Zwar erwiesen sich die zunächst in Aussicht genommenen Altglocken aus unterschiedlichen Gründen als ungeeignet,[i] die Gemeinde erreichte am 18. Oktober 2017 jedoch die Nachricht, dass bei der Firma 3A Kunstguss Lauchhammer GmbH im gleichnamigen Ort eine neue Glocke in geeigneter Größe und in guter Qualität[274] zu einem günstigen Preis zum Verkauf stand. Ursprünglich war diese Glocke 2016 für die Gemeinde der ev. Kirche in Ferchland[ii] für ein zusammenhängendes Dreiergeläut gefertigt worden. Sie kam dort wegen einer Abweichung von der vorgesehenen Tonlage nicht zum Einsatz und verblieb bei der Gießerei. Diese befand sich im Herbst 2017 im Konkursverfahren und die Verantwortlichen waren bestrebt, Restbestände zu verkaufen. Eine Reservierung der Glocke bis zum Thementag oder auch nur bis zur nächsten GKR-Sitzung war unter diesen Umständen nicht möglich. Sollte sie für die Gemeinde verbindlich gesichert werden, blieb nur der sofortige Kauf. Durch die Zusage einer Zwischenfinanzierung (Kauf auf eigene

---

GKR drei bis viermal jährlich, um über ein bestimmtes Thema zu beraten.

[i] Eine Glocke in geeigneter Größe gehörte zu einem 3-er-Geläut, das zusammenbleiben sollte. Eine andere war gerissen und eine dauerhafte Reparatur (Schweißen) hätte höhere Kosten als der Guss einer neuen Glocke verursacht.

[ii] Ferchland Ortsteil der Einheitsgemeinde Elbe-Parey, Landkreis Jerichower Land, Sachsen-Anhalt. Die Dorfkirche Ferchland ist zusammen mit vier weiteren Kirchen Bestandteil des Pfarramtes Parey im Ev. Kirchenkreis Elbe-Fläming der Ev. Kirche in Mitteldeutschland.

Abb. 30: Die neue Glocke, aufgestellt neben dem Altar, Dezember 2017.

Verantwortung von einer auf Wunsch unbekannt bleibenden Person) konnte die Glocke bereits am 20. Oktober bestellt werden. Zuvor hatte eine informelle Umfrage unter den GKR-Mitgliedern eine Mehrheit für deren Erwerb ergeben. Damit war aufgrund der Umstände bereits eine gewisse Vorentscheidung vor der Gemeindeversammlung gefallen, ohne dass dies von den Beteiligten so angestrebt worden war.[i]

---

[i] Am 13. November 2017 beschloss der GKR den Kauf der neuen Glocke (noch nicht ihre Aufhängung!) zum Preis von 4.566,60 € und deren Transport nach Hakenfelde.
GKR-Protokoll vom 13. November 2017.

Am 26. Oktober schrieb der Propst der EKBO, Dr. Christian Stäblein an alle Superintendenturen und Kirchengemeinden.[275] Unter Bezug auf die Fälle in anderen Landeskirchen wurden die Gemeinden aufgefordert, ihre Glocken auf „Dekorationen und Sprüche aus der Zeit des Nationalsozialismus" zu überprüfen und diese bei Vorhandensein an das Konsistorium zu melden. Weiter hieß es: „Es handelt sich bei solchen Glocken oder anderen liturgischen Geräten um Geschichtsdokumente, die für den kirchlichen Gebrauch nicht tragbar sind. Somit gebietet es die historische Verantwortung, angemessene Wege des Umgangs zu finden. Zunächst sollten die Glocken, auf die das Beschriebene zutrifft, an ihrem bisherigen Hängeort belassen werden. Sie dürfen jedoch dort keine liturgische Funktion mehr erfüllen. Das erfordert einen Beschluss der betreffenden Gemeindekirchenräte und eine entsprechende technische Umsetzung. Empfehlenswert ist in einem zweiten Schritt eine öffentliche Kommentierung des Fundes sowie der gemeindlichen Auseinandersetzung mit dem Fund."

Der GKR hätte sich bei seiner Entscheidungsfindung eine frühere Hilfestellung gewünscht. Erste Entscheidungen hatte er nun bereits auf den Weg gebracht. Ein abschließender Beschluss sollte im Anschluss an den Thementag am 24. November 2017, zu dem die Gemeinde eingeladen war, gefällt werden.

Beim gut besuchten Thementag in der Wichernkirche, an dem auch die Pfarrerin für Erinnerungskultur der EKBO, Marion Gardei teilnahm, wurden unterschiedliche Meinungen geäußert. Die Befürworter des Verbleibs der Glocke verwiesen darauf, dass sie der Klang ihr ganzes Leben in der Gemeinde begleitet habe und sie nicht wegen des Hakenkreuzes darauf verzichten wollten. Auch der Vorschlag zur Entfernung des Hakenkreuzes wurde vorgetragen. Die Befürworter einer Stilllegung machten deutlich, dass es für sie unerträglich sei, beim Beten des Vater Unser eine Glocke zu hören, die das Zeichen trage, unter dem Millionen Juden und Gegner des Nationalsozialismus ermordet wurden.

Unmittelbar im Anschluss an den öffentlichen Teil des Thementages beschloss der GKR in außerordentlicher Sitzung einstimmig die Stilllegung der Wichernglocke von 1934 zum Tag nach dem Ewigkeitssonntag, dem 27. November 2017 und ihren Austausch durch die neu erworbene Glocke aus der Lauchhammer Gießerei. Die neue Glocke mit der Inschrift „Alles mit Gott, nichts ohne ihn" wurde nach dem Thementag in der Kirche ausgestellt und die Gemeinde durch ein Einlegeblatt im Gemeindebrief Dezember 2017/Januar 2018 mit der Überschrift „Die Wichernglocke schweigt" über den Beschluss informiert:

„Nach Beratungen mit Gemeindemitgliedern im Rahmen des Thementags „Glocke" am 24.11.2017 hat der Gemeindekirchenrat der Wichern-Radelandgemeinde die Stilllegung der aus dem Jahr 1934 und mit einem Hakenkreuz versehenen Glocke der Wicherngemeinde beschlossen. – Die Glocke schweigt ab dem 27. November 2017 (Woche nach dem Ewigkeitssonntag und letzte Woche des Kirchenjahres). Während der Adventszeit wird bewusst auf Glockengeläut verzichtet. – Das Schweigen der Glocke erfolgt voller Respekt und in Erinnerung an die Menschen, denen in der Zeit des Nationalsozialismus ihr Leben genommen wurde und an die Menschen, deren Leben bis heute durch die Gräueltaten des Nationalsozialismus geprägt ist. – Die Glocke schweigt

Abb. 31: 14. Dezember 2017, abgehängt, die Wichernglocke am Boden.

Abb. 32: 14. Dezember 2017, Glocke alt (vorne) und neu (hinten).

wider das Vergessen und zur Mahnung, dass unsere Stimmen nicht schweigen dürfen, wenn nationalsozialistisches Gedankengut wieder öffentlich und politisch toleriert wird."[276]

Nach 83 Jahren – 72 Jahre nach Ende des Nationalsozialismus – schwieg die Glocke. Am 14. Dezember 2017 wurden die Glocken durch die Firma Schmidt – Glockentechnik und Turmuhren in Anwesenheit von Gemeindemitgliedern ausgetauscht. Nach notwendigen Umbauarbeiten an der Aufhängung läutete die neue Glocke am Heiligen Abend zum ersten Mal. Am 7. Januar 2018 wurde sie offiziell in den Dienst genommen. Die

Abb. 33: 14. Dezember 2017, Montage der neuen Glocke im Dachreiter.

Gesamtkosten für die Glocke und alle notwendigen Arbeiten beliefen sich auf 7.608,69 €.[i] Sehr erfreulich war, dass dafür in kurzer Zeit 6.636,48 €[ii] an Spenden eingingen. Den Restbetrag gab der Kirchenkreis Spandau als Zuschuss.

Zur Aufarbeitung der Rolle der Gemeinde während der Zeit des Nationalsozialismus und für Überlegungen, wie mit der stillgelegten Glocke umgegangen werden soll, wurde am 24. November 2017 auch die Gründung einer Arbeitsgruppe beschlossen, die am 29. Januar 2018 unter dem Namen „Arbeitsgruppe zur Aufarbeitung des geschichtlichen Erbes der Wichernglocke" ihre Arbeit aufnahm.

---

[i] Der Betrag setzte sich zusammen aus den Kosten von Glocke, Transport, Aufhängung, Stimmen und Reisekosten Monteur.
[ii] Stand vom 6. September 2019.

6.9 Der neue (und letzte?) Aufenthaltsort der Glocke[277]

Abb. 34: Wichernglocke von 1934,
Seite mit dem Christuskreuz, Februar 2020.

Abb. 35: Wichernglocke von 1934,
Seite mit dem Hakenkreuz, Februar 2020.

Mit dem Austausch der Glocke verband sich die Frage, wie mit ihr künftig umzugehen sei. Als zeitgeschichtliches Dokument sollte sie in jedem Fall erhalten bleiben. Nach ihrem Abhängen am 14. Dezember 2017 lagerte sie zunächst in der Sakristei der Wichernkirche.[i] Wegen der im Jahre 2018 durchgeführten Fachwerksanierung, während der die Außenwände der Kirche unter anderem im Bereich der Sakristei zeitweilig geöffnet waren, musste sie schon bald umziehen. Gemeindemitglieder brachten die Glocke am 12. Mai 2018, noch vor Beginn der Bauarbeiten, in den Archivraum im Untergeschoss des Gemeindezentrums Radeland.

In Abstimmung mit dem GKR überlegte die Arbeitsgruppe, wo und wie die Glocke künftig gezeigt werden könne. Schon 2017 hatte ein Ehepaar aus der Gemeinde bei der Stiftung Topographie des Terrors angefragt, ob Interesse bestünde, sie dort zu zeigen. Da dort keine Originalobjekte ausgestellt werden, schied diese Institution

[i] Gemäß Beschluss des GKRs vom 11. Dezember 2017.

als Ausstellungsort aus. An einer Ausstellung in der Gemeinde konnte wegen fehlender Möglichkeiten zur Beaufsichtigung oder Betreuung von Besuchern nicht gedacht werden. Der Wunsch von Gemeindemitgliedern, die Wichernglocke auf jeden Fall im Bezirk Spandau zu belassen, führte zu einer Kontaktaufnahme mit dem Stadtgeschichtlichen Museum in der Zitadelle. Dort war das Interesse groß, die Glocke als Dauerleihgabe zu übernehmen. Es folgten Vertragsverhandlungen und eine Besichtigung der Museumsräume, um einen geeigneten Ort für die Aufstellung zu finden. Dabei wurde einer Aufstellung im Erdgeschoss der Bastion Kronprinz, das dem Stadtgeschichtlichen Museum neu zur Verfügung steht, gegenüber den übervollen Räumen im Zeughaus der Vorzug gegeben.

Mitarbeiter des Stadtgeschichtlichen Museums holten die Wichernglocke am 19. Februar 2019 aus dem Gemeindezentrum Radeland ab und transportierten sie in die Zitadelle, wo sie bis zum Aufbau der neuen Ausstellung in der Bastion Kronprinz zunächst in einem Magazin lagerte. Mit Eröffnung einer Sonderausstellung des Touro

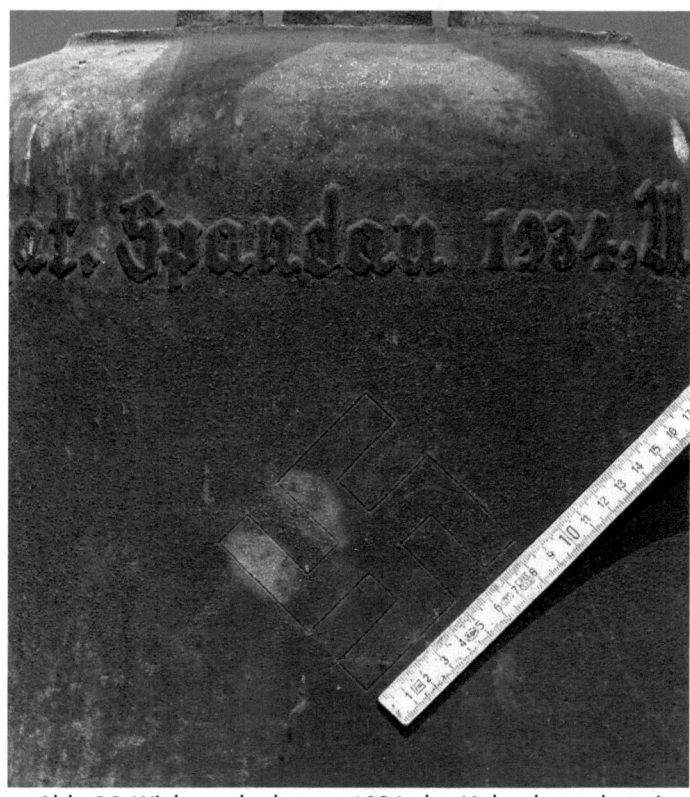

Abb. 36: Wichernglocke von 1934, das Hakenkreuz hat eine Kantenlänge von 8,5 cm, Februar 2019.

Abb. 37: Die Wichernglocke in der Ausstellung des Touro-College
in der Bastion Kronprinz der Zitadelle Spandau, Februar 2020.

College Berlin[i] zur Geschichte der Spandauer Kirchengemeinden
während der Zeit des Nationalsozialismus am 26. September 2019
war sie für die für interessierte Öffentlichkeit erstmals zu
besichtigen. Für die kommenden Jahre ist geplant, in den Räumen
der Bastion König einen Bereich zur Geschichte Spandaus in der Zeit
des Nationalsozialismus neu zu gestalten. Ein Kapitel dieser
Geschichte ist das Geschehen im Kirchenkreis in dieser Zeit. Dort
soll dann auch entsprechend der Festlegung im Dauerleih-
gabevertrag die Glocke der Wichernkapelle aus dem Jahr 1934 ihren
Platz finden.

---

[i] Das Touro College Berlin ist eine seit 2006 staatlich anerkannte private Hoch-
schule. Ein Studiengang ist der Master of Arts in Holocaust Communication and
Tolerance.

6.10 Schlussbemerkung

Die Geschichte der Glocke aus dem Jahr 1934 ist Teil der Gemeindegeschichte in der Zeit des Nationalsozialismus, endet aber nicht im Mai 1945, sondern reicht bis in unsere Tage.

Als 1932/1933 die Planung für die Anschaffung einer neuen Glocke begann, hatten sich die Fronten zwischen der Bewegung der Deutschen Christen und der sich formierenden Bekennenden Kirche auch in der Gemeinde gebildet. Weder aus den GKR-Protokollen noch aus anderen Quellen ist eine kritische Anmerkung gegen die Anbringung des Hakenkreuzes auf der Glocke zu erkennen. Aber auch nach Kriegsende wurde diesem belastenden Erbe auf der hoch oben im Dachreiter hängenden Glocke keine Bedeutung beigemessen – „aus dem Auge aus dem Sinn". Aus heutiger Sicht überrascht und enttäuscht, dass der engagierte Brief von Pfarrer Dr. Hansgeorg Schroth aus dem Jahr 1962 mit der Forderung zur sofortigen Stilllegung der Glocke seinerzeit folgenlos blieb. Diese mangelnde Sensibilität passt zu der in dieser Zeit weitgehend fehlenden Bereitschaft in der Bundesrepublik, sich kritisch mit der Zeit des Nationalsozialismus auseinander zu setzen. Verdrängen und Vergessen war die vorherrschende Devise. Die Evangelische Kirche machte hierbei im Wesentlichen keine Ausnahme.

Auch die Generation der Gemeindeverantwortlichen, die im Jahr 1978 durch die Recherche von Klaus Dieter Wille zu seinem Buch über die Glocken Westberlins Kenntnis vom Hakenkreuz auf der Glocke erhielten, sah offenbar keinen Handlungsbedarf. Zu diesem Zeitpunkt hatte vor allem die nachwachsende Generation der Historiker mit der Aufarbeitung der Zeit des Nationalsozialismus begonnen. Bemerkenswert übrigens, dass die Aufarbeitung über das Verhalten der Evangelischen Kirche in dieser Zeit nicht auf Anstoß der EKD oder der Landeskirchen geschah, sondern vorwiegend dem Interesse „außenstehender" Historiker zu verdanken ist.

Es vergingen weitere Jahrzehnte. Nur noch wenige Menschen in der Gemeinde wussten vom Hakenkreuz auf der Glocke. Im Frühjahr 2014 erhielt der GKR durch einen Wikipedia-Eintrag von 2013, der auf dem Buch von Klaus-Dieter Wille beruht, Kenntnis vom Hakenkreuz auf der Glocke. In der Zeit bis zum Frühsommer 2017, also über drei Jahre, hofft der GKR auf Hilfestellung durch die Verantwortlichen der Kirchenleitung, hakt zunächst nicht nach, als keine Reaktion erfolgt und wartet ab. Ein dringender Handlungsbedarf wird nicht gesehen. Dieses oder ähnliches Verhalten ist auch beim Umgang mit weiteren „belasteten“ Glocken zu beobachten, die in anderen Kirchengemeinden bekannt werden.[i]

Pfarrerin Sigrid Jahr, seit dem 1. März 2017 neu in der Gemeinde – auch ein Teil des GKR ist zwischenzeitlich neu gewählt – weckt durch ihren Halbsatz im Gemeindebrief Juni/Juli 2017 „die Glocke trägt zeitbedingt ein Hakenkreuz“ die Gemeinde aus dem Schlummer.

Mag man auch den langatmigen Umgang des GKR mit dem Thema von 2014 bis zum Frühjahr 2017 befremdlich finden, so beeindruckt doch „der Schlussspurt“. Insbesondere im Artikel „Die Wichernglocke schweigt“ findet sich eine klare Sprache. Pfarrer Dr. Hansgeorg Schroth hätte es ganz sicher gefreut, dass seinem Aufruf von 1962 nach nunmehr 55 Jahren endlich gefolgt wurde.

Mögen sich die Worte „Gegen das Vergessen und zur Mahnung, dass unsere Stimmen nicht schweigen dürfen, wenn nationalsozialistisches Gedankengut wieder öffentlich geäußert wird“[278] nicht nur in unserer Dokumentation über die Gemeindegeschichte in der Zeit des Nationalsozialismus, sondern auch in der geplanten neuen Ausstellung auf der Zitadelle, wo die Glocke unserer Kirche aus dem Jahr 1934 ihren Platz gefunden hat, widerspiegeln.

---

[i] Im April 2018 ergab eine Umfrage des Nachrichtenmagazins „Der Spiegel“ bei den Ev. Landeskirchen und der katholischen Kirche, dass noch mindestens 23 Kirchenglocken mit NS-Symbolik in deutschen Kirchen hängen.

6.11 Dank

Für vielfache Mithilfe am Kapitel 6. gilt es zu danken:

Dr. Manfred Gailus für den Hinweis auf das DC-Organ „Evangelium im 3.Reich" in der Staatsbibliothek.

Pfarrerin i. R. Anneliese Gogol für ihre Auskünfte zum Umgang mit der Glocke im Jahr 1962.

Stephan Heine, Mitglied des GKR der Ev. Kirchengemeinde Wichern-Radeland und Leiter der AG zur Aufarbeitung der Gemeindegeschichte in der Zeit des Nationalsozialismus und der Geschichte der Glocken der Kirche, für seine Informationen und Anregungen, insbesondere zu den Kapiteln 6.7. bis 6.9.

Jürgen Herrendoerfer von der Ev. Kirchengemeinde Siemensstadt für Fotos, Artikel und Dokumente aus dem dortigen Gemeindearchiv.

Gerhard Hussock, langjähriger Kirchwart in der Ev. Kirchengemeinde Wichern-Radeland und immer noch, zusammen mit seiner Frau Hanni, treuer Helfer, für seine Erinnerungen an die Geschichte der Glocke.

Pfarrer i. R. Arnulf Kraft für seine Information über den Standort der Predigtstätte des Gemeindebezirks Stadtrandstraße der Ev. Luther-Gemeinde und deren Glocke.

Sabine Müller von der Ev. Kirchengemeinde St. Nikolai, Leiterin des Museums Spandovia Sacra und des Gemeindearchivs, für ihre Auskünfte zu den ersten Glocken der Kirche.

Dieter Rehfeldt, Hüter des Archivs der Ev. Kirchengemeinde Wichern-Radeland, für seine unermüdliche Bereitstellung der infrage kommenden Archivbestände.

Dr. Heide Schorlemmer für den Hinweis auf den Beitrag von Mathias Köhler und Christoph Schulz „Glocken mit (un)heiligem Klang – Glocken zwischen Protz und Propaganda" in Heft 2 des Jahrgangs 2017 „Denkmalpflege in Sachsen-Anhalt".

Klaus-Dieter Wille, Autor des Buches „Die Glocken von Berlin (West) – Geschichte und Inventar“, für seine Auskünfte zur Glockenrecherche in der Gemeinde im Jahr 1978.

Besonderer Dank gebührt **Klaus Friedrich**, als Jugendlicher Zeitzeuge des Geschehens in den Jahren von 1933 bis 1945 und darüber hinaus, für seine Erinnerungen, vor allem aber für die „Übersetzung“ der handschriftlichen Notizen seines Vaters in Sütterlin-Schrift auf den Tagesordnungen und Protokollen. Ohne deren Kenntnis wäre ein wichtiger Punkt der Geschichte der Glocke von 1934 ungeklärt geblieben.

Vor allem aber danke ich meiner Frau **Gudrun O'Daniel-Elmen** für ihre vielfache Hilfe bei der Suche in den Archiven, der Deutung der Geschehnisse und der Abfassung des Textes.

Anhang

Anmerkungen

[1] Gemeindearchiv Wichern-Radeland (GA-WiRa), Gedruckte Materialien, Hermann Bunke, Prüfungszeiten, in: Fe Jahre Wichernkapelle in Spandau-Hakenfelde – 23. Oktober 1957., S. 8f.
GA-WiRa, Gedruckte Materialien, Hermann Bunke, Bericht über die Geschichte der Wicherngemeinde in den Jahre 1933 bis 1946, in: Fünfzig Jahre Wichernge-meinde Hakenfelde, Berlin 1982, S. 57-60.
Walter Friedrich, Der Kirchenkampf in Hakenfelde, in: Ebd., S. 61f, und Doku-mente aus der Zeit des Kirchenkampfes.
GA-WiRa, Gedruckte Materialien, Wolfgang Schallnas, Chronik der Wichernge-meinde von den Anfängen bis zur Gegenwart, in: 100 Jahre Wichernkirche, Berlin 1997, S. 21-40, darin S. 23-27 zum Zeitabschnitt 1932-1945.
Hubertus Schuppe, Zivilcourage oder Widerstand? Kirchenkampf in der Span-dauer Wicherngemeinde, in: Ebd., S. 41-49, Dokumentation S. 50-53.
Walter Friedrich, Kirchenkampf in Hakenfelde, Erinnerungen eines Kirchenältes-ten, in: Ebd., S. 54f.

[2] Hans-Rainer Sandvoss, Widerstand in Spandau, Berlin 1988, S. 115ff.
Peter Noss, in: Kirchenkampf in Berlin 1932-1945, Berlin 1999, S. 474-488.
Hans-Rainer Sandvoss, „Es wird gebeten, die Gottesdienste zu überwachen ...". Berlin 2014, S. 93ff.

[3] Claus P. Wagner, Zur Vorgeschichte des Kirchenkampfes, in: Olaf Kühl-Freuden-stein, Kirchenkampf in Berlin 1932-1945. 42 Stadtgeschichten, S. 32.

[4] Ebd., S.29f.

[5] Gerhard A. Ritter, Die Sozialdemokratie im Deutschen Kaiserreich in sozialge-schichtlichen Perspektiven, S. 5ff.

[6] Wagner, Vorgeschichte des Kirchenkampfes, S. 32f.

[7] Uwe Puschner, Deutschchristentum. Entstehung-Ideologie-Organisation, in: Philipp Thull, Christen im Dritten Reich, S. 31f.

[8] Ebd., S. 33f.

[9] Ebd., S. 36.

[10] Wagner, Vorgeschichte des Kirchenkampfes, S. 43ff.

[11] Ebd., S. 48f.

[12] Wagner, Vorgeschichte des Kirchenkampfes, S. 62.

[13] Ebd., S. 66.

[14] Ebd., S. 62.

[15] Hurl-Joseph Hummel, Deutsche Geschichte 1933-1945, S. 184.

[16] Wagner, Vorgeschichte des Kirchenkampfes, S. 67.

[17] Hummel, Deutsche Geschichte, S. 182.

[18] Manfred Gailus, Protestantismus und Nationalsozialismus. Studien zur nationalsozialistischen Durchdringung des protestantischen Sozialmilieus in Berlin, S. 89f.

[19] Olaf Kühl-Freudenstein, Die Glaubensbewegung Deutsche Christen, in: Olaf Kühl-Freudenstein, Kirchenkampf in Berlin 1932-1945, S. 97.

[20] Gailus, Protestantismus und Nationalsozialismus, S. 90f.

[21] Kühl-Freudenstein, Glaubensbewegung Deutsche Christen, S. 99.

[22] Gailus, Protestantismus und Nationalsozialismus, S. 91.

[23] Hans-Rainer Sandvoß, Widerstand in Spandau, S. 97.

[24] Gailus, Protestantismus und Nationalsozialismus, S. 93ff.

[25] Ebd., S. 97-101.

[26] Kühl-Freudenstein, Glaubensbewegung Deutsche Christen, S. 106f.

[27] Ebd., S. 101f.

[28] Hans-Rainer Sandvoß, „Es wird gebeten die Gottesdienste zu überwachen …". Religionsgemeinschaften in Berlin zwischen Selbstbehauptung und Widerstand von 1933 bis 1945, S. 40.

[29] Ebd., S. 45.

[30] Ralf Lange / Peter Noss, Bekennende Kirche in Berlin, in: Kühl-Freudenstein, Kirchenkampf in Berlin, S. 116f.

[31] Gailus, Protestantismus und Nationalsozialismus, S. 116f.

[32] Kühl-Freudenstein, Glaubensbewegung Deutsche Christen, S. 103f.

[33] Gailus, Protestantismus und Nationalsozialismus, S. 120ff.

[34] Kühl-Freudenstein, Glaubensbewegung Deutsche Christen, S. 110ff.

[35] Olaf Kühl-Freudenstein, Evangelische Religionspädagogik und völkische

Ideologie. Studien zum „Bund für deutsche Kirche" und der „Glaubensbewegung Deutsche Christen", S. 175f.

[36] Ebd., S. 176f.

[37] Lange / Noss, Bekennende Kirche in Berlin, S. 118f.

[38] Sandvoß, „Es wird gebeten die Gottesdienste zu überwachen …", S. 41.

[39] Eberhard Busch, Die protestantische Kirche und Theologie während der Hitlerzeit, in: Philipp Thull, Christen im Dritten Reich, S. 42.

[40] Sandvoß, „Es wird gebeten die Gottesdienste zu überwachen …", S. 48.

[41] Wagner, Nationalsozialistische Kirchenpolitik und protestantische Kirche, S. 80f.

[42] Lange / Noss, Bekennende Kirche in Berlin, S. 121ff.

[43] Sandvoß, Widerstand, S. 98f.

[44] Sandvoß, „Es wird gebeten die Gottesdienste zu überwachen…", S. 51.

[45] Sandvoß, Widerstand, S. 98f.

[46] Sandvoß, Widerstand, S. 5.

[47] Peter Noss, Kirchenkreis Spandau (Stadtgemeinde), in: Olaf Kühl-Freudenstein, Kirchenkampf in Berlin 1932-1945, S. 472.

[48] Sandvoß, Widerstand in Spandau, S. 8.

[49] Noss, Kirchenkreis Spandau, S. 472.

[50] Statistische Angaben für den Bezirk Spandau 1933, Ebd., S. 473.

[51] Ebd., S. 472f.

[52] Statistische Angaben für den Bezirk Spandau, Ebd., S. 473.

[53] Sandvoß, Widerstand in Spandau, S. 8ff.

[54] Noss, Kirchenkreis Spandau, S. 472ff.

[55] Wagner, Vorgeschichte des Kirchenkampfs, S. 56.

[56] Ebd., S. 33f.

[57] Sandvoß, Widerstand, S. 100.

[58] Noss, Kirchenkreis Spandau, S. 474 f.

[59] GA-WiRa, Nachlass Bunke (NL Bunke), Hermann Bunke, Einer von Vielen.

Erinnerungen an die schweren Amtsjahre des Kirchenkampfs 1933-38, S. 1.

[60] Bundesarchiv Berlin (BArch), R 5101/22391 (RMin für kirchliche Angelegenheiten), Personalakte Pfr. Herrmann Bunke.

[61] Ebd.

[62] Ebd.

[63] Evangelisches Landeskirchliches Archiv in Berlin (ELAB), 15/921 Personalakte Pfr. Hermann Bunke.

[64] Gailus, Protestantismus und Nationalsozialismus, S. 392.

[65] Ebd., S. 387f.

[66] Ebd., S. 385.

[67] Ebd., S. 389f.

[68] Ebd., S. 412f.

[69] Ebd., S. 398f.

[70] Ebd., S. 396f.

[71] GA-WiRa, Bunke, Einer von Vielen, S. 1.

[72] GA-WiRa, Evangelische Wicherngemeinde Hakenfelde, Kleine Chronik der Wicherngemeinde, Oktober 1972, S. 1.

[73] GA-WiRa, Frieda Grenz, Schon seit meiner Kindheit bin ich in Hakenfelde zu Hause, in: Fünfzig Jahre Wicherngemeinde Hakenfelde, S. 36.

[74] Kleine Chronik der Wicherngemeinde, Oktober 1972, S. 1.

[75] Grenz, Schon seit meiner Kindheit bin ich in Hakenfelde zu Hause, S. 36f.

[76] Bunke, Einer von Vielen, S. 1.

[77] Ebd., S. 1f.

[78] GA-WiRa, Nachlass Walter Friedrich (NL Friedrich), Walter Friedrich, Chronik Walter Friedrich, Teil 3, Der Kirchenkampf – Die Bekennende Kirche, aufgeschrieben von Klaus Friedrich, S. 4.

[79] Bunke, Einer von Vielen, S. 3f.

[80] Chronik Walter Friedrich, S. 4.

[81] GA-WiRa, NL Friedrich, 1932, Wahlvorschläge für die am 13. November (1932) stattfindenden Kirchenwahlen, in: Spandauer Kirchenboten Nr. 45 1932, Beiblatt.

Quellenanhang I.

[82] GA-WiRa, NL Friedrich, 1932, Zu den Kirchenwahlen am 13. November, in: Spandauer Kirchenbote Nr. 45 (1932), S. 1. **Quellenanhang II.**

[83] Chronik Walter Friedrich, S. 4.

[84] Sandvoß, Widerstand in Spandau, S. 10.

[85] Bunke, Einer von Vielen, S. 4.

[86] Ebd., S. 5.

[87] Spandauer Zeitung, Ausgabe vom 29. April 1933.

[88] Spandauer Zeitung, Ausgabe vom 2. Mai 1933. **Quellenanhang III.**

[89] Bunke, Einer von Vielen, S. 5.

[90] Ebd., S. 6.

[91] Ebd., S. 7.

[92] Ebd., S. 10f.

[93] Ebd., S. 8ff.

[94] Ebd., S. 10.

[95] Ebd., S. 11.

[96] Chronik Walter Friedrich, S. 5.

[97] Bunke, Einer von Vielen, S. 12.

[98] Chronik Walter Friedrich, S. 5.

[99] Bunke, Einer von Vielen, S. 12.

[100] Ebd., S. 12f.

[101] Ebd., S. 13f.

[102] Ebd., S. 14.

[103] GA-WiRa, Gedruckte Materialien, Hermann Bunke, Bericht über die Geschichte der Wicherngemeinde in den Jahren 1933 – 1946, in: Fünfzig Jahre Wicherngemeinde Hakenfelde, S. 57-60.

[104] Bunke, Einer von Vielen, S. 14.

[105] Ebd., S. 15.

[106] Chronik Walter Friedrich, S. 5.

[107] Bunke, Einer von Vielen, S. 17.

[108] Helmut Bräutigam, Geschichte von Neustadt und Luthergemeinde bis 1945, in: 100 Jahre Luthergemeinde in der Neustadt 1896-1996. Texte zur Geschichte eines Spandauer Stadtteils, S. 60.

[109] Bunke, Einer von Vielen, S. 17f.

[110] Chronik Walter Friedrich, S. 5.

[111] Bunke, Einer von Vielen, S. 18.

[112] Ebd.

[113] GA-WiRa, NL Friedrich, 1933, Walter Friedrich, Brief an Herrn Superintendenten Lic. Albertz, vom 5. Oktober 1933, Spandau. **Quellenanhang IV.**

[114] Sandvoß, Widerstand in Spandau, S. 102.

[115] GA-WiRa, NL Friedrich, 1933, Martin Albertz, An den Gemeindekirchenrat der Luthergemeinde, Hier. **Quellenanhang V.**

[116] Bunke, Einer von Vielen, S. 18.

[117] GA-WiRa, NL Friedrich, 1933, (Hermann Bunke), Aussprache mit Frau Otto am 21.9.1933. **Quellenanhang VI.**

[118] Bunke, Einer von Vielen, S. 19.

[119] Ebd.

[120] GA-WiRa, NL Friedrich, 1934, Ursula Gläser, (Beschwerdebrief), Spandau, am 9. Januar 1934, Aspenweg 40. **Quellenanhang VII.**

[121] Sandvoß, Widerstand in Spandau, S. 115.

[122] Bunke, Einer von Vielen, S. 21.

[123] GA-WiRa, NL Friedrich, 1934, Dr. Fretzdorff, Brief an den Kirchenältesten Walter Friedrich im Namen des Evangelischen Konsistoriums der Mark Brandenburg, vom 4. April 1934. **Quellenanhang VIII.**

[124] GA-WiRa, NL Friedrich, 1934, Walter Friedrich u. a., An die kulturelle Befriedungsstelle Berlin Kolumbushaus, vom 10. April 1934. **Quellenanhang IX.**

[125] Bunke, Einer von Vielen, S. 22f.

[126] Chronik Walter Friedrich, S. 5f.

[127] Bräutigam, Geschichte von Neustadt und Luthergemeinde, S. 58.

[128] Bunke, Einer von Vielen, S. 20f.

[129] Chronik Walter Friedrich, S. 7.

[130] Bunke, Einer von Vielen, S. 26.

[131] Chronik Walter Friedrich, S. 7f.

[132] Bunke, Einer von Vielen, S. 26f.

[133] Chronik Walter Friedrich, S. 8.

[134] Bunke, Einer von Vielen, S. 27.

[135] Bräutigam, Geschichte von Neustadt und Luthergemeinde, S. 61.

[136] Walter Friedrich, Der Kirchenkampf in Hakenfelde, in: Fünfzig Jahre Wicherngemeinde Hakenfelde, S. 61.

[137] Chronik Walter Friedrich, S. 8f.

[138] ELAB 105/806, Personalakte Johannes Rehse, Auszüge nach der Einsicht von Frau Gudrun O'Daniel-Elmen vom 8. Mai 2018.

[139] Gailus, Protestantismus und Nationalsozialismus, S. 387f.

[140] Ebd., S. 393.

[141] Ebd., S. 399.

[142] Ebd., S. 385.

[143] Chronik Walter Friedrich, S. 9.

[144] Bunke, Einer von Vielen, S. 28.

[145] GA-WiRa, NL Friedrich, 1934, Zwei Reichskirchengebiete, Flugblatt des Bruderrates der Bekenntnissynode der Deutschen Evangelischen Kirche, gez. Präses D. Koch, München 11.10.1934. **Quellenanhang X.**

[146] Walter Friedrich, Der Kirchenkampf in Hakenfelde, S. 62.

[147] Chronik Walter Friedrich, S. 9.

[148] Bunke, Bericht über die Geschichte der Wicherngemeinde in den Jahren 1933 – 1946, S. 58.

[149] GA-WiRa, NL Friedrich, 1935, Pfarrer Bunke, Der Generalstaatsanwalt spricht!, in: (Spandauer evangelischer Sonntagsbrief, 1935, Nr. 12), Kirchliche Nachrichten. **Quellenanhang XI.**

[150] Bunke, Einer von Vielen, S. 29.

[151] Bunke, Der Generalstaatsanwalt spricht!, in: (Spandauer evangelischer Sonntagsbrief, 1935, Nr. 12), Kirchliche Nachrichten. **Quellenanhang XI.**

[152] Bunke, Einer von Vielen, S. 30f.

[153] Bunke, Bericht über die Geschichte der Wicherngemeinde in den Jahren 1933 – 1946, S. 58.

[154] Bunke, Einer von Vielen, S. 31.

[155] GA-WiRa, NL Friedrich, 1935, Johannes Rehse, Brief an Pfarrer Schmidt bzgl. Pfarrdienstordnung in Hakenfelde, Spandau 18.01.1935. **Quellenanhang XII.**

[156] GA-WiRa, NL Friedrich, 1935, Hermann Bunke, Schreiben an Pfarrer Schmidt bzgl. Schreiben Rehse vom 18.01., Spandau 22.01.1935. **Quellenanhang XIII.** GA-WiRa, NL Friedrich, 1935, Pfarrer (Rudolf) Schmidt, Schreiben an Pfr. Rehse bzgl. Bitte der Eltern von Konfirmanden den Gottesdienst durch Pfr. Bunke in der Wichernkapelle abhalten zu lassen, Spandau, 22.01.1935. **Quellenanhang XIV.** GA-WiRa, NL Friedrich, 1935, Pfarrer (Johannes) Rehse, Schreiben an Pfr. Schmidt in dem Rehse seine Zuständigkeit verneint, Spandau, 26.01.1935. **Quellenanhang XV.**

[157] GA-WiRa, NL Friedrich, 1935, Walter Friedrich, Gruppe Evangelium und Kirche, Schreiben an das Evangelische Konsistorium der Mark Brandenburg, Spandau 25.02.1935. **Quellenanhang XVI.**

[158] GA-WiRa, NL Friedrich, 1935, Evangelisches Konsistorium der Mark Brandenburg, Schreiben an Pfarrer Bunke, Berlin, 06.03.1935. **Quellenanhang XVII.**

[159] GA-WiRa, NL Friedrich, 1935, Alfred Krisp, Schreiben der DC-Fraktion im GKR-Luther an den geschäftsführenden Pfarrer Schmidt, Spandau 18.03.1935. **Quellenanhang XVIII.**

[160] GA-WiRa, NL Friedrich, 1935, Hermann Bunke, Erleben Gottes im Gemeindebezirk Wichern, Spandau-Hakenfelde, gedrucktes Manuskript für die Mitglieder der Bekenntnisgemeinde, Spandau im April 1935. **Quellenanhang XIX.**

[161] Bunke, Einer von Vielen, S. 32.

[162] GA-WiRa, NL Friedrich, 1935, Hermann Bunke, Erleben Gottes im Gemeindebezirk Wichern, Spandau-Hakenfelde, gedrucktes Manuskript für die Mitglieder der Bekenntnisgemeinde, Spandau im April 1935. **Quellenanhang XIX.**

[163] Ebd., Johannes Rehse, Kirchliches Heimatblatt von Spandau, 1. Jahrgang Nr. 23, als Nachdruck. **Quellenanhang XX.**

[164] Bunke, Erleben Gottes im Gemeindebezirk Wichern, Spandau-Hakenfelde,

gedrucktes Manuskript für die Mitglieder der Bekenntnisgemeinde, Spandau im April 1935. **Quellenanhang XIX**.

[165] Ebd., Johannes Rehse, Kirchliches Heimatblatt von Spandau, 1. Jahrgang Nr. 23, als Nachdruck. **Quellenanhang XX**.

[166] Bunke, Einer von Vielen, S. 33.

[167] Ebd., S. 34.

[168] GA-WiRa, NL Friedrich, 1935, Walter Friedrich, Schreiben des Bruderrates der Bekenntnisgemeinde Luther-Spandau an Reichsinnenminister Dr. Frick, Reichs-kulturminister Dr. Rust und den preußischen Ministerpräsidenten Göring, Spandau vom 20. März 1935. **Quellenanhang XXI**.

[169] Bunke, Einer von Vielen, S. 35f.

[170] Ebd., S. 36.

[171] GA-WiRa, NL Friedrich, 1935, Die Kirchenältesten der Gruppe „Evangelium und Kirche" in der Lutherkirchengemeinde Spandau, An das Evangelische Konsistorium der Mark Brandenburg, Berlin Spandau, den 17. April 1935, Streitstr. 69. **Quellenanhang XXII**.

[172] Ebd.

[173] Ebd.

[174] Bunke, Einer von Vielen, S. 38.

[175] GA-WiRa, NL Friedrich, 1935, Der Kreisbruderrat der Bekennenden Gemeinde Spandaus Albertz, Bunke, Friedrich, Hermann, Lossau, An alle Glieder unserer Spandauer Bekenntnisgemeinden, Berlin-Spandau, am 23. Mai 1935. **Quellen-anhang XXIII**.

[176] Bunke, Einer von Vielen, S. 45.

[177] Ebd., S. 45f.

[178] Chronik Walter Friedrich, S. 12.

[179] Ebd., S.13.

[180] Bunke, Einer von Vielen, S. 46.

[181] Chronik Walter Friedrich, S. 13.

[182] Bunke, Einer von Vielen, S. 47.

[183] GA-WiRa, NL Friedrich, 1936, Deutsche Christen Gau Gross-Berlin Gemeinde-

gruppe Luther-Wichern, An unsere Mitglieder! Eine große und heilige Sache ist in Gefahr! Aber sie muss durch! Spandau Fichtenweg 90, 10. Mai 1936. **Quellenanhang XXIV.**

[184] Erich Schuppan, Bekennen – Sich Anpassen – Wiederstehen: Die schwierigen Jahre 1935 bis 1939, in: Bekenntnis in Not. Die evangelische Kirche in Berlin-Brandenburg im Konflikt mit dem totalen Staat (1933-1945), hrsg. von Erich Schuppan, S. 275.

[185] Wagner, Nationalsozialistische Kirchenpolitik und protestantische Kirche nach 1933, S. 83f.

[186] GA-WiRa, NL Friedrich, 1936, Deutsche Christen Gau Gross-Berlin Gemeindegruppe Luther-Wichern, An unsere Mitglieder! Eine große und heilige Sache ist in Gefahr! Aber sie muss durch! Spandau Fichtenweg 90, 10. Mai 1936. **Quellenanhang XXIV.**

[187] GA-WiRa, NL Friedrich, 1936, Deutsche Christen Gau Gross-Berlin Gemeindegruppe Luther-Wichern, An unsere Mitglieder, Spandau Fichtenweg 90, 10. Mai 1936. **Quellenanhang XXV.**

[188] Bunke, Einer von Vielen, S. 48.

[189] Chronik Walter Friedrich, S. 13.

[190] Bunke, Einer von Vielen, S.48f.

[191] GA-WiRa, NL Friedrich, 1936, Der Bruderrat der Bekenntnisgemeinde Luther, an das Evangelische Konsistorium zu Hd. Herrn Präsidenten Rapmund, Spandau 27. Mai 1936. **Quellenanhang XXVI.**

[192] Bunke, Einer von Vielen, S. 50.

[193] GA-WiRa, NL Friedrich, 1936, Pfarrer Bunke, an Herrn Pfarrer Martin Niemöller Berlin-Dahlem, Spandau 25. Mai 1936. **Quellenanhang XXVII.**

[194] GA-WiRa, NL Friedrich, 1936, Der Bruderrat der Bekenntnisgemeinde Luther, an das Evangelische Konsistorium zu Hd. Herrn Präsidenten Rapmund, Spandau 27. Mai 1936. **Quellenanhang XXVI.**

[195] Bunke, Einer von Vielen, S. 50f.

[196] GA-WiRa, NL Friedrich, 1936, Der Bruderrat der Bekenntnisgemeinde Luther (Bezirk Wichern), Die evangelischen Gemeindeglieder, Spandau, 25. Juni 1936. **Quellenanhang XXVIII.**

[197] Chronik Walter Friedrich, S. 14.

[198] GA-WiRa, NL Friedrich, 1936, Walter Friedrich, Bericht über die Vorgänge in der Wichernkapelle am 5.8.1936. **Quellenanhang XXIX.**

[199] Bunke, Einer von Vielen, S. 52.

[200] GA-WiRa, NL Friedrich, 1936, Walter Friedrich, Bericht über die Vorgänge in der Wichernkapelle am 5.8.1936. **Quellenanhang XXIX.**

[201] Bunke, Einer von Vielen, S. 53.

[202] GA-WiRa, NL Friedrich, 1936, Walter Friedrich, Bericht über die Vorgänge in der Wichernkapelle am 5.8.1936. **Quellenanhang XXIX.**

[203] Bunke, Einer von Vielen, S. 53.

[204] Walter Friedrich, Bericht über die Vorgänge in der Wichernkapelle am 5.8.1936. **Quellenanhang XXIX.**

[205] Chronik Walter Friedrich, S. 14.

[206] GA-WiRa, NL Friedrich, 1936, Walter Friedrich, an das Evangelische Konsistorium der Mark Brandenburg, Spandau 14.08.1936. **Quellenanhang XXX.**

[207] GA-WiRa, NL Friedrich, 1936, Dr. von Arnim im Namen des Evangelischen Konsistoriums, an Kirchenältesten Walter Friedrich, Berlin 12.10.1936. **Quellenanhang XXXI.**

[208] Bunke, Einer von Vielen, S. 57ff.

[209] Ebd., S. 54f.

[210] Chronik Walter Friedrich, S. 15.

[211] Bunke, Einer von Vielen, S. 56.

[212] GA-WiRa, Gedruckte Materialien, Hermann Bunke, Bericht über die Geschichte der Wicherngemeinde in den Jahren 1933-1946, S. 59.

[213] Bunke, Einer von Vielen, S. 63.

[214] Bunke, Bericht über die Geschichte der Wicherngemeinde in den Jahren 1933-1946, S. 59.

[215] Bunke, Einer von Vielen, S. 64.

[216] BArch, I 12297/38, Bl. 103, Gertrud Otto, Gertrud Kerner, Betrifft: Bekenntnispfarrer Bunke, Reichsminister Kerrl, 5. März 1938. **Quellenanhang XXXVI.**

[217] BArch, I 12452/38, Bl. 106, Gertrud Otto (u. a.), Betrifft Bekenntnispfarrer Bunke – Spandau-Hakenfelde. **Quellenanhang XXXVIII.**

[218] Chronik Walter Friedrich, S. 16.

[219] Bunke, Einer von Vielen, S. 65.

[220] Ebd., S. 67.

[221] BArch, I 17324/37, Bl. 112, Gertrud Otto, Bericht über den Gottesdienst des Bekenntnispfarrers Hermann Bunke – Spandau-Hakenfelde, am 12. Sept. 37 Wichernkapelle. **Quellenanhang XXXII**.
BArch, I 17324/37, Bl. 113, Gertrud Otto, Bericht über die Predigt des Bekenntnispfarrers Bunke – Spandau am 19. September 1937. **Quellenanhang XXXIII**.
BArch, I 17324/37, Bl. 114, (Gertrud Kerner) NSV-Pflegerin, Geheime Staatspolizei Berlin, Bericht über die Sonntagspredigt des Bekenntnispfarrers Hermann Bunke – Spandau am 19. September 1937, 21.9.37. **Quellenanhang XXXIV**.
BArch, I 17324/37, Bl. 109ff, Gertrud Kerner, An den Reichs- und preuss. Minister für kirchliche Angelegenheiten, Betr. Bekenntnispf. Hermann Bunke – Spandau, am 21. September 1937. **Quellenanhang XXXV**.

[222] BArch, I 17324/37, Bl. 112, Gertrud Otto, Bericht über den Gottesdienst des Bekenntnispfarrers Hermann Bunke – Spandau-Hakenfelde, am 12. Sept. 37 Wichernkapelle. **Quellenanhang XXXII**.

[223] BArch, I 17324/37, Bl. 113, Gertrud Otto, Bericht über die Predigt des Bekenntnispfarrers Bunke – Spandau am 19. September 1937. **Quellenanhang XXXIII**.

[224] Bunke, Bericht über die Geschichte der Wicherngemeinde in den Jahren 1933-1946, S. 59.

[225] Bunke, Einer von Vielen, S. 74f.

[226] Ebd., S. 75.

[227] BArch, I 17324/37, Bl. 114, (Gertrud Kerner), Geheime Staatspolizei Berlin, Bericht über die Sonntagspredigt des Bekenntnispfarrers Hermann Bunke – Spandau am 19. September 1937, 21.9.37. **Quellenanhang XXXIV**.

[228] BArch, I 17324/37, Bl. 113, Gertrud Otto, Bericht über die Predigt des Bekenntnispfarrers Bunke – Spandau am 19. September 1937. **Quellenanhang XXXIII**.

[229] BArch, I 12452/38, Bl. 105, Gertrud Kerner, Gertrud Otto, An den Herrn Reichsminister f. kirchl. Angelegenheiten, Betrifft: Spandau Hakenfelde, am 8. März 1938. **Quellenanhang XXXVII**.

[230] BArch, 16646/38, Bl. 117, Geheime Staatspolizei, Urschriftlich dem Herrn Reichsminister für die kirchlichen Angelegenheiten, Berlin SW 11, den 16. Juli 1938. **Quellenanhang XXXIX**.

[231] Bunke, Einer von Vielen, S. 76.

[232] Walter Friedrich, Der Kirchenkampf in Hakenfelde, S. 62.

[233] Bunke, Bericht über die Geschichte der Wicherngemeinde in den Jahren 1933-1946, S. 60.

[234] Walter Friedrich, Der Kirchenkampf in Hakenfelde, S. 62.

[235] GA-WiRa, NL Bunke, Hermann Bunke, Mein innerer Werdegang im Kirchenkampf 1933-42, S. 1.

[236] Ebd., S. 2f.

[237] Bunke, Bericht über die Geschichte der Wicherngemeinde in den Jahren 1933-1946, S. 60.

[238] Evangelische Wicherngemeinde Hakenfelde, Kleine Chronik der Wicherngemeinde, S. 1.
100 Jahre Wichernkirche, Berlin 1997, S. 32.

[239] ELAB, 105/806, Personalakte Rehse; ELAB 105/1496, Spruchkammerakte Rehse.

[240] Bunke, Bericht über die Geschichte der Wicherngemeinde in den Jahren 1933-1946, S. 60.

[241] Hummel, Deutsche Geschichte, S. 61 ff.

[242] Magnus Brechtken, Die nationalsozialistische Herrschaft 1933-1939, S. 75.

[243] Noss, Kirchenkreis Spandau, S. 473.

[244] Dieses Unterkapitel basiert auf dem Artikel von Mathias Köhler und Christoph Schulz, Glocken mit (un)heiligem Klang – Glockenzier zwischen Protz und Propaganda, in: Denkmalpflege in Sachsen-Anhalt, Landesamt für Denkmalpflege und Archäologie Sachsen-Anhalt (Hrsg.), Jahrgang 2017, H. 2, S. 30-43.

[245] GA-WiRa, Kirchengemeinde, Weihe der Wichernkapelle in Hakenfelde am Sonntag, dem 23. Oktober 1932, vorm. 10 Uhr (Programmzettel).

[246] Gemeindearchiv der Ev. Kirchengemeinde Siemensstadt (GA-Sie), Fotos, Zeitungsartikel und Dokumente.

[247] Auskunft von Frau Sabine Müller, Ev. Kirchengemeinde St. Nikolai, Leiterin des Museums „Spandovia Sacra" und des Gemeindearchivs.

[248] GA-WiRa, Gedruckte Materialien, Schallnas, 75 Jahre Wichernkirche, S. 10ff.

[249] Auskunft von Frau Sabine Müller, Ev. Kirchengemeinde St. Nikolai.

[250] ELAB, Archivbericht/Beiheft Nr. 134, Verzeichnis zum Aktenbestand der Ev. Luther-Kirchengemeinde Kirchenkreis Spandau, GKR Protokolle 1916-1932 und 1932-1954.

[251] GA-WiRa, NL Friedrich, 1934, Schmidt, Geschäftsführender Pfarrer, Einladung zur Sitzung des Gemeindekirchenrates am Sonntag, den 17. September, Spandau, den 10. September 1934, mit handschriftlichen Notizen von Walter Friedrich.

[252] GA-WiRa, Glocken und heilige Geräte, Franz Schilling Söhne, Hofglockengießerei, Vertrag, Apolda / Thüringen, 16. Juni 1934.

[253] Glockenweihe und Pfarrereinführung in Hakenfelde, in: Spandauer Zeitung vom 6. Oktober 1934.

[254] Kirchlicher Festtag in Hakenfelde. Pfarrer-Amtseinführung und Glockenweihe der Wichernkapelle, in: Spandauer Zeitung vom 8. Oktober 1934.

[255] Luther-Wichern zu Spandau. Nach langem Kampf erlebte die Wicherngemeinde in Spandau-Hakenfelde ihren Freudentag, in: Evangelium im Dritten Reich vom 21. Oktober 1934, Groß Berliner Beilage, Aus der Bewegung, S. 332.

[256] GA-WiRa, Glocken und heilige Geräte, Meldebogen für Bronzeglocken der Kirchen, Spandau, 26. April 1940, Bunke, Pfarrer.

[257] Ebd., Der Oberbürgermeister der Reichshauptstadt Berlin, Hauptwirtschaftsamt, Schreiben an die Reichsstelle für Metalle, Berlin, 2. März 1942.

[258] ELAB, 105/806, Personalakte Pfr. Johannes Rehse; ELAB, 105/1496, Spruchkammerakte Pfr. Rehse; sowie Auskunft der Ev.-luth. Kirchengemeinde St. Marien, Ortsteil Veerßen, Uelzen, Niedersachsen.

[259] GA-WiRa, Glocken und heilige Geräte, Hansgeorg Schroth, Pfarrer, Schreiben an den Gemeinde-Kirchenrat der Wicherngemeinde z. H. des geschäftsführenden Pfarrers Dr. E. Biehler, Berlin-Spandau, 5. Oktober 1962.

[260] Klaus-Dieter Wille, Die Glocken von Berlin (West), Geschichte und Inventar, S. 138.

[261] https://de.wikipedia.org/wiki/Wichernkirche_(Berlin-Hakenfelde), Versionsgeschichte, die Glockenbeschreibung mit Hakenkreuz im Artikel enthalten seit Version vom 3. November 2013, 21.55 Uhr (Bearbeiter: „Der wahre Jakob"), Abfrage vom 8. April 2014.

[262] GA-WiRa, Kirchengemeinde, Gemeindekirchenrat (GKR), Protokoll vom 11. April 2014.

[263] GKR-Protokoll vom 13. Juni 2014.

[264] Kirchengesetz über das Bauwesen der Evangelischen Kirche Berlin-Branden-

burg- schlesische Oberlausitz vom 15. November 2014, §§ 1 (3), 10 (1), 22 (1), 27 (1), 28 (1) 2, 31 8.

[265] GKR-Protokoll vom 11. Juli 2014.

[266] GKR-Protokoll vom 17. April 2015.

[267] Nach GKR-Beschluss vom 10. April 2017.

[268] GA-WiRa, Gedruckte Materialien, Sigrid Jahr, Aus dem Gemeindekirchenrat, in: Gemeindebrief, Juni/Juli 2017, S. 23ff.

[269] Nach GKR-Beschluss vom 10. Juli 2017.

[270] GA-WiRa, Glocken und heilige Geräte, Gudrun O'Daniel-Elmen, Umgang mit der Glocke in der Wichernkirche – Gedanken zu einem Gespräch am 6. Oktober 2017.

[271] GA-WiRa, Glocken und heilige Geräte, Matthias Hoffmann-Tauschwitz, Kirchenoberbaurat Dipl.-Ing. Architekt, Leiter des Kirchlichen Bauamtes, EVANGE-LISCHE KIRCHE Berlin-Brandenburg-schlesische Oberlausitz Konsistorium Kirchliches Bauamt, Schreiben an den Gemeindekirchenrat der Kirchengemeinde Wichern-Radeland über Sup. Spandau bzgl. Wichern-Kirche, Glocke mit Hakenkreuz E-Mail-Verkehr mit Herrn GSV Kairies und uns seit 2015, mehrere telefonische Beratungen, Berlin 26.09.2017.

[272] GKR-Protokoll vom 9. Oktober 2017.

[273] GKR-Protokoll vom 13. November 2017, TOP 2. Ergänzung zum Protokoll vom 9. Oktober 2017.

[274] GA-WiRa, Glocken und heilige Geräte, Helmut Kairies, Bericht über die Werkprüfung der Glocke für die Kirche Spandau/Wichern. 18./19.10.2017.

[275] GA-WiRa, Glocken und heilige Geräte, Christian Stäblein, Dr., Probst, Evangelische Kirche Berlin-Brandenburg-schlesische Oberlausitz, Konsistorium, Schreiben an alle Superintendenturen und Kirchengemeinden der EKBO, bzgl. Erhebung des Bestandes und Umgang mit Glocken mit Symbolen der Zeit des Nationalsozialismus, Berlin 26. Oktober 2017.

[276] GA-WiRa, Gedruckte Materialien, Der Gemeindekirchenrat, Die Wichernglocke schweigt, Einlegeblatt im Gemeindebrief, Dezember 2017/Januar 2018.

[277] Vgl. hierzu auch: GA-WiRa, Gedruckte Materialien, Stephan Heine, Unsere Wichernglocke von 1934 im Museum, in: Gemeindebrief, April/Mai 2019, S. 8ff.

[278] Gemeindekirchenrat, Die Wichernglocke schweigt, Einlegeblatt im Gemeindebrief, Dezember 2017/Januar 2018.

Abkürzungen

AG	Arbeitsgruppe
BK	Bekennende Kirche
Buchh.	Buchhalter oder Buchhändler
bzgl., bezgl.	bezüglich
d. Js., d. J.	des Jahres
D.	Ehrendoktor
DC, D. C.	Deutsche Christen
DDR	Deutsche Demokratische Republik
DEK	Deutsche Evangelische Kirche (Vereinigung der ev. Landeskirchen 1933-1945)
Dipl.	Diplom
DNVP	Deutschnationale Volkspartei
Dr.	Doktor
E. K.	Eisernes Kreuz
Ebd.	Ebenda
Ehefr.	Ehefrau
EKBO	Evangelische Kirche Berlin-Brandenburg -schlesische Oberlausitz
EKD	Evangelische Kirche in Deutschland (Nachfolger der DEK seit 1945)
EOK, E.O.K.	Evangelischer Oberkirchenrat (oberste Kirchenbehörde)
Ev.-luth.	Evangelisch-lutherisch
Ev., ev., evgl., evang.	evangelisch
Ev.-Unpolit.	Evangelisch-Unpolitische-Liste
f.	für
Frl.	Fräulein
Gestapo	Geheime Staatspolizei
Gew.	Gewicht
Gez., gez.	Gezeichnet
GKR, G.K.R.	Gemeindekirchenrat, Gemeindekirchenräte
GSV	Glockensachverständiger
GV	Gemeindevertretung(en)
Hd.	Hand
HJ, H. J.	Hitlerjugend (Gliederung der NSDAP)
Hrsg., hrsg.	Herausgeber, herausgegeben
i. R.	im Ruhestand

i. V.	in Vertretung
Kfm.	Kaufmann
kirchl.	kirchlich(e)
KPD	Kommunistische Partei Deutschland
Landw.	Landwirt
Lic.	Lizentiat (wissenschaftl. theolog. Grad, seit 1944 Dr. theol.)
M.	Mark
nachm.	nachmittags
NS	Nationalsozialismus
NSDAP	Nationalsozialistische Deutsche Arbeiterpartei
NSKOV	Nationalsozialistische Kriegsopferversorgung (Verband der NSDAP)
NSV	Nationalsozialistische Volkswohlfahrt (Verband der NSDAP)
Pf., Pfr.	Pfarrer
Pfn.	Pfarrerin
PG	Parteigenosse
Pg., Pgn.	Parteigenosse, Parteigenossin (Mitglied der NSDAP)
PNB	Pfarrernotbund
PO	Parteiorganisation
preuss.	preussisch
Prov.	Provinz, Provinzial
Res.	Reserve
RM	Reichsmark
RMin	Reichsministerium
s. zt.	seiner Zeit
s.	siehe
SA, S. A.	Sturmabteilung (Gliederung der NSDAP)
SD	Sicherheitsdienst
SPD	Sozialdemokratische Partei Deutschland
SS	Schutzstaffel (Gliederung der NSDAP)
Stadtoberarch.	Stadtoberarchitekt
TOP	Tagesordnungspunkt
U. E.	Unseres Erachtens
U.d.S.S.R.	Union der sozialistischen Sowjetrepubliken (Russland u. a. Staaten vor 1992)
v. Mts.	vorigen Monats
vgl., vergl.	vergleiche

Werkmstr.	Werkmeister
WHW	Winterhilfswerk des Deutschen Volkes
z. B.	zum Beispiel
z. T.	zum Teil
Zentrum	Deutsche Zentrumspartei

Quellen- und Literaturverzeichnis

Quellen

Bundesarchiv Berlin (BArch)

I 12297/38; I 12452/38; I 16646/38; I 17324/37 (Geheime Staatspolizei).

Geheime Staatspolizei, Urschriftlich dem Herrn Reichsminister für die kirchlichen Angelegenheiten, Berlin SW 11, den 16. Juli 1938, BArch, 16646/38, Bl. 117. **Quellenanhang XXXIX.**

KERNER, Gertrud, OTTO, Gertrud: An den Herrn Reichsminister f. kirchl. Angelegenheiten, Betrifft: Spandau-Hakenfelde, Spandau, am 8. März 1938, BArch, I 12452/38, Bl. 105. **Quellenanhang XXXVII.**

KERNER, Gertrud: An den Herrn Reichs- und preuss. Minister für kirchliche Angelegenheiten Kerrl, Betr. Bekenntnispfarrer Hermann Bunke – Spandau, Fichtenweg 16 Spandau, am 21. September 1937, BArch, I 17324/37, Bl. 109ff. **Quellenanhang XXXV.**

(KERNER, Gertrud) NSV-Pflegerin: Geheime Staatspolizei Berlin, Bericht über die Sonntagspredigt des Bekenntnispfarrers Hermann Bunke – Spandau am 19. September 1937, Spandau-Hakenfelde 21.9.37, BArch, I 17324/37, Bl. 114. **Quellenanhang XXXIV.**

OTTO, Gertrud, KERNER, ABRAHAM, Max, Gertrud, RADTKE, Gertrud: Betrifft: Bekenntnispfarrer Bunke – Spandau Hakenfelde, BArch, I 12452/38, Bl. 106. **Quellenanhang XXXVIII.**

OTTO, Gertrud, KERNER, Gertrud: Betrifft: Bekenntnispfarrer Bunke, Spandau, Eingangsstempel: Reichsminister Kerrl Berlin Hauptbüro 5. Mrz. 1938, BArch, I 12297/38, Bl. 103. **Quellenanhang XXXVI.**

OTTO, Gertrud: Bericht über den Gottesdienst des Bekenntnispfarrers Hermann Bunke – Spandau-Hakenfelde am 12. Sept. 37 Wichernkapelle, BArch, I 17324/37, Bl. 112. **Quellenanhang XXXII.**

OTTO, Gertrud: Bericht über die Predigt des Bekenntnispfarrers Hermann Bunke – Spandau am 19. September 1937, BArch, I 17324/37, Bl. 113. **Quellenanhang XXXIII.**

R 5101/22391 (RMin für kirchliche Angelegenheiten), Personalakte Pfr. Herrmann Bunke nach Einsicht Gudrun O'Daniel-Elmen vom 18.04.2018.

R 9361-IX Kartei / 34511606 (NSDAP-Mitgliederkartei), Johannes Rehse.

Evangelisches Landeskirchliches Archiv in Berlin (ELAB)

15/921 (1920-1944) und 15/922 (1946-1969), Personalakten Hermann Bunke, Auszüge nach Einsicht Gudrun O'Daniel-Elmen vom 8. Mai 2018.

105/806, Personalakte Johannes Rehse, Auszüge nach Einsicht Gudrun O'Daniel-Elmen vom 8. Mai 2018.

105/1496, Spruchkammerakte Johannes Rehse, Auszüge nach Einsicht Gudrun O'Daniel-Elmen vom 16. Mai 2018.

Archivbericht/Beiheft Nr. 134, Verzeichnis zum Aktenbestand der Ev. Luther-Kirchengemeinde Kirchenkreis Spandau, GKR Protokolle 1916-1932 und 1932-1954.

Gemeindearchiv der Ev. Kirchengemeinde Siemensstadt (GA-Sie)

Fotos, Zeitungsartikel und Dokumente zum Standort Siemensstadt der heutigen Wichernkirche in den Jahren 1908 – 1932.

Gemeindearchiv der Ev. Kirchengemeinde Wichern-Radeland (GA-WiRa)

Kirchengemeinde

Gemeindekirchenrat (GKR), Sitzungsprotokolle der Jahre 1962, 2014, 2015 und 2017.

Urkunde K II Nr. 9099, Evangelisches Konsistorium der Mark Brandenburg, Abteilung Berlin, 11. Januar 1938.

Weihe der Wichernkapelle in Hakenfelde am Sonntag, dem 23. Oktober 1932, vorm. 10 Uhr (Programmzettel).

Glocken und heilige Geräte

HOFFMANN-TAUSCHWITZ, Matthias, Kirchenoberbaurat Dipl.-Ing. Architekt, Leiter des Kirchlichen Bauamtes: EVANGELISCHE KIRCHE Berlin-Brandenburg-schlesische Oberlausitz Konsistorium Kirchliches Bauamt, Schreiben an den Gemeindekirchenrat der Kirchengemeinde Wichern-Radeland über Sup. Spandau bzgl. Wichern-Kirche, Glocke mit Hakenkreuz E-Mail-Verkehr mit Herrn GSV Kairies und uns seit 2015, mehrere telefonische Beratungen, Berlin, 26. September 2017.

KAIRIES, Helmut: Bericht über die Werkprüfung der Glocke für die Kirche Spandau/Wichern. 18./19. Oktober 2017.

Meldebogen für Bronzeglocken der Kirchen: Spandau, 26. April 1940, Bunke, Pfarrer.

O'DANIEL-ELMEN, Gudrun: Umgang mit der Glocke in der Wichernkirche – Gedanken zu einem Gespräch am 6. Oktober 2017.

Oberbürgermeister (Der) der Reichshauptstadt Berlin, Hauptwirtschaftsamt: Schreiben an die Reichsstelle für Metalle, Berlin, 2. März 1942.

SCHILLING, Franz, Söhne, Hofglockengießerei: Vertrag, Apolda / Thüringen, 16. Juni 1934.

SCHROTH, Hansgeorg: Schreiben an den Gemeinde-Kirchenrat der Wicherngemeinde z. H. des geschäftsführenden Pfarrers Dr. E. Biehler, Berlin-Spandau, 5. Oktober 1962.

STÄBLEIN, Christian, Dr., Probst, Evangelische Kirche Berlin-Brandenburg-schlesische Oberlausitz, Konsistorium: Schreiben an alle Superintendenturen und Kirchengemeinden der EKBO, bzgl. Erhebung des Bestandes und Umgang mit Glocken mit Symbolen der Zeit des Nationalsozialismus, Berlin 26. Oktober 2017.

Nachlass Hermann Bunke (NL Bunke)

BUNKE, Hermann: Einer von Vielen. Erinnerungen an die schweren Amtsjahre des Kirchenkampfes 1933-38. MS-Abschrift.

BUNKE, Hermann: Mein innerer Werdegang im Kirchenkampf 1933 – 42.

Nachlass Walter Friedrich (NL Friedrich)

ALBERTZ, Martin, u. a.: Der Kreisbruderrat der Bekennenden Gemeinde Spandaus. Albertz, Bunke, Friedrich, Hermann, Lossau, An alle Glieder unserer Spandauer Bekenntnisgemeinden, Berlin-Spandau, am 23. Mai 1935. **Quellenanhang XXIII.**

ALBERTZ, Martin: An den Gemeindekirchenrat der Luthergemeinde. **Quellenanhang V.**

ARNIM, von: Im Namen des Evangelischen Konsistoriums, an den Gemeindekirchenrat der Luther-Kirchengemeinde, Berlin 12.10.1936, an Kirchenältesten Walter Friedrich zur Kenntnis. **Quellenanhang XXXI.**

Der Bruderrat der Bekenntnisgemeinde Luther, an das Evangelische Konsistorium zu Hd. Herrn Präsidenten Rapmund, Spandau 27. Mai 1936. **Quellenanhang XXVI.**

BUNKE, Hermann: An Herrn Pfarrer Martin Niemöller Berlin-Dahlem, Spandau 25. Mai 1936. **Quellenanhang XXVII.**

(BUNKE, Hermann): Aussprache mit Frau Otto am 21.9.1933. **Quellenanhang VI.**

BUNKE, Hermann: Erleben Gottes im Gemeindebezirk Wichern, Spandau-Hakenfelde, gedrucktes Manuskript für die Mitglieder der Bekenntnisgemeinde, Spandau im April 1935. **Quellenanhang XIX.**

BUNKE, Hermann: Schreiben an Pfarrer Schmidt bzgl. Schreiben Rehse vom 18.01., Spandau 22.01.1935. **Quellenanhang XIII.**

ECKERT: Evangelisches Konsistorium der Mark Brandenburg, Abteilung Berlin, K II Nr. 1126, Schreiben an Pfarrer Bunke, Berlin, 06.03.1935. **Quellenanhang XVII**.

FRETZDORFF: Brief an den Kirchenältesten Walter Friedrich im Namen des Evangelischen Konsistoriums der Mark Brandenburg, vom 4. April 1934. **Quellenanhang VIII**.

FRIEDRICH, Walter u. a.: An die kulturelle Befriedungsstelle, Berlin, Kolumbushaus, vom 10.04.1934. **Quellenanhang IX**.

FRIEDRICH, Walter, u. a.: Der Bruderrat der Bekenntnisgemeinde Luther (Bezirk Wichern), Die evangelischen Gemeindeglieder, Spandau 25. Juni 1936. **Quellenanhang XXVIII**.

FRIEDRICH, Walter: An das Evangelische Konsistorium der Mark Brandenburg, Spandau 14.08.1936. **Quellenanhang XXX**.

FRIEDRICH, Walter: Bericht über die Vorgänge in der Wichernkapelle am 5.8.1936. **Quellenanhang XXIX**.

FRIEDRICH, Walter: Brief an Herrn Superintendenten Lic. Albertz, vom 5. Oktober 1933, Spandau. **Quellenanhang IV**.

FRIEDRICH, Walter: Chronik Walter Friedrich, Teil 3, Der Kirchenkampf – Die Bekennende Kirche, aufgeschrieben von Klaus Friedrich.

FRIEDRICH, Walter: Gruppe Evangelium und Kirche, Schreiben an das Evangelische Konsistorium der Mark Brandenburg, Spandau 25.02.1935. **Quellenanhang XVI**.

FRIEDRICH, Walter: Schreiben des Bruderrates der Bekenntnisgemeinde Luther-Spandau an Reichsinnenminister Dr. Frick, Reichskulturminister Dr. Rust und den preußischen Ministerpräsidenten Göring, Spandau vom 20. März 1935. **Quellenanhang XXI**.

GLÄSER, Ursula: (Beschwerdebrief), Spandau, am 09. Januar 1934, Aspenweg 40. **Quellenanhang VII**.

Die Kirchenältesten der Gruppe „Evangelium und Kirche" in der Lutherkirchengemeinde Spandau, An das Evangelische Konsistorium der Mark Brandenburg, Berlin Spandau, den 17. April 1935, Streitstr. 69. **Quellenanhang XXII.**

KOCH, Karl: Zwei Reichskirchengebiete, Flugblatt des Bruderrates der Bekenntnissynode der Deutschen Evangelischen Kirche, gez. Präses. D. Koch, München, 11.10.1934. **Quellenanhang X.**

KRISP, Alfred: Schreiben der DC-Fraktion im GKR-Luther an den Gemeindekirchenrat der Luthergemeinde zu Händen des geschäftsführenden Pfarrers Schmidt, Spandau 18.03.1935. **Quellenanhang XVIII.**

OTTO, Adolf: Deutsche Christen Gau Gross-Berlin Gemeindegruppe Luther-Wichern, An unsere Mitglieder, Spandau Fichtenweg 90, 10. Mai 1936. **Quellenanhang XXV.**

OTTO, Adolf: Deutsche Christen Gau Gross-Berlin Gemeindegruppe Luther-Wichern, An unsere Mitglieder! Eine große und heilige Sache ist in Gefahr! Aber sie muss durch! Spandau Fichtenweg 90, 10. Mai 1936. **Quellenanhang XXIV.**

REHSE, (Johannes): Antwortschreiben an Pfarrer Schmidt, Spandau, 26.01.1935. **Quellenanhang XV.**

REHSE, Johannes: Brief an Pfarrer Schmidt bzgl. Pfarrdienstordnung in Hakenfelde, Spandau 18.01.1935. **Quellenanhang XII.**

REHSE, Johannes: Kirchliches Heimatblatt von Spandau, 1. Jahrgang Nr. 23. **Quellenanhang XX.**

SCHMIDT, (Rudolf) Geschäftsführender Pfarrer: Einladung zur Sitzung des Gemeindekirchenrates am Sonntag, den 17. September, Spandau, den 10. September 1934, mit handschriftlichen Notizen von Walter Friedrich.

SCHMIDT, (Rudolf): Schreiben an Pfarrer Rehse Spandau, 22.01.1935. **Quellenanhang XIV.**

Zeitungsartikel

Spandauer evangelischer Sonntagsbrief, 1935, Nr. 12, Kirchliche Nachrichten

Bunke, (Hermann), Pfarrer: Der Generalstaatsanwalt spricht! **Quellenanhang XI**.

Spandauer Kirchenbote

Wahlvorschläge für die am 13. November (1932) stattfindenden Kirchenwahlen, Nr. 45 1932, Beiblatt. **Quellenanhang I**.

Zu den Kirchenwahlen am 13. November, Nr. 45, 1932, S. 1. **Quellenanhang II**.

Gedruckte Materialien, Gemeindechroniken und Gemeindebrief

25 Jahre Wichernkapelle in Spandau-Hakenfelde – 23. Oktober 1957.

100 Jahre Wichernkirche, Berlin 1997.

BUNKE, Hermann: Bericht über die Geschichte der Wicherngemeinde in den Jahren 1933 – 1946, in: Fünfzig Jahre Wicherngemeinde Hakenfelde, Berlin 1982, S. 57-60.

BUNKE, Hermann: Prüfungszeiten, in: 25 Jahre Wichernkapelle in Spandau-Hakenfelde – 23. Oktober 1957., S. 8f.

Der Gemeindekirchenrat, Die Wichernglocke schweigt, Einlegeblatt im Gemeindebrief Wichern-Radeland, Dezember 2017/Januar 2018.

ELMEN, Jürgen u. a.: Wicherngemeinde in der Zeit des Nationalsozialismus, in: Gemeindebrief Oktober/November 2011. S. 6ff.

Evangelische Wicherngemeinde Hakenfelde, Kleine Chronik der Wicherngemeinde, Oktober 1972.

FRIEDRICH, Walter: Der Kirchenkampf in Hakenfelde, in: Fünfzig Jahre Wicherngemeinde Hakenfelde, S. 61f, und Dokumente aus der Zeit des Kirchenkampfes.

FRIEDRICH, Walter: Kirchenkampf in Hakenfelde, Erinnerungen eines Kirchenältesten, in: 100 Jahre Wichernkirche, Berlin 1997, S. 54f.

Fünfzig Jahre Wicherngemeinde Hakenfelde, (Berlin)-Hakenfelde 1982.

Gemeindebrief Wichern-Radeland, Gemeindekirchenrat der Ev. Kirchengemeinde Wichern-Radeland, Ausgaben Oktober/November 2011, Juni/Juli 2017, Dezember 2017/Januar 2018, April/Mai 2019.

GRENZ, Frieda: Schon seit meiner Kindheit bin ich in Hakenfelde zu Hause, in: Fünfzig Jahre Wicherngemeinde Hakenfelde, Berlin-Spandau 1982, S. 36-42.

HEINE, Stephan: Unsere Wichernglocke von 1934 im Museum, in: Gemeindebrief Wichern-Radeland, April/Mai 2019, S. 8ff.

JAHR, Sigrid: Aus dem Gemeindekirchenrat, in: Gemeindebrief Wichern-Radeland, Juni/Juli 2017, S. 23ff.

SCHALLNAS, Wolfgang: 75 Jahre Wichernkirche in Spandau-Hakenfelde, 23.Oktober 1932 bis 2007, Die „Wanderkirche von Hakenfelde", (Berlin 2007).

SCHALLNAS, Wolfgang: Chronik der Wicherngemeinde von den Anfängen bis zur Gegenwart, in: 100 Jahre Wichernkirche, Berlin 1997, S. 21-40, darin S. 23-27 zum Zeitabschnitt 1932-1945.

SCHUPPE, Hubertus: Zivilcourage oder Widerstand? Kirchenkampf in der Spandauer Wicherngemeinde, in: 100 Jahre Wichernkirche, Berlin 1997, S. 41-49, Dokumentation S. 50-53.

SIEFERT, Gerda: Grußwort der Ev. Kirchengemeinde Siemensstadt zum 50-jährigen Kirchweihjubiläum, in: Fünfzig Jahre Wicherngemeinde Hakenfelde, S. 23.

Literatur

BRÄUTIGAM, Helmut: Geschichte von Neustadt und Luthergemeinde bis 1945, 100 Jahre Luthergemeinde in der Neustadt 1896-1996. Texte zur Geschichte eines Spandauer Stadtteils, Evangelische Luthergemeinde Spandau (Hrsg.), Berlin-Spandau 1997.

BRECHTKEN, Magnus: Die nationalsozialistische Herrschaft 1933-1939, Darmstadt 2012.

BUSCH, Eberhard: Die protestantische Kirche und Theologie während der Hitlerzeit, in: Philipp Thull, Christen im Dritten Reich, Darmstadt 2014.

CLARK, Christopher: Preußen. Aufstieg und Niedergang 1600-1947, München 2008.

GAILUS, Manfred: Protestantismus und Nationalsozialismus. Studien zur national-sozialistischen Durchdringung des protestantischen Sozialmilieus in Berlin, Köln 2001.

HUMMEL, Karl-Joseph: Deutsche Geschichte 1933-1945, München 1998.

KÖHLER, Mathias / SCHULZ, Christoph: Glocken mit (un) heiligem Klang – Glockenzier zwischen Protz und Propaganda, in: Denkmalpflege in Sachsen-Anhalt, Landesamt für Denkmalpflege und Archäologie Sachsen-Anhalt (Hrsg.), Jg. 2017, H. 2, S. 30 – 43.

KÜHL-FREUDENSTEIN, Olaf / NOSS, Peter / WAGNER, Claus P. (Hrsg.): Kirchenkampf in Berlin 1932-1945. 42 Stadtgeschichten, Berlin 1999.

KÜHL-FREUDENSTEIN, Olaf: Die Glaubensbewegung Deutsche Christen, in: Olaf Kühl-Freudenstein / Peter Noss / Claus P. Wagner (Hrsg.), Kirchenkampf in Berlin 1932-1945. 42 Stadtgeschichten, Berlin 1999.

KÜHL-FREUDENSTEIN, Olaf: Evangelische Religionspädagogik und völkische Ideologie. Studien zum „Bund für deutsche Kirche" und der „Glaubensbewegung Deutsche Christen", Würzburg 2003.

LANGE, Ralf / NOSS, Peter, Bekennende Kirche in Berlin, in: Kühl-Freudenstein, Kirchenkampf in Berlin 1932-1945. 42 Stadtgeschichten, Berlin 1999.

LOHMANN, Karl: Ehlers, Hermann Ludwig, in: Neue Deutsche Biographie, Bd. 4, Dittel – Falck, hrsg. Historische Kommission bei der Bayrischen Akademie der Wissenschaften, Berlin 1957.

MANTEY, Volker: Zwei Schwerter-Zwei Reiche. Martin Luthers Zwei-Reiche-Lehre vor ihrem spätmittelalterlichen Hintergrund, Tübingen 2005.

MAXWILL, Peter: NS-Relikte auf Kirchenglocken, in: Spiegel Online, 21. April 2018, http://www.spiegel.de/panorama/gesellschaft/hakenkreuz-auf-kirchenglocke-so-viele-ns-symbole-gibt-es-noch-a-1203281.html, Abfrage vom 25. April 2018.

NOSS, Peter: Kirchenkreis Spandau (Stadtgemeinde), in: Olaf Kühl-Freuden-stein, Kirchenkampf in Berlin 1932-1945, 42 Stadtgeschichten, Berlin 1999.

PUSCHNER, Uwe: Deutschchristentum. Entstehung-Ideologie-Organisation, in: Philipp Thull, Christen im Dritten Reich, Darmstadt 2014.

RITTER, Gerhard A.: Die Sozialdemokratie im Deutschen Kaiserreich in sozial-geschichtlichen Perspektiven, München 1989.

SANDVOß, Hans-Rainer: „Es wird gebeten die Gottesdienste zu überwachen …". Religionsgemeinschaften in Berlin zwischen Anpassung, Selbstbehauptung und Widerstand von 1933 bis 1945, Berlin 2014.

SANDVOß, Hans-Rainer: Widerstand in Spandau, Berlin 1988.

SAUER, Bernhard: Die „Schwarze Reichswehr" und der geplante „Marsch auf Berlin", in: Berlin in Geschichte und Gegenwart. Jahrbuch des Landesarchivs Berlin 2008. http://www.bernhard-sauer-historiker.de/sauer_marsch_auf_berlin.pdf, aufgerufen am 12.09.2018 um 14:00 Uhr.

SCHUPPAN, Erich (Hrsg.): Bekenntnis in Not. Die Evangelische Kirche in Berlin-Brandenburg im Konflikt mit dem totalen Staat (1933-1945), Aufsätze zur Geschichte des Kirchenkampfs Berlin 2000.

THULL, Phillip (Hrsg.): Christen im Dritten Reich, Darmstadt 2014.

WAGNER, Claus P.: Nationalsozialistische Kirchenpolitik und protestantische Kirche nach 1933, in: Olaf Kühl-Freudenstein, Kirchenkampf in Berlin 1932-1945. 42 Stadtgeschichten, Berlin 1999.

WAGNER, Claus P.: Zur Vorgeschichte des Kirchenkampfes, in: Olaf Kühl-Freudenstein, Kirchenkampf in Berlin 1932-1945. 42 Stadtgeschichten, Berlin 1999.

WILLE, Klaus-Dieter: Die Glocken von Berlin (West), Geschichte und Inventar, Die Bauwerke und Kunstdenkmäler von Berlin, Beiheft 16, Hg.: Senator für Stadtentwicklung und Umweltschutz – Landeskonservator, Berlin 1987.

Zeitungen

Evangelium im Dritten Reich, Groß Berliner Beilage, Aus der Bewegung (Ausgabe im Bestand der Staatsbibliothek zu Berlin)

Luther-Wichern zu Spandau. Nach langem Kampf erlebte die Wicherngemeinde in Spandau-Hakenfelde ihren Freudentag, Ausgabe vom 21. Oktober 1934.

Spandauer Zeitung (Ausgaben im Bestand des Archivs des Stadtgeschichtlichen Museums Spandau)

Adolf-Hitler-Eiche in der Waldsiedlung, Ausgabe vom 29. April 1933.

Adolf-Hitler-Eiche in der Waldsiedlung, Ausgabe vom 2. Mai 1933, **Quellenanhang III**.

Die neue Glocke der Lutherkirche, Ausgabe vom 29. September 1934.

Glockenweihe und Pfarrereinführung in Hakenfelde, Ausgabe vom 6. Oktober 1934.

Kirchlicher Festtag in Hakenfelde. Pfarrer-Amtseinführung und Glockenweihe der Wichernkapelle, Ausgabe vom 8. Oktober 1934.

Gesetze

Kirchengesetz über das Bauwesen der Evangelischen Kirche Berlin-Brandenburg- schlesische Oberlausitz (Kirchenbaugesetz – KBauG). Vom 15. November 2014.

Auskünfte

Ev.-luth. Kirchengemeinde St. Marien, Ortsteil Veerßen, Uelzen, Niedersachsen.

Gogol, Anneliese: Pfarrerin i. R. (mündlich).

Müller, Sabine: Ev. Kirchengemeinde St. Nikolai, Leiterin des Museums Spandovia Sacra und des Gemeindearchivs (mündlich).

Internet-Abfragen

Online-Enzyklopädie Wikipedia: https://de.wikipedia.org/wiki/Wichernkirche_(Berlin-Hakenfelde),Versionsgeschichte, die Glockenbeschreibung mit Hakenkreuz im Artikel enthalten seit Version vom 3. November 2013, 21.55 Uhr (Bearbeiter: „Der wahre Jakob"), Abfrage vom 8. April 2014.

Deutsches Historisches Museum, Berlin: www.dhm.de/lemo/kapitel/ns-regime/innenpolitik/hakenkreuz/, Abfrage vom 7. Dezember 2019.

Personenverzeichnis

(Inklusive Quellenanhang, exklusive Vorwort)

Abbildungsnachweis

Alle Rechte zu den Abbildungen liegen bei den jeweiligen Urhebern. Trotz sorgfältiger Recherche konnte nicht für jede Abbildung der Urheber ermittelt und der Rechtsstatus geklärt werden. Etwaige Rechteinhaber werden gebeten, mit dem Herausgeber Kontakt aufzunehmen.

Bark, Willy: Chronik von Alt-Westend, Schriften des Vereins für die Geschichte Berlins, H. 56, Berlin 1937, Tafel 5.: **Abb. 20.**

Bundesarchiv Berlin: **Abb. S. 258** (BArch, I 17324-37, Bl. 111).

Friedrich, Klaus: **Abb. 13.**

Gemeindearchiv der Ev. Kirchengemeinde Siemensstadt: **Abb. 21.**

Gemeindearchiv der Ev. Kirchengemeinde Wichern-Radeland; Kirchengemeinde: **Abb. 22**; Bildarchiv: **Umschlagbild vorne**, Abb. **2, 5, 6, 7, 8, 9, 11, 14, 16, 17, 18, 19, 23, 26**; Glocken und heilige Geräte: **Abb. 24 a, 24 b**; NL Friedrich 1934, **Abb. 25**; Chronik Walter Friedrich, S. 18: **Abb. 12, 15.**

Heine, Stephan: Abb. **1** unt. re., **27, 28, 30, 34, 35, 36, 37, Umschlagbild hinten**

Historisches Archiv Ev. Johannesstift: **Abb. 10** (HAEJS Slg. Bild / 00848).

https://commons.wikimedia.org/wiki/Category:Gerhard_Jacobi#/media/File:Gerhard_Justus_Eduard_Jacobi.jpg; User: FJK1988; Lizenz: CC BY-SA 4.0; https://creativecommons.org/licenses/by-sa/4.0/deed.de; unbearbeitete Wiedergabe: **Abb. 4.**

https://de.wikipedia.org/wiki/Martin_Niemöller#/media/Datei:Martin_Niemöller_(1952).jpg; User: J.D. Noske / Anefo - Nationaal Archief; Lizenz: CC0; https://creativecommons.org/publicdomain/zero/1.0/deed.de; unbearbeitete Wiedergabe: **Abb. 3.**

Rehfeldt, Wolf-Dieter: Abb. **29, 31, 32, 33.**

Senatsverwaltung für Stadtentwicklung und Wohnen Berlin, https://fbinter.stadt-berlin.de/fb?loginkey=showMap&mapId=berlinzoom_sw @senstadt, Dez. 2019 (Karte oben); OpenStreetMap-Mitwirkende, Openstreetmap.de, Febr. 2018 (Karte unten); Bearbeitung, Montage und Foto, Febr. 2020: Stephan Heine: **Abb. 1.**

Quellenanhang

Die im Quellenanhang wiedergegebenen Schriften sind in ihrem originalen Wortlaut und Schreibweise aufgeführt.

I.) Wahlvorschläge für die am 13. November (1932) stattfindenden Kirchenwahlen. Beiblatt des Spandauer Kirchenboten Nr. 45 1932 (Auszug).

Luthergemeinde.

Wahlvorschlag Haneke – Otto – Dr. Zielke (Deutsche Christen).

a) Gemeindekirchenrat: 1. Haneke, Erwin, Dipl.-Landw. 2. Otto, Gertrud, Ehefr. 3. Dr. Zielke, Hans, Oberarzt. 4. von Mosch, Georg, Kfm. (...).

b) Gemeindeverordnete: 1. Haneke, Erwin, Dipl.-Landw. 2. Otto, Adolf, Buchh. 3. Dr. Zielke, Hans, Oberarzt. 4. von Mosch, Georg, Kfm. (...).

Wahlvorschlag: Berlin – Holtz – Sturmhövel – Knappe (Evangelisch-Unpolitisch).

a) Gemeindekirchenrat: 1. Berlin, Siegfried, Lehrer i. R. 2. Holtz, Aug., Stadtoberarch. 3. Sturmhövel, Gerh. Oberzollsekr. 4. Knappe, Gustav, Meister (...) 12. Friedrich, Walter, Angestellter.

b.) Gemeindevertreter: 1. Thimm, Martha, Ehefr. 2. Seeliger, Georg, Obergeometer 3. Hahn, Rich., Kfm. 4. Reichelt, Karl, Werkmstr. (...) 8. Friedrich, Walter, Kfm. (...).

II.) Zu den Kirchenwahlen am 13. November, in: Spandauer Kirchenbote Nr. 45, 1932, S. 1.

Trotz Anerkennung der durch die Liste „Deutsche Christen" zum Ausdruck kommenden willenstarken Erneuerungsbewegung in unserer Kirche waren sich die Leiter und Leiterinnen in der letzten Sitzung der evang. Jugendvereine darüber einig, daß um der unpolitischen Haltung des Evangeliums unserer Kirche willen, es Aufgabe der wahlpflichtigen evangelischen Jugend ist, für die evangelisch-unpolitische Liste einzutreten.

Durch eine junge christusgebundene evangelische Generation wird auch eine junge evangelische lebendige Kirche sichtbar werden.   gez. Kl.

III.) Adolf-Hitler-Eiche in der Waldsiedlung, in: Spandauer Zeitung, Ausgabe vom 2. Mai 1933.

Vom Gemeindegruppenleiter der „Deutschen Christen", Adolf Otto, wurde in der letzten Gemeindevertretersitzung des Bezirks Hakenfelde der Antrag gestellt, der vor der Wichernkapelle stehenden Eiche in einem feierlichen Weiheakt den Namen Adolf-Hitler-Eiche zu geben. Mit überwältigender Mehrheit machte sich die Gemeindevertretung den Antrag zu eigen, sodaß die Feier am Sonntag als Gemeindefeier durchgeführt werden konnte. Schon morgens, bald nach 8 Uhr, rief der Posaunenchor des Johannesstifts mit Chorälen und Vaterlandsliedern die Anwohner zum Gottesdienst. Um dieselbe Zeit marschierte die SA. mit klingendem Spiel vom Hohenzollerring her durch die Waldsiedlung zum Kirchplatz, Scharen von Menschen mitbringend. Das schlichte Gotteshaus war bald überfüllt; viele mußten draußen bleiben. Im Mittelpunkt des Gottesdienstes stand das Bild des guten Hirten, der sein Leben einsetzt für die ihm Anvertrauten. Dabei gedachte Pfarrer Bunke auch des Mannes, nach dem die Kapelle den Namen trägt und der vor 100 Jahren das Rauhe Haus bei Hamburg und vor 75 Jahren das Johannesstift gegründet hat: Johann Hinrich Wichern, dessen soziale Gedanken jetzt erst zur Auswirkung kommen. Eine reiche Ausgangssammlung, als Jubiläumsgabe an die beiden Anstalten gedacht, zeigte die Aufgeschlossenheit der Hörer für diese Gedanken. Dem feierlichen Fahnen- und Wimpelausmarsch folgte die eigentliche Weihefeier. Ein wundervolles Bild bot sich dem Beschauer. Der Platz um die Eiche war eingesäumt vom Posaunenchor, den ev. Jugendvereinen mit ihren Wimpeln, der SA.-Kapelle und den braunen Soldaten mit ihren Sturmfahnen, dem uniformierten Zuge der Technischen Nothilfe und einer vielköpfigen Schar von Mitfeiernden, in mustergültiger Ordnung. Nach der vom Posaunenchor begleiteten ersten Strophe des Liedes „Großer Gott, wir loben dich", wies der Leiter des Festausschusses, Adolf Otto, auf

die Bedeutung der Stunde hin. Aus Dankbarkeit gegen den Mann, der nach Jahren der Dämmerung und des Absterbens unser Volk wieder in lichte Höhen führen will, wolle die Kirchengemeinde dem Volkskanzler die Eiche weihen und weiterhin als tapfere Mitkämpfer in der Reihe der aufbauenden Kräfte stehen. „Ritter sein und Gottesstreiter, das heißt Deutsch sein bis ins Mark: So wird Deutschland einst erstehen – groß und frei, echt, fromm und stark."
Die Schild-Weiherede hielt der Bezirkspfarrer Bunke, betonend, wie stark das deutsche Volk Adolf Hitler zu Dank verpflichtet ist, daß er den Bolschewismus im deutschen Vaterland niedergerungen habe. Als das Fahnentuch fiel, enthüllte sich ein schlichtes, mit Blumen geschmücktes Holzschild, das später durch ein metallenes ersetzt werden soll. Es trägt die Inschrift: „Adolf-Hitler-Eiche. Dem Schmied des Dritten Reiches geweiht! 1. Mai 1933, der nationalen Arbeit 1. Feiertag." Das Deutschlandlied klang auf. Namens des Gemeindekirchenrates und der Gemeindevertretung des Hakenfelder Bezirks übernahm die Herren Haneke und Kappler Eiche und Schild in die Obhut der Gemeinde. Zwei Gedichte, gesprochen von Frau Beiersdorf und Frau Gertrud Otto, umrahmten den Weiheakt. Nachdem das Horst-Wessel-Lied und der Heilruf auf den Führer und Volkskanzler des neuen Deutschland verklungen, einten Gebet und Lied „Nun danket alle Gott" die Gemeinde in andächtiger Sammlung.

„So weihen wir dir unsere Eiche,
gewachsen aus der Väter Grund –
Und Gottes Segen nimmer weiche
Von Deutschland – daß es werd' gesund!

Sie mahn uns, daß voll Gottvertrauen
an seiner starken Vaterhand
wir neu ein heil'ges Deutschland bauen,
dem Er den Retter hat gesandt."

Wer mithelfen will, daß das Holzschild bald gegen das endgültige vertauscht werden kann, gebe an den Leiter des Festausschusses Adolf Otto, Fichtenweg 90, nach dem Maß seiner Kräfte eine Spende.

IV.) Walter Friedrich, Brief an Herrn Superintendenten Lic. Albertz, vom 5. Oktober 1933, Spandau.

Sehr geehrter Herr Superintendent,

Unter Bezugnahme auf die mit Ihnen am 20. v. Mts. geführte Unterredung, möchte ich nochmals auf die Angelegenheit bezgl. des Antrages der Fraktion „Deutsche Christen" an der Lutherkirche zu Spandau, auf Versetzung des Herrn Pfarrer Bunke zurückkommen.

Nach Bekanntwerden des Vergehens der Deutschen Christen gegen Herrn Pfarrer Bunke setzte in der Gemeinde ein lebhafter Sturm der Entrüstung ein. Ich möchte ausdrücklich betonen, dass es sich um den Teil der Gemeinde handelt, der zu den treuen Kirchenbesuchern zu rechnen ist, dem die klare und eindeutige Verkündigung des Evangeliums Herzensbedürfnis ist.

Der Vorwurf der Deutschen Christen, dass Herr Pfarrer Bunke nicht mehr das Vertrauen der Gemeinde habe, wird wohl am besten durch die Tatsache beleuchtet, dass sich der Kirchenbesuch in der letzten Zeit ganz bedeutend gehoben hat. Es vergeht kein Sonntagsgottesdienst, den Herr Pfarrer Bunke hält, zu dem die Wichernkapelle nicht voll besetzt ist. Am letzten Sonntag, Erntedankfest, war die Kapelle so besetzt, dass sämtliche erreichbaren Stühle, Kinderbänke usw. herbeigeholt werden mussten, um den Kirchgängern Platz zu verschaffen. Der Besuch betrug etwa 400 Personen. Der Abendmahlsbesuch über 50. Es ist dabei zu berücksichtigen, dass viele Männer an diesem Sonntag nicht zur Kirche gehen konnten, da sie durch die Teilnahme an den grossen Aufmärschen verhindert waren. – Ein weiterer Gegenbeweis ist der rege Besuch der Lutherstunden, die seit dem 29.8.33. an jedem Dienstag im Wichernheim stattfinden und zu denen jedes Mal etwa 60 Gemeindeglieder (Männer und Frauen) erschienen waren.

Die Körperschaftsmitglieder, die sich hinter den Beschluss des Kirchenrats gestellt haben, sind jedenfalls von jeher nicht zu den treuesten Besuchern der Gottesdienste des Herrn Pfarrer Bunke zu rechnen gewesen. Sie können sich somit am allerwenigsten ein Urteil über seine Arbeit erlauben.

Sollte Herr Pfarrer Bunke jedoch versetzt werden, so ist damit das Urteil über die Gemeinde Waldsiedlung-Hakenfelde gesprochen. Denn, dass die Gemeinde, die bisher, unter der Führung von Herrn Pfarrer Bunke, in Spandau als eine der tätigsten galt, nach seiner Versetzung zersplittert und dass der Kirchenbesuch von den Deutschen Christen bei weitem nicht so stark sein wird, steht für mich ausser Zweifel.

Ich möchte Sie deshalb bitten, sich im Interesse der Gemeinde mit ganzer Kraft dafür einzusetzen, dass der Beschluss nicht zur Durchführung kommt.

Mit evangelischem Gruß
Walter Friedrich
Kirchenältester.

V.) Martin Albertz, An den Gemeindekirchenrat der Luthergemeinde, Hier.

An den Gemeindekirchenrat der Luthergemeinde, Hier.

Wie mir bekannt geworden ist, hat der Gemeindekirchenrat über einen Antrag betr. Versetzung des Pfarrers Bunke und über die Kündigung der Gemeindehelferin Fräulein von Auer beschlossen, ohne die Betroffenen zu hören. Zur Prüfung der Klagen, die vorliegen, beraume ich eine Sitzung des Gemeindekirchenrats der Lutherkirche am Mittwoch, d. 11. Oktober, nachm. 5 Uhr, in dem Sitzungszimmer der Luthergemeinde, an und beabsichtige bei dieser Sitzung, da es sich um Klagen gegen einen Pfarrer bezw. Gemeindehelferin handelt, den Vorsitz zu führen (Vergl. Thümmel: Evang. Kirchenrecht S. 248 Nr. 5).

Sollte Tag und Stunde nicht geeignet sein, so bitte ich den Herrn Vorsitzenden, mir baldigst andere Vorschläge zu machen. Die vorzubringenden Klagen bitte ich, mir kurz formuliert möglichst vorher schriftlich einzureichen, damit ich auch der Gegenseite Gelegenheit geben kann, sich auf sie vorzubereiten. Den Herrn Vorsitzenden bitte ich, die Abschrift dieses Schreibens, sowie über Tag und Stunde keine Bedenken bestehen, sämtlichen Mitgliedern des Gemeindekirchenrates und Frl. von Auer sofort zugehen zu lassen.

gez. Albertz.

VI.) (Hermann Bunke), Aussprache mit Frau Otto am 21.9.1933.

1. Ich danke Ihnen für Ihr Kommen. Sie sind sicher über die Einladung sehr verwundert. Es handelt sich um eine Frage wegen unserer Gemeinde. Ich habe gerade Sie und nicht den Fraktionsführer gebeten, weil ich mit Ihnen die meiste Fühlung gehabt habe.

2. <u>Der Zustand der Gemeinde</u> ist unerträglich. Nicht nur weil, sich in ihr zwei Parteien gegenüberstehen, sondern weil beiden die Liebe gefehlt hat, den anderen zu verstehen und zu tragen. Es hat seit dem 24. 4. d. J. zwischen den Gemeindevertretern und mir in Hakenfelde nie mehr eine Aussprache stattgefunden, sodass keiner von den andern die rechten Beweggründe kennt. Besonders über mein Handeln und meine Beweggründe herrscht völlige Unklarheit, sodass zahlreiche Legenden entstanden sind. Die höchste Zuspitzung aber hat die Lage gefunden durch den Antrag auf meine Versetzung, sodass auch die Nationalsozialisten und Deutschen Christen, die hinter mir stehen, in schwersten Konflikt kommen, abgesehen von den vielen anderen, die empört sind.

3. <u>Ich leide unter diesem Zustand der Gemeinde.</u> Ich habe die Gemeinde unter Einsatz meiner ganzen Kraft gesammelt, jetzt ist sie zerschlagen. Ich fühle schwer die Verantwortung für meine Gemeinde, auch für die Deutschen Christen, solange ich noch ihr Pfarrer bin. Diese Verantwortung hat mich zu dem schweren Schritt bewogen, den ich jetzt tue. Denn menschlich gesprochen, sieht er feige aus. Aber ich habe mich dazu durchgerungen, weil ich nicht nach dem Urteil der Menschen frage, sondern weil ich mich vom Geiste Jesu leiten lassen will. Ich möchte ausdrücklich betonen, dass dieser Schritt mit meiner Person nichts zu tun hat. Der Antrag an das Konsistorium wegen meiner Versetzung kann ruhig weitergehen. Ich bin bereit, mich der Macht zu beugen und für meine Ueberzeugung jedes Opfer zu bringen. Aber ich möchte

meine Gemeinde nicht in diesem Zustande verlassen, weil auch ein Nachfolger nicht imstande wäre, diese Wunde zu heilen.

4. <u>Meine Frage</u>: Glauben Sie, dass man auch jetzt noch zu einem Zusammenarbeiten bei gegenseitiger Achtung und Anerkennung kommen kann? Ich bin bereit alles, was mir im Laufe der letzten Monate angetan ist, zu vergeben. Ich wünsche nicht, dass eine Aenderung in den äusseren Verhältnissen eintritt, wie sie jetzt geschaffen sind. Ich meine z. B. dass Sie Vorsitzende der Frauenhilfe bleiben, dass ich aber doch gelegentlich der Frauenhilfe diene.

<u>Sind Sie dazu bereit?</u> Denn ich bin davon überzeugt, dass eine Beruhigung der Gemeindeverhältnisse wesentlich von unserem beiderseitigen Verhältnis abhängt. <u>Wollen Sie eine Vermittlung mit der Gemeindevertretung</u> herbeiführen auf dem von mir angebotenen Boden, indem wir eine rückhaltlose Aussprache herbeiführen?

5. Das einjährige Jubiläum der Kapellenweihe steht vor der Tür. Wir haben jahrelang gemeinsam gekämpft, jetzt zerfleischen wir uns. Das Erntedankfest könnte ein Anlass dazu werden, dass wir bei beiderseitigem guten Willen, solange ich noch hier im Amt bin, zu einer erträglichen Arbeitsgemeinschaft kommen.

VII.) Ursula Gläser, (Beschwerdebrief), Spandau, am 09. Januar 1934, Aspenweg 40.

In der heutigen Lutherstunde im Wichernheim sprach Herr Pfarrer Bunke in unerhörter Weise über den Reichsbischof Müller und über die Deutschen Christen. Er führte aus, dass z. B. der Reichsbischof heute Verordnungen erlasse und kurz darauf wieder entgegengesetzte Verordnungen herausgebe, so dass man den Eindruck habe, der Reichsbischof wisse selber nicht, was er wolle. Während er noch mit einer Partei verhandelt und dieselbe hinhält, erlässt er gegen diese selbe Partei Verordnungen. Zu einem solchen Manne können die evgl. Pfarrer kein Vertrauen haben. Es habe sich daher der Pfarrernotbund mit 6000 Pfarrern gegründet, hinter denen die vielen evgl. Deutschen stehen, die die Absetzung des Reichsbischofs fordern. Er und alle diese Anhänger hoffen, dass dieser Schritt recht bald geschehen möge und dass vielleicht dieser Schritt schon bis zur nächsten Lutherstunde erfolgt sei. Denn die 6000 Pfarrer im Notbund könne man doch nicht alle absetzen und fortschicken. Er selbst wisse, was ihm sein Standpunkt (Verlesung der Kundgebung in der Lutherkirche, Teilnahme an der Kundgebung in Kochs Bismarksälen) einbringen könne. Ihn schrecke aber nicht, dass man ihm 1/3 seines Gehaltes abziehe und ihn noch sonstwo hinbringe, er kämpfe weiter und bitte die Versammelten, ihn zu unterstützen. Die Versammelten möchten nun nicht mehr ruhig bleiben, sondern sich durch den Spandauer Evangelischen Sonntagsbrief schulen, damit sie überall in Gesprächen aufklären und den D. C. entgegentreten können.

Das bisherige Spandauer Sonntagsblatt wurde von D. C. geleitet und bringe nicht das, was wir lesen wollen, aber in diesen Sonntagsbriefen könne man noch lesen, was in anderen Zeitungen nicht steht und nicht mehr stehen darf. Beigefügtes Blatt wurde mit der Bitte um Bestellung den Teilnehmern übergeben. Es werden auch Schulungsabende eingerichtet an denen die unterzeichneten

Pfarrer Vorträge und Belehrungen abhalten werden. Dazu werden in erster Linie jedoch nur die treusten Anhänger zugelassen werden.

Dann kritisierte Pfarrer Bunke in scharfer Form die Eingliederung der ev.-Jugend in die Hitlerjugend. Erst wurde versprochen, dass die ev. Jugend neben der H. J. bestehen bleibe und nun werde die Eingliederung in die H. J. angeordnet. Die kath. Jugend aber bleibe selbstständig bestehen. Die H. J. verlange 1 Sonntag und die ev. Jugend bekomme 2 Sonntage. Die deutsche Jugend gehöre aber in die Familie.

Ueber die Deutschen Christen sprach Pfarrer Bunke: Die sogenannten Deutschen Christen stehen überhaupt nicht im christlichen Glauben, sondern sind Heiden und die Bibel und Christus hängen sie sich nur noch als Mäntelchen um. 3 verschiedene Richtlinien sind für die D. C. schon herausgegeben, sodass sie sich nun richten können, nach welchen sie wollen.

Dies alles wurde in zynischem und herabsetzendem Tone gesagt, der allein schon empörend war. Die Lieder, die ich aus dem Gedächtnis nicht angeben kann, unterstrichen die Ausführungen in geeigneter Weise.

gez. Ursula Gläser.

VIII.) Dr. Fretzdorff, Brief an den Kirchenältesten Walter Friedrich im Namen des Evangelischen Konsistoriums der Mark Brandenburg, vom 4. April 1934.

Der am 19. Februar 1934 vom Gemeindekirchenrat der Luthergemeinde gefaßte Beschluß, wonach Herr Pfarrer Bunke fortan den 3. Seelsorgebezirk der dortigen Gemeinde übernehmen soll, verstößt nicht gegen die Gesetze noch greift er über die Zuständigkeit des Gemeindekirchenrats hinaus. Somit liegt keiner der beiden Fälle vor, in denen gemäß Art. 149 VU die Genehmigung versagt werden müßte. Der Beschluss stellt ein Stück Pfarrdienstordnung dar, die gemäß Art. 43 (Absatz) 2 vom Gemeindekirchenrat aufzustellen ist und meiner Genehmigung bedarf. Die Genehmigung zu versagen liegt keine Veranlassung vor. So gerne ich anerkenne, daß Herr Pfarrer Bunke, wie die zahlreichen von Ihnen vorgelegten Zuschriften dartun, die Anhänglichkeit zahlreicher Gemeindemitglieder im Bezirk Hakenfelde gewonnen hat, so steht doch ein anderer Teil des Bezirks in ausgesprochenem Gegensatz zu ihm, und der Beschluß verfolgt die Absicht, die Gemeinde zu befrieden. Ich gebe Ihnen anheim, von Vorstehendem Absendern der von Ihnen vorgelegten Zuschriften Kenntnis zu geben.

In Vertretung
gez. Dr. Fretzdorff

IX.) Walter Friedrich u. a., An die kulturelle Befriedungsstelle, Berlin, Kolumbushaus, vom 10.04.1934.

In der Spandauer evangelischen Kirchengemeinde Hakenfelde ist der Gemeindepfarrer Hermann Bunke durch Entscheidung des Ev. Konsistoriums der Mark Brandenburg vom 4.4.34 K. II 3050 in einen anderen Bezirk versetzt worden, weil die „Deutschen Christen" einen alten Parteigenossen und „Deutschen Christen" zum Pfarrer haben wollen.

Wir unterzeichneten Gemeindevertreter, deutsche Männer und Frauen, die treu zu unserem grossen Führer Adolf Hitler stehen, suchen Hilfe gegen die Fehlentscheidung des Ev. Konsistoriums, die ein blühendes Gemeindeleben zerschlägt und die Volksgemeinschaft zerreist.

Herr Pfarrer Bunke, der alter, 3 mal verwundeter Frontsoldat, Ritter E. K. I u. II und Mitglied des Reichskriegerbundes „Kyffhäuser" ist, hat in 7 jähriger, unermüdlicher und reibungsloser Arbeit unsere Randgemeinde gesammelt und unsere Wichernkapelle gebaut. Wenn er jetzt aus dieser seiner erfolgreichen Arbeit vertrieben werden soll – wie es heisst „zur Befriedung der gespannten kirchlichen Lage" – so ist das ganz wesentlich auf die den Frieden der Gemeinde zerstörende Tätigkeit des Gemeindegruppenleiters der „Deutschen Christen, des alten Parteigenossen Adolf Otto, Spandau Fichtenweg 90 zurückzuführen. Dieser hat seien Einfluss als Amtswalter missbraucht, um das Vertrauen seiner Parteigenossen zu Herrn Pfarrer Bunke zu untergraben. Besonders hat er in der S. A. 3/14 mit Wissen und unter Billigung des Sturmführers, Herrn Hauptmann a. D. Zachow, Spandau, Aspenweg 5 gegen den Pfarrernotbund gehetzt.

Wir wissen, dass dies alles den klaren Weisungen unseres Führers widerspricht.

Da aber die derzeitige Kirchenregierung eine „deutschechristliche" ist und alle unsere wohl begründeten und energischen

Einsprüche bei dieser gegen die Versetzung des Herrn Pfarrer Bunke keinen Erfolg gehabt haben, so wenden wir uns als deutsche Volksgenossen an die kulturelle Befriedungsstelle mit der dringenden Bitte um eine sachliche Prüfung dieser unerträglichen Zustände. Wir sind davon überzeugt, dass dem Frieden am besten gedient ist, wenn diesen Uebergriffen des Herrn Otto, die auf persönlichem Hass gegen Herrn Pfarrer Bunke beruhen, ein Ende bereitet wird.

Abschriften, des in dieser Angelegenheit geführten Briefwechsels, fügen wir als Anlage bei.

Heil Hitler!

Walter Friedrich, Kirchenältester
Arthur Hähnel, Gemeindevertreter
Karl Kaiser, Gustav Knappe
Frau Gertrud Grenz, Gemeindevertreter
Frau Emma Neumann
(ein nicht zu entziffernder Name)

X.) Zwei Reichskirchengebiete, Flugblatt des Bruderrates der Bekenntnissynode der Deutschen Evangelischen Kirche, gez. Präses D. Koch, München, 11.10.1934 (Drahtbericht).

Zwei Reichskirchengebiete.

Aus dem Gebiet der bisherigen lutherischen Landeskirche in Bayern rechts des Rheins wurden zwei neue Reichskirchengebiete gebildet, nämlich Franken und Altbayern, an deren Spitze je ein lutherischer Bischof stehen wird. Die Bischofsitze werden in Nürnberg und München sein.

Diese Nachricht ergänzen wir:

Das evangelische Landeskirchenamt in München ist durch die Polizei besetzt. Mit ihrer Hilfe hat der Rechtswalter Dr. Jäger dort seinen Einzug gehalten. Die rechtmäßigen Mitglieder des evangelisch-lutherischen Landeskirchenamtes sind beurlaubt worden.

Wir klagen an!

In der Kirche, die sich nach dem Evangelium nennt, ist das **Evangelium außer Kraft gesetzt; Willkür und Verlogenheit** sind in ihr zur Herrschaft gelangt.

Die Reichsregierung zerschlägt

die durch Geschichte, Bekenntnis und Verfassung geeinte Kirche Bayerns in zwei Teile –

aber sie redet von Bibel und Bekenntnis.

Die Reichsregierung vergewaltigt

ein rechtmäßiges Kirchenregiment und eine gläubige Kirche mit allen ihren Gemeinden und benutzt hierzu polizeiliche Macht –

aber sie redet von Frieden.

Die Reichsregierung verleugnet die zehn Gebote,
sie kämpft mit Lügen gegen die Wahrheit, mit gewaltsamem Raub
gegen das Recht –
aber sie redet von Einheit.

**Verantwortlich für solche Verwüstung der Kirche sind der
„Reichsbischof" Ludwig Müller und sein „Rechtswalter" Dr. Jäger.
Durch sie treibt der Satan sein Werk!**

Deshalb klagen wir zu Gott: „Herr, unser Gott, es herrschen
wohl andere Herren über uns denn Du, doch wir gedenken allein
Dein und Deines Namens!" – Wir bitten ihn: „Erlöse uns von dem
Übel!" – Im Vertrauen auf seinen Beistand geloben wir: „Wir sind
nicht von denen, die da weichen und verdammt werden, sondern
von denen, die da glauben und die Seele erretten!"

Herr Mach uns frei! Amen.

**Der Bruderrat der Bekenntnissynode
Der Deutschen Evangelischen Kirche.**
gez. Präses. D. Koch.

Verantwortlich für den Inhalt: Superintendent Albertz, Spandau.
Druck: Fr. Handriste, Spandau.

XI.) Pfarrer Bunke, Der Generalstaatsanwalt spricht!, in: (Spandauer evangelischer Sonntagsbrief, 1935, Nr. 12), Kirchliche Nachrichten.

Der Generalstaatsanwalt spricht!

Eine Anzeige wegen angeblicher Unterschlagung einer Kirchenkollekte hatte der „deutsch-christliche" Gemeindekirchenrat der Lutherkirche im November vorigen Jahres beim Staatsanwalt erstattet.

Daraufhin zur Vernehmung vorgeladen, habe ich mich am 15. Dezember 1934, dem Generalstaatsanwalt beim Landgericht Berlin gegenüber, wie folgt geäußert:

„Ich bin seit 1926 Pfarrer an der Lutherkirche in Spandau. Ich habe bis zum April dieses Jahres den 4. Pfarrbezirk Hakenfelde verwaltet, und in diesem eine neue Gemeinde und ein neues Gotteshaus (die Wichernkapelle) aufgebaut. Infolge des Kirchenstreits bin ich in einen anderen Pfarrerbezirk der Luthergemeinde strafversetzt worden. Laut Pfarrdienstordnung darf ich aber noch gelegentlich an meiner alten Predigtstätte predigen. Das geschah auch am Sonntag, dem 18.11.34.

In diesem Gottesdienst habe ich der Gemeinde die vorgeschriebene Kollekte empfohlen und sie außerdem noch gebeten, mir persönlich etwas für meine Gemeindearbeit in der Luthergemeinde zu geben. Dieser Bitte haben sie fast alle Rechnung getragen.

Ich habe die Kollekte natürlich nicht als Belohnung oder Engelt für die von mir in der Luthergemeinde geleistete Arbeit für mich persönlich erbeten (so ist es auch von niemand verstanden worden), sondern für die Zwecke der Gemeinde. Das Geld wird von mir in Einvernehmen mit den auf meiner Seite stehenden Gemeinde-vertretern verausgabt.

Die Behauptung des „deutsch-christlichen" Gemeinde-kirchenrats, ich hätte die Kollekte widerrechtlich gesammelt, habe ich diesen gegenüber bereits zurückgewiesen.

Am 18.11. hat man im Gottesdienst versucht, mich an der Einsammlung der Kollekte zu hindern. Ich bin dabei von einer Frau Gertrud Otto im Ornat angefaßt und angeschrien und von dem Gemeindegruppenleiter der „Deutschen Christen" Herrn Adolf Otto, bedroht worden. Dieser Vorgang löste bei der Gemeinde die größte Empörung aus. Es kam zu erregten Szenen. Aus dem Munde von Frau Otto wurden die Kirchgänger dabei mit dem Wort „Reaktionäre" bedacht.

Ich habe die Vorgänge der Polizei gemeldet und bin von der Geheimen Staatspolizei dahin unterrichtet worden, daß sie die Weiterverfolgung dieser Vorgänge in die Hand genommen hat."

Auf meine Eingabe hat der Generalstaatsanwalt beim Landgericht Berlin wie folgt geantwortet:

„Auf die Eingabe vom 2. März d. Js. teile ich ihnen mit, daß ich das Verfahren gegen Sie eingestellt habe, da die Ermittlungen für eine strafbare Handlung keinen Anhalt ergeben haben."

Ich hoffe, daß alle, die durch Weitererzählen jener Anzeige in der Öffentlichkeit meinen guten Namen als Pfarrer geschädigt haben, als echte deutsche Männer und Frauen auch den Mut und das Verantwortungsgefühl vor Gott und Menschen haben werden, um den Entscheid des Generalstaatsanwaltes in gleicher Weise öffentlich weiterzugeben.

Pfarrer Bunke

XII.) Johannes Rehse, Brief an Pfarrer Schmidt bzgl. Pfarrdienstordnung in Hakenfelde, Spandau 18.01.1935 (Abschrift).

Sehr geehrter Herr Amtsbruder,

Auf Ihr Schreiben im Anschluss an das des Herrn Pfarrer Bunke vom 15. crs erwidere ich folgendes.

Es ist ein Irrtum, wenn Herr Pfarrer Bunke annimmt, ich hätte die Aufhebung der Pfarrdienstordnung gewünscht. Diese ist vielmehr in ordentlicher Sitzung des Gemeindekirchenrats erwogen und beschlossen worden. Wenn die Gruppe Evangelium und Kirche an den Sitzungen des Gemeindekirchenrats nicht teilnimmt, darf sie sich nicht wundern, dass ihre Anregungen, Bedürfnisse und Wünsche nicht zur Geltung kommen. Das ist eben bei der grundsätzlichen Absentierung technisch garnicht anders möglich. Zu der von mir nicht in Anspruch genommenen Vertretung durch die Herren Amtsbrüder der Lutherkirche kann ich nur sagen, dass mein Predigtpensum so lächerlich gering ist, dass ich gut das Doppelte zu leisten vermöchte, während die Amtsbrüder an der Lutherkirche mir so belastet erscheinen, dass ich es für höchst unbrüderlich halten würde, ihnen durch den Wunsch nach Vertretung die Arbeitslast noch zu erschweren. Ich lese mit herzlicher Freude aus dem Schreiben des Herrn Pfarrer Bunke, dass er zur Vertretung gern bereit ist, bitte, ihm dafür meinen Dank auszusprechen, und werde, wenn nötig, von seiner Dienstbereitschaft gern Gebrauch machen.

Heil Hitler!
Ihr gez. Rehse

XIII.) Hermann Bunke, Schreiben an Pfarrer Schmidt bzgl. Schreiben Rehse vom 18.01., Spandau 22.01.1935.

Sehr geehrter Herr Amtsbruder,

Das mir zur Kenntnisnahme übersendete Schreiben des Herrn Pfarrer Rehse vom 18.1. reiche ich anliegend mit Dank zurück.

Es zeigt mir, dass Herr Pfarrer Rehse an dem von mir in meinem Schreiben vom 15.1. festgestellten Tatbestand einfach vorbeiredet. Danach scheint mir jede Verständigung ausgeschlossen, wenn Sie als geschäftsführender Pfarrer nicht noch andere Wege zu beschreiten wissen.

Heil Hitler!
Bunke

XIV.) Pfarrer (Rudolf) Schmidt, Schreiben an Pfarrer Rehse Spandau, 22.01.1935 (Abschrift).

Lieber Herr Bruder,

ein Vater und zwei Mütter aus dem Wichernbezirk haben mir soeben dieses Schreiben (Brief des Herrn Bleck vom 22.1.35) überreicht, mit dem dringenden Ersuchen, ihnen die Wichernkapelle am 24.3. für die Konfirmation von 60 Kindern des dortigen Bezirkes durch Pfarrer Bunke einzuräumen. Es ist mir schwer gefallen, den Bittstellern klarzumachen, dass die Erfüllung dieser Bitte über meine amtliche Vollmacht hinausgeht. Ich habe jedoch übernommen, an Sie die Bitte zu richten, für die Einsegnung dieser 60 Kinder, falls Sie den 24.3. behalten wollen, den 31.3. freizugeben. Ich möchte Sie meinerseits um des Friedens in Ihrem Bezirke willen um Ihr Einverständnis mit dieser Regelung dringend bitten. Die Sache eilt, da die Eltern gern möglichst bald den Termin der Konfirmation ihrer Kinder wissen möchten. Vielleicht sagen Sie mir bis Freitag mit Rückgabe dieses Schreibens Bescheid. Pfarrer Bunke hat etwa 200 Konfirmanden, die nicht gut an einem Sonntag eingesegnet werden können.

Heil Hitler!
Ihr gez. Schmidt

XV.) Pfarrer (Johannes) Rehse, Antwortschreiben an Pfarrer Schmidt, Spandau, 26.01.1935 (Abschrift).

Mein Einverständnis ist irrelevant. Die Entscheidung liegt nach Artikel 25 (2) beim Gemeindekirchenrat, an den auch der Antrag zu richten wäre. Nach Artikel 52, 51 und 49 bedarf es der Erlaubnis des Superintendenten bzw. eines Abmeldescheines seitens des zuständigen Geistlichen. Dieser ist einzuholen. Für den Konfirmandenunterricht ist die Erlaubnis des Superintendenten hoffentlich eingeholt worden. Artikel 51 spricht ausserdem davon, dass die Gewähr geboten wird, dass die Würde des kirchlichen Gebäudes gewahrt bleibe. Zu dieser Würde gehört es offenbar auch, dass nicht Kollekten gesammelt werden, die gegen die amtliche Kirche verwendet und ohne amtliche Aufsicht verwaltet werden. Wenn die Bedingungen der angeführten Artikel der Verfassung der ev. Kirche der alt-preussischen Union vom 29. September 1922 erfüllt werden, würde eventuell ich von dem mir nach Artikel 51 zustehenden Einspruch bzw. Beschwerderecht keinen Gebrauch machen.

Heil Hitler!
Rehse, Pfarrer

Nachschrift Pfarrer Rehse

Ich würde empfehlen, die Antragsteller in obigem Sinne zu bescheiden und ihren Antrag dann dem Gemeindekirchenrat vorzulegen. Schwere Bedenken gegen die Ordnung und Ruhe in der Gemeinde bleiben auch dann noch bestehen. Der 24.3. kommt natürlich nicht in Frage, da ich an dem Tage selber Konfirmation ansetzen möchte. Es müsste wohl auch jedes Kind den entsprechenden Antrag stellen.

XVI.) Walter Friedrich, Gruppe Evangelium und Kirche, Schreiben an das Evangelische Konsistorium der Mark Brandenburg, Spandau 25.02.1935.

<u>Gesuch</u>

Der Gruppe Evangelium und Kirche der kirchlichen Körperschaften der Luthergemeinde Spandau um Aufhebung des Beschlusses des Gemeindekirchenrats der Luthergemeinde vom 16.2.35 betr. Punkt 1) der Tagesordnung: „Nochmals: Festsetzung der Konfirmation in der Wichernkapelle" (s. Anlage). Die Verweigerung der Wichernkapelle, einer Predigtstätte der Luthergemeinde, an Herrn Pfarrer Bunke als ordentlichen Pfarrer der Luthergemeinde zur Abhaltung einer Konfirmation ist rechtswidrig. Der vom Gemeindekirchenrat in seinem Beschluss angezogene Art. 25. der Kirchenverfassung kann für die Entscheidung dieser Frage nicht herangezogen werden.

Dieser Beschluss des Gemeindekirchenrats hat unter den Eltern der Konfirmanden hellste Empörung hervorgerufen, da sie sich als Gemeindeglieder ihr gutes Recht auf die für sie zustehende Predigtstätte nicht nehmen lassen wollen. Wir bitten um der Befriedung der Gemeinde willen um sofortige Aufhebung des rechtswidrigen Beschlusses.

Gleichzeitig bringen wir unsere Eingabe vom 30.1.35. betr. Pfarrdienstordnung der Luthergemeinde in Erinnerung und ersuchen nochmals der Innehaltung der behördlichen genehmigten Pfarrdienstordnung sofort Geltung zu verschaffen.

Heil Hitler!

Gruppe Evangelium und Kirche
der kirchlichen Körperschaften
der Luthergemeinde Spandau.
i. V., Walter Friedrich
Kirchenältester

XVII.) Eckert, Evangelisches Konsistorium der Mark Brandenburg, Abteilung Berlin, K II Nr. 1126, Schreiben an Pfarrer Bunke, Berlin, 06.03.1935 (beglaubigte Abschrift).

Auf die Eingabe vom 3. Februar 1935.

Mit Rücksicht auf die berechtigten Wünsche der in der Siedlung Hakenfelde wohnenden Eltern und sonstigen Angehörigen der 28 Konfirmanden des Herrn Pfarrer Bunke ordnen wir hiermit an, dass Herrn Pfarrer Bunke, der bei der Anmeldung dieser Kinder im Vorjahr die dortige Seelsorge hatte, die Wichernkapelle zur Konfirmation am 31. März 1935 zur Verfügung gestellt wird.

Ueber die beantragte Abänderung der Pfarrdienstordnung ergeht besondere Verfügung.

An den Gemeindekirchenrat der Luthergemeinde Spandau

Abschrift zur Kenntnisnahme.

In Vertretung
gez. Eckert.

XVIII.) Alfred Krisp, Schreiben der DC-Fraktion im GKR-Luther an den Gemeindekirchenrat der Luthergemeinde zu Händen des geschäftsführenden Pfarrers Schmidt, Spandau 18.03.1935 (beglaubigte Abschrift).

In Verfolg des Beschlusses des G.K.R. in seiner Sitzung vom 16. Februar 1935 betr. Konfirmation in der Wichernkapelle am 31. März 1935 und in Bezug auf die in einer der nächsten Sitzungen zu behandelnde Verfügung des Konsistoriums bitten die unterzeichneten Mitglieder der Fraktion der Deutschen Christen, den Eltern der Konfirmanden brieflich direkt mitzuteilen, dass selbstverständlich die Konfirmation am 31. März 1935 in der Wichernkapelle erfolgen kann und zwar durch den zuständigen Pfarrer Rehse, keinesfalls jedoch – unter Berücksichtigung der früheren und der letzten Vorgänge vom 18. November 1934 – durch Herrn Pfarrer Bunke.

Heil Hitler!
gez. Alfred Krisp,
Fraktionsführer der
Deutschen Christen

gez. Adolf Otto. Frieda Stelter. Walter (Th)ürling. Rudolf Beiersdorf. Walter Wegner. Bernhard Meyer. Paul Schoeps. Rehse. E, Kappler.

XIX.) Hermann Bunke, Erleben Gottes im Gemeindebezirk Wichern, Spandau-Hakenfelde, gedrucktes Manuskript für die Mitglieder der Bekenntnisgemeinde, Spandau im April 1935.

Erleben Gottes im Gemeindebezirk Wichern, Spandau-Hakenfelde.

Der Wichernbezirk (Hakenfelde) ist der Außenbezirk der Luthergemeinde Spandau, in dem Pfarrer Bunke 7 Jahre lang die Gemeinde gesammelt und die Wichernkapelle gebaut hat. Er wurde im April 1934 auf Betreiben der Deutschen Christen unter stärkster Gegenwehr der Gemeinde rechtswidrig in einen anderen Pfarrbezirk derselben Gemeinde versetzt. An seiner Stelle wählten die „Deutschen Christen" den D. C. Pfarrer Rehse.

Der Kampf um die Konfirmation in der Wichernkapelle wurde für die beteiligten Eltern und Kinder und die sie mittragende Gemeinde zu einem Erleben Gottes, von dem diese Zeilen ein kurzes Zeugnis ablegen sollen.

Seit Dezember 1934 habe ich mich bemüht, die Konfirmation der Hakenfelder Kinder, die meinem Konfirmandenunterricht besuchen, festzusetzen. Da nach der anlässlich meiner Versetzung aufgestellten und vom Evangelischen Konsistorium genehmigten Pfarrdienstordnung der Pfarrer des Wichernbezirkes an jedem 4. Sonntag durch einen Pfarrer der Innengemeinde pflichtmäßig vertreten wird, so habe auch ich im Rahmen dieser Ordnung Anspruch auf die Wichernkapelle und erbat bei Aufstellung des Predigtplanes den 24.3.35 für meine Konfirmation in der Wichernkapelle. Als ich im Januar 1935 endlich den Predigtplan erhielt, waren keine Gottesdienste in der Wichernkapelle darin festgesetzt. Auf meinen sofortigen Einspruch erhielt ich am 11.1.35 die Mitteilung, daß Herr Pf. Rehse vorläufig auf die in der Pfarrdienstordnung vorgesehene Vertretung verzichte (wozu er gar kein Recht hat, da Ordnung bekanntlich Ordnung ist), da er sich so arbeitskräftig und arbeitsfreudig fühle. Durch dieses Verhalten des Herrn Pf. Rehse ist die Pfarrdienstordnung seit Januar 1935 für die

Pfarrer der Innengemeinde bezüglich ihres Predigtdienstes in der Wichernkapelle außer Kraft gesetzt, was Herrn Pf. Rehse freilich nicht hinderte, sich gelegentlich von dem „deutsch-christlichen" Reichsjugendpfarrer Zahn vertreten zu lassen. Außerdem setzte nun Herr Rehse für den 24. März seine eigene Konfirmation an.

Die Eingaben der Gemeindegruppe „Evangelium und Kirche" an das Evangelische Konsistorium vom 30.1., 25.2. und 19.3. zwecks Wiederherstellung der Pfarrdienstordnung blieben bis jetzt erfolglos.

So sahen sich die Konfirmandeneltern aus Hakenfelde, die ja als Gemeindeglieder ein ganz selbstverständliches Recht auf das Gotteshaus ihres Bezirkes haben, noch dazu in einer Kirche, die dem ganzen Volk ihre Tore weit öffnen will, veranlasst, selbst um ihr Grundrecht als Glieder der deutschen evangelischen Kirche zu kämpfen.

Einzeln und zu mehreren suchten sie das Evangelische Konsistorium und auch den kommissarischen Spandauer Superintendenten, Pf. Dr. Berg auf, um gegen den rechtswidrigen Beschluß des Gemeindekirchenrates vom 16.2. zu protestieren, der mir die Wichernkapelle für die Konfirmation verbot. Sie erhielten dort auch die Anerkennung ihres berechtigten Anspruches, die in zwei Verfügungen des Evangelischen Konsistoriums vom 6.3.35 K II 1126 und vom 27.3.35 K II 2727 ihren Ausdruck fand, in denen mir unter Berufung auf die Kirchenverfassung Artikel 48 und 51 ausdrücklich die Kapelle für den 31.3. zur Konfirmation zur Verfügung gestellt wurde.

Damit schien alles geregelt, so daß die Eltern und Kinder in Ruhe an den Konfirmationstag denken konnten. Aber die Fraktion der „Deutschen Christen", die den Gemeindekirchenrat beherrscht, setzte sich über die Verfügung des Konsistoriums einfach hinweg und bat den geschäftsführenden Pfarrer Schmidt, den Eltern meiner Konfirmanden mitzuteilen, daß die Konfirmation „selbstver-ständlich" am 31. März in der Wichernkapelle stattfinden könne, aber durch den zuständigen „deutsch-christlichen" Pfarrer Rehse.

Dieses Ansinnen, das an der Tatsache vollständig vorübergeht, daß wir heute in der Kirche zwei im tiefsten Grunde verschiedene Glaubensrichtungen nebeneinander haben und daß sich Vertrauen nicht durch Kirchenratsbeschluß von einem auf den anderen Pfarrer übertragen läßt, wurde von den betroffenen Eltern mit Empörung zurückgewiesen. Gleichzeitig forderten sie von dem geschäftsführenden Pfarrer, alle Schritte zu unternehmen, um die ungestörte Konfirmation ihrer Kinder am 31. März durch mich sicherzustellen.

Daraufhin sah sich Herr Pf. Schmidt genötigt, bei der Geheimen Staatspolizei Schutz für die Konfirmation am 31.3. und für eine Sitzprobe der Konfirmanden am 28.3., nachm. 3 Uhr in der Wichernkapelle zu erbitten.

Als ich am 28.3. zur Kapelle kam, fand ich diese verschlossen vor. Der Kirchendiener, dessen Anwesenheit von Herrn Pf. Rehse erbeten war, war nicht da. So sah ich mich genötigt, die Türen, die von innen abgeschlossen und z. T. mit Draht verrammelt waren, durch einen Schlosser öffnen zu lassen, um mit den Kindern die Sitzprobe vorzunehmen. Das geschah unter dem Schutz von 2 Beamten der Staatspolizei und 4 Beamten der Schutzpolizei, da ich ja laut Verfügung des Ev. Konsistoriums und Ausweis des geschäftsführenden Pfarrers das Recht zum Betreten der Kapelle hatte. Diese bedauerliche Maßnahme, die durch das disziplinlose Verhalten der Fraktion „Deutsche Christen" gegenüber der Verfügung des Konsistoriums nötig wurde, ist dann von den „Deutschen Christen" als „Einbruch in die Wichernkapelle" bezeichnet worden.

Am 29.3. gegen 20 Uhr erhielt ich ein Telegramm des stellvertretenden Bischofs von Berlin, Probst Eckert, daß auf Anordnung des evangelischen Oberkirchenrats die Konfirmation nicht in der Wichernkapelle, sondern in der zur Verfügung stehenden Lutherkirche stattfindet.

Gleichzeitig erhielten die Eltern meiner Konfirmanden ein Schreiben des Gemeindekirchenrates mit der Mitteilung, daß die

Konfirmation ihrer Kinder nicht am Sonntag, den 31.1. in der Wichernkapelle stattfindet. Diese Mitteilung war aber nicht von dem geschäftsführenden Pfarrer Schmidt, der allein dazu berechtigt war, sondern von den Mitgliedern der Fraktion „Deutsche Christen" unterzeichnet.

Es ist verständlich, daß sich der Eltern und Kinder eine große Aufregung bemächtigte, da sie doch alles für die Konfirmation vorbereitet und außerdem die ausdrückliche Zusicherung des Ev. Konsistoriums hatten, daß die Konfirmation am 31.3. durch mich in der Wichernkapelle stattfinden könne.

In den späten Abendstunden des 29.3. kamen dann noch einige Eltern und Gemeindevertreter zusammen, um sich über die weiteren Schritte zu beraten. Man war sich darüber klar, daß die Konfirmation innerhalb oder außerhalb der Wichernkapelle in Hakenfelde stattfinden müsse um der Konfirmanden, aber auch um des Rechtes und der Ordnung willen, die von den „Deutschen Christen" in unserer Gemeinde mit den Füßen getreten werden. Man war sich auch darüber einig, daß noch ein letzter Versuch beim Evangelischen Oberkirchenrat gemacht werden müsse, um im Interesse der Volksgemeinschaft einen öffentlichen Skandal zu vermeiden. Einig war man sich aber vor allem darin, daß gegenüber aller Macht und List der Menschen nur einer helfen kann, dem kein Ding unmöglich ist. Zu ihm, der das, was Menschen böse meinen, zum Guten wenden kann, richteten wir darum unsere Herzen in gläubigem Vertrauen.

Am Morgen des 30.3. rief ich den Präsidenten des Evangelischen Oberkirchenrats, Herrn Dr. Werner, persönlich an, stellte fest, daß die telegrafische Anordnung nach meiner Meinung auf einseitiger und unrichtiger Unterrichtung über die Spandauer Verhältnisse zurückgehen müsse, teilte mit, daß ich am 31.3. auf jeden Fall in Hakenfelde konfirmieren würde und meldete eine Abordnung der Eltern für 10 Uhr an. Dieser Empfang wurde zugesagt. Ich hatte dann die Möglichkeit von dem Präsidenten Dr. Werner und den anderen

Herren des Kollegiums, sowie in Anwesenheit von Herrn Pf. Schmidt und Herrn Pf. Rehse, den Nachweis für die ordnungswidrige und böswillige Handlungsweise der Fraktion „Deutsche Christen" zu erbringen, der von Pfarrer Rehse stillschweigend anerkannt werden musste. Das Ergebnis war ein Vergleich, wonach der von Herrn Pf. Rehse angesetzte Abendmahlsgottesdienst um 9 Uhr, die Konfirmationsfeier erst um 10.30 Uhr stattfinden solle. Außerdem fand meine Forderung Anerkennung, daß die Kirchenbeamten zur pflichtgemäßen Ausübung ihres Dienstes angehalten werden sollten.

In dem Kampf für Recht und Ordnung, den die bekenntnistreuen Mitglieder seit bald 2 Jahren in unserer Gemeinde führen, war damit zum ersten Mal ein Sieg errungen durch Gottes gnädigen Beistand. Was wir kaum für möglich gehalten hatten, war geschehen. Die Macht des Gebetes war für alle Beteiligten sichtbar geworden. Und der Jubel, der die mitkämpfende und mitleidende Gemeinde erfüllte, war nicht menschlicher Siegesstolz, sondern ein Loben und Preisen des Gottes, der die seinen nicht verläßt.

So konnte nun die Konfirmationsfeier am 31.3. unter dem Schutz der Staatspolizei ohne jede Störung vor sich gehen. Der Abendmahlsgottesdienst um 9 Uhr, um dessentwillen die Konfirmation um eine halbe Stunde verschoben wurde und für den Pf. Rehse, wie er auf dem Evangelischen Oberkirchenrat sagte, 150 Abendmahlsgäste erwartete, war nur von 16 Abendmahlsgästen und einigen anderen Kirchgängern besucht. Dafür erlebte es die Wichernkapelle wieder einmal, daß ihr Raum nicht reicht, wenn der gewaltsam vertriebene Pfarrer in ihr predigt. Auf meine Anordnung wurden die beiden Reichshoheitszeichen gehißt und von der Gemeinde gegrüßt, ein sichtbares Zeugnis gegen die immer wiederholte Lüge und Verleumdung von der staatsfeindlichen Gesinnung unserer Bekenntnisgemeinde. Durch Lautsprecher wurde die Feier für die draußen Stehenden übertragen. Unser Glaube ist der Sieg, der die Welt überwunden hat. Das bezeugte eindringlich und gegenwartsnah die Ansprache des Predigers. Und alles klang aus in der ergreifenden Abendmahlsfeier, an der 96 Konfirmanden und Angehörige teilnahmen, die es noch einmal bezeugte: Schmecket und sehet, wie freundlich der Herr ist, wohl dem der auf ihn trauet.

So erlebten wir Gott, der stärker ist als alle menschliche Gewalt und Bosheit und bekannten uns zu ihm mit dem alten Schutzlied der Reformation.

Mag das geschilderte Erleben auch manchem Außenstehenden bedeutungslos erscheinen, so gewährt es doch einen Einblick in den Kampf, der heute um Sein oder Nichtsein unserer Kirche als einer wahrhaft evangelischen Kirche geführt wird. Hier der unevangelische Geist der „Deutschen Christen", der die Gewalt an die Stelle der Liebe setzt, der die Gemeinde entmündigt und der sein Handeln nicht vom Worte Gottes, sondern von kirchenfremden Gesichtspunkten her bestimmen läßt. Und dort die verkannte und verleumdete, bekennende Gemeinde, die über die Treue zum irdischen Vaterland und zu seinem Führer den Gehorsam gegen den Herrn der Kirche stellt und gegen sein Wort als die alleinige Richtschnur für ihr Leben und Handeln.

Gott schenke allen Unwissenden und falsch Unterrichteten die klare Erkenntnis, worum es in unserer Kirche geht, und führe alle, die guten Willens sind, zum Gehorsam unter sein Wort. Einen anderen Weg des Friedens gibt es nicht. Die bekennende Gemeinde aber ist bereit, diesen Weg zu gehen, auch wenn er sie noch tiefer ins Leiden führt, im Blick auf den Herrn, der die Seinen durch Leiden himmelan führt.

Pfarrer Hermann Bunke.

XX.) Johannes Rehse, Kirchliches Heimatblatt von Spandau, 1. Jahrgang Nr. 23. (Hier wiedergegeben nach dem Abdruck auf dem Flugblatt unter XIX.).

Die Einsegnung der Konfirmanden aus der Wicherngemeinde, die Pf. Bunke unterrichtet hatte, hat also doch in der Wichernkapelle stattgefunden. Die Stellung der Behörde war wankend. Und der zuletzt gegebene Befehl mußte ja doch schließlich ausgeführt werden.

Das der hohen Kirchenbehörde nicht immer ganz leicht zu gehorchen ist, das dürften die Wichernleute nun allmählich gelernt haben. An Energie im Gehorchen sind uns die anderen diesmal doch über. Die Kirche wurde mit dem Dietrich aufgebrochen. Bisher dachten wir immer, was ein guter Bekenntnismann ist, der übersieht Anordnungen der Behörde. Nun, wir freuen uns über jedes Zeichen der Besserung. Hoffentlich lernt man allmählich auch gehorchen, wenn der Entscheid nicht so ganz zu den eigenen Wünschen paßt. Ach, wie hat man früher über die Gewaltanwendung geredet! So lange der andere sie brauchte, verstehe sich – jetzt? ja, Bauer, das ist ganz was anderes!

Man hatte sich – darauf läßt die Lautsprecheranlage schließen – offenbar auf mehr Teilnahme eingerichtet, schade, daß die Menschen allmählich begreifen, daß es nur um den Dickkopf geht, und keineswegs ums Evangelium!

Aber fein, daß in allem Geschehen ein Sinn für Humor waltet. Die Lautsprechermonteure haben die Nummern für die Liedertafeln entführt. So war also doch die Freude ein wenig gestört.

Überschrift? – blinder Eifer schadet nur!

Rehse

XXI.) Walter Friedrich, Schreiben des Bruderrates der Bekenntnisgemeinde Luther-Spandau an Reichsinnenminister Dr. Frick, Reichskulturminister Dr. Rust und den preußischen Ministerpräsidenten Göring, Spandau vom 20. März 1935.

Der Staat hat durch die Verhaftungen einer grossen Zahl evangelischer Pfarrer die Stellungnahme der evangelischen Kirche gegen die „Deutsche Glaubensbewegung" zu verhindern gesucht. Während diese in aller Oeffentlichkeit gegen den christlichen Glauben Stellung nehmen darf, wird es der evangelischen Kirche verwehrt, im Gottesdienst vor den Irrlehren der heutigen Zeit zu warnen. Wir erheben aufs schärfste dagegen Einspruch, dass der Staat in dieser Weise in die Verkündigung der christlichen Kirche eingreift. Die Kirche hat den Auftrag, unter allen Umständen die Herrschaft ihres Herren und Heilandes Jesu Christi zu bezeugen.

Wir erklären, gebunden an Gottes Wort, voll und ganz hinter dem Aufruf der Bekenntnissynode der Evangelischen Kirche der altpreußischen Union zu stehen. Durch diesen wird in keiner Weise Partei und Staat angegriffen.

Die volle Berechtigung zu diesem Abwehrkampf zeigt das Auftreten Professor Hauers in öffentlichen Versammlungen.

Wir weisen die staatlichen Stellen darauf hin, dass durch diese Massnahmen in der Passionszeit und der Zeit der Konfirmationen grösste Unruhe in das Kirchenvolk getragen wird und damit die Volkseinheit aufs schwerste geschädigt wird.

Heil Hitler!
Der Bruderrat der Bekenntnisgemeinde
Luther-Spandau.
i. V. Walter Friedrich

XXII.) Die Kirchenältesten der Gruppe „Evangelium und Kirche" in der Lutherkirchengemeinde Spandau, An das Evangelische Konsistorium der Mark Brandenburg, Berlin Spandau, den 17. April 1935, Streitstr. 69.

Die Kirchenältesten der Gruppe „Deutsche Christen" in der Lutherkirchengemeinde – Spandau haben unter Punkt 1 a) der Tagesordnung des Gemeindekirchenrates vom 2. April 1935 folgen Beschluss gefasst:

> „Um eine restlose Befriedung des Kirchenbezirks Wichern in die Wege zu leiten ist
>
> a.) beim Konsistorium der Mark Brandenburg und E.O.K. die Versetzung von Pfarrer Bunke in eine Pfarrerstelle ausserhalb Spandaus zu beantragen."

Wir rügen zunächst, dass dieser Beschluss überhaupt ordnungsmässig zustande gekommen ist. Der Leiter der Versammlung, Herr Pfarrer Schmidt, hat vor der Abstimmung die Versammlung verlassen, wie offensichtlich aus dem Wortlaut des Protokolls, „die Anträge werden in Abwesenheit von Herrn Pfr. Schmidt einstimmig angenommen", hervorgeht.

Darüber hinaus lehnen wir diesen einseitig gefassten Beschluss aufs Schärfste ab, da er nicht zur Befriedung der Gemeinde, sondern zur Verschärfung der Gegensätze in einer Weise beiträgt, deren Folgen nicht abzusehen sind. Nicht genug damit, dass durch die Verfügung des Konsistoriums K II 3050 vom 4.4.34 Herr Pfarrer Bunke in einen anderen Pfarrbezirk versetzt wurde, wird nunmehr die Versetzung in eine Gemeinde ausserhalb Spandaus beantragt. Nachdem wir bereits gegen die Verfügung vom 4.4.34 protestiert haben (s. beiliegendes Schreiben vom 10.4.34), da sie in völliger Verkennung der tatsächlichen Verhältnisse einem einseitigen Machtanspruch Rechnung trägt, können wir auch jetzt nur aufs entschiedenste davor warnen, diesen Antrag durch eine Verfügung zu genehmigen.

Die vom Konsistorium an die Versetzung des Herrn Pfarrer Bunke geknüpfte Erwartung auf Befriedung der Gemeinde hat sich in keiner Weise erfüllt, vielmehr ist durch die völlig einseitige Beherrschung der kirchlichen Verwaltung von der Gruppe der „Deutschen Christen" dauernder Unfriede und Rückgang des kirchlichen Lebens in allen seinen Zweigen eingetreten. Als Beweis hierfür verweisen wir auf die dem Evangelischen Oberkirchenrat und dem Konsistorium bekannten Vorgänge bei der Konfirmation in der Wichernkapelle am 31. März 1935 (s. Anlage).

Ferner gestaltet sich das kirchliche Leben im Bezirk Wichern vor und nach der Versetzung von Herrn Pfarrer Bunke wie folgt:

	Vor der Versetzung Pfarrer Bunkes	Nach der Versetzung Pfarrer Bunkes	
Gottesdienst	200-300	40-60	Besucher
Kollekte	12-20	2-7	Reichsmark
Kindergottesdienst	140	30-50	Kinder
Frauenhilfe	450	320	Mitglieder
Bibelstunde	70 (wöchentlich)	25 (14 tägig)	Besucher
Kirchenchor	25	0	Mitglieder

Eine wirkliche Befriedung ist nur dann möglich, wenn das begangene Unrecht wieder gut gemacht und Herr Pfarrer Bunke in die Wicherngemeinde zurückversetzt wird. Da wir annehmen, dass dem Konsistorium an einer wirklichen Befriedung gelegen ist, beantragen wir die Rückversetzung des Herrn Pfarrer Bunke in den Bezirk Wichern der Lutherkirchgemeinde – Spandau.

Heil Hitler!

XXIII.) Der Kreisbruderrat der Bekennenden Gemeinde Spandaus Albertz, Bunke, Friedrich, Herrmann, Lossau, An alle Glieder unserer Spandauer Bekenntnisgemeinden, Berlin-Spandau, am 23. Mai 1935.

An alle Glieder unserer
Spandauer Bekenntnisgemeinden

richten wir ein herzliches Wort des Grusses und der Mahnung. Wir stehen in einem heissen Ringen um die Botschaft und die Gestalt unserer Deutschen Evangelischen Kirche.

Es ist unser grösstes Anliegen, dass sich unsere Kirche in ihrem Leben und Handeln allein vom Wort Gottes her, nach dem Verständnis der Reformation, bestimmen lässt.

Wir wissen, wieviel Kräfte des Segens aus unserer evangelischen Kirche in vier Jahrhunderten in unser Volk hineingeströmt sind, und es ist unsere Bitte zu Gott, dass er unsere Deutsche Evangelische Kirche auch in der Gegenwart zu solchem Dienst an Volk und Vaterland gebrauchen wolle.

Wir wissen aber auch, und erfahren es täglich, wieviel Unverständnis, Verleumdung und Widerstand unserem kirchlichen Wollen begegnet, darum gilt es gerade jetzt für uns alle, die wir uns zur Bekennenden Gemeinde zählen und uns durch unsere Unterschrift an sie gebunden haben, zu bewahren, dass es kein falsches Feuer ist, das in unseren Herzen brennt, sondern dass es uns um nichts anderes geht, als unserer Kirche die reine und unverfälschte Verkündigung zu erhalten.

Wir wissen, dass wir keine politische Reaktion sind, aber wir wollen jeder an seinem Teil auch darauf bedacht sein, alles zu vermeiden, was uns in ein falsches Licht stellen könnte. Wir wollen alle mithelfen an dem Neubau unseres Volkes. Wem dieser Wille fehlte, hätte kein Recht in unseren Reihen.

Wir wissen, dass wir auch keine kirchliche Reaktion sind, denn wir wollen nicht zurück zur alten Kirche, wir kennen ihre Mängel und Fehler gut genug. Wir wollen vielmehr eine junge Kirche, die getragen wird von lebendigen Gemeinden, deren Glieder ihr evangelisches Christentum mit Wort und Werk zu beweisen gewillt sind.

Wir danken Gott, dass er uns durch die Not des kirchlichen Kampfes das Werden solcher lebendigen Gemeinden geschenkt hat. Aber es ist nun auch unsere heilige Pflicht, das wir das gute Werk, das Gottes Geist in unserer Mitte begonnen hat, nicht unvollendet liegen lassen, sondern dass wir mit allem Ernst danach streben, uns zu wahrhaft lebendigen Gemeinden zu erbauen und erbauen zu lassen.

Dazu gehört, dass wir täglich mit Gottes Wort umgehen, an der Hand unserer im Sonntagsbrief abgedruckten Bibellesetafel, dass wir täglich für unsere Gemeinde und Kirche Fürbitte üben, dass wir sonntäglich am Gottesdienst der Bekennenden Gemeinde teilnehmen und darüber hinaus die Gemeinschaft untereinander und unter dem Wort Gottes suchen und pflegen. Nur wenn jeder einzelne von uns diese Pflichten ganz ernst nimmt und sich seiner durch die Unterschrift unter die rote Karte übernommenen Verantwortung ganz bewusst ist, ist er wirklich ein Glied der Bekennenden Gemeinde. Denn die Bekennende Kirche kann die Verantwortung, die sie selbst für unser Volk vor Gott trägt, nur erfüllen, wenn alle ihre Gemeinden von heiligem Eifer für Gottes Reich brennen.

Wir stehen als evangelische Christen in der Freiheit der Kinder Gottes, aber diese Freiheit befreit uns nicht vom Dienst, sondern ruft auf zum Dienst. Es ist uns ein ernstes Anliegen, dass wir Glieder der Bekennenden Kirche in solcher Einmütigkeit zusammenstehen.

Darum richten wir dies Wort der brüderlichen Mahnung an alle unsere Bekenntnisgemeindeglieder mit der Bitte, es vor Gott zu prüfen und, soweit es nottut, zu beherzigen.

„Lasset uns aber rechtschaffen sein in der Liebe und wachsen in allen Stücken an dem, der das Haupt ist, Christus.“

Berlin-Spandau, am 23. Mai 1935.

Der Kreisbruderrat
der Bekennenden Gemeinden Spandaus.

Albertz, Bunke, Friedrich, Herrmann, Lossau.

XXIV.) Deutsche Christen Gau Gross-Berlin Gemeindegruppe Luther-Wichern, An unsere Mitglieder! Eine große und heilige Sache ist in Gefahr! Aber sie muss durch!, Spandau Fichtenweg 90, 10. Mai 1936 (Abschrift).

<u>An unsere Mitglieder!</u>
Eine grosse heilige Sache ist in Gefahr!
<u>Aber sie muss durch!</u>

Wir Nationalsozialisten in der Kirche wissen, dass in den nächsten Wochen und Monaten alle Dinge dem einen grossen Ziel unterzuordnen sind, dass die Erwartungen der nächsten Zeit nicht zuschandem werden. Darum müssen wir, die wir mit heissem Herzen den Sieg unsere deutsch-christlichen Sache ersehnen, solange Gewehr bei Fuss stehen, wie die Lage es erfordert. Das hat Reichsminister Kerrl von uns verlangt – und wir gehorchen! Disziplin ist erste nationalsozialistische Tugend. Die andern von der Bekenntnisfront kennen diese Hemmungen nicht – ihnen ist nicht das Volk das Erste – ihnen gehts nicht um Staat und Reich – ihnen ist die Machtherrschaft der Kirche die Hauptsache. Und ihre Schlagworte „Kirche muss Kirche bleiben", „Recht ist, was der Kirche nützt" haben nichts zu tun mit dem Dienstwillen, der für uns spricht aus dem Wort „Alles für Deutschland – Deutschland für Christus!" Darum aber auch können diese Leute hemmungslos Dinge tun, denen wir als Nationalsozialisten im Rahmen des grossen Geschehens nur mit ernster Sorge entgegenstehen können. Die aussenpolitische Hetze der Bekenntnisfront ist in unserer Presse genügend gekennzeichnet worden – ebenso der Brief der Bekenntnisbischöfe zur Wahl, der unheimliche Aehnlichkeit aufweist mit dem Hirtenbrief der kathol. Kirche aus Anlass der Wahl – nun holen sie aus zum letzten Schlag!

Allüberall in Deutschland werden in den nächsten Tagen die Bekenntnispfarrer wieder rege werden.

Oertlich wird sich das so auswirken, dass Herr Albertz wieder erscheint und für uns hier draussen: dass die Wicherngemeinde selbstständig gemacht wird unter Pfarrer **Bunke**!

Wir begrüssen, dass es endlich zur Entscheidung kommt. Klare Fronten sind immer gut. Wir haben es nicht unterlassen, auf legale Weise Einspruch gegen die Wiedereinsetzung Bunkes zu erheben. Wir geben uns dabei keiner trügerischen Hoffnung hin! Wir wissen eins:

für uns Deutsche Christen, die wir all die Punkte unterschreiben, die unser Gauobmann Pfr. Tausch in der überfüllten Clou-Kundgebung festlegte – Volkskirche und nicht Pfaffenkirche + Arierpragraph in der Kirche + Abschaffung aller jüdischen Form + positive Bindung an die nationalsozialistische Weltanschauung – **für uns** kommt keine Zusammenarbeit mit einem Bekenntnispfarrer infrage, der all diese für unser Volk lebenswichtigen Fragen verneint!

Wir bleiben mit unserem D. C. Pfarrer Pg. Rehse verbunden – über das Wie sagen wir hier nichts, sondern lassen Taten reden!

Wir – die Gemeindegruppe und unser Pfarrer – werden unsere Pflicht tun, wie unser Amt und unsere nationalsozialistische Verantwortung für die uns anvertrauten Menschen es von uns verlangen!

NUN TUT AUCH IHR EURE PFLICHT!

Ihr findet beiliegend Rundschreiben der Reichsleitung, die gestern hier eingingen. **Lest sie genau, dann seht Ihr, was eure Pflicht ist.**

Nur eine starke nationalsozialistische Bewegung konnte das Staatsruder ergreifen – nur eine starke deutschchristliche Bewegung kann die Staatsfeinde in der Kirche aus dem Sattel heben!

Es ist aus mit dem „Sympathisierenden" – es **muss** aus sein mit dem „Auch Deutscher Christ" sein! **Werdet Kämpfer!**

Wir haben uns bisher damit begnügt, dass jede Familie nur durch den Hausherrn Mitglied bei uns war. Wir hielten das für sauberer – wir wollten nicht mit Zahlen protzen. Die Bekenntnisfront hingegen hat in ihrem Zahlenaufgebot alle Familienmitglieder erfasst. Nun, das können wir auch.

Bis zum 20. Mai meldet jede DC.-Familie ihre sämtlichen konfirmierten Familienglieder als Mitglieder der Deutschen Christen bei uns an. Die Beitragsfrage ist, wie ersichtlich, kein Hinderungsgrund mehr.

Darüber hinaus bringt jedes Mitglied bis zum 25. Mai mindestens ein neues Mitglied einschließlich dessen konfirmierte Angehörigen.

Alle Euch irgendwie besser zur Werbung durch uns geeignet scheinenden Pg. und andere aus Eurem grossen Bekannten- oder Berufskreise (auch aus anderen Gemeinden) gebt uns mit Anschrift an.

Bis zum 25. Mai 1936 **muss** sich unsere Mitgliederzahl so erhöht haben, dass der Wille der Gemeinde aus dieser Zahl spricht und geltend gemacht werden kann.

Werbeblätter sind in grosser Zahl vorhanden und sofort beim Unterzeichneten, bei Günter, Eschenweg 48 und Wegner, Tannenweg 62 anzufordern.

Ich sehe im Augenblick von einer allgemeinen Mitgliederversammlung ab – wir beraten im Kreise der Verantwortlichen alles Erforderliche – ich bin aber in persönlicher Unterredung zu jeder gewünschten Aussprache breit.

Vertraut auf unseren nationalsozialistischen Kämpferwillen. Wir lassen nicht nach! Nun erst recht nicht!

Lasst aber auch **ihr diese Sache nicht im Stich** – tut keine übereilten Schritte – besprecht alles mit mir oder Eurem Pfarrer – arbeitet, indem ihr werbt!

Und wir stellen auch diesen Kampf unter unseres Gottes Schutz und Sagen mit dem Worte Adolf Hitlers:

Herr, wir lassen nicht von Dir! Nun segne unseren Kampf um unsere Freiheit und damit unser deutsches Volk und Vaterland.

Heil Hitler!

gez. Adolf Otto. Gruppenobmann

Sonntag, den 7. Juni freihalten

XXV.) Deutsche Christen Gau Gross-Berlin Gemeindegruppe Luther-Wichern, An unsere Mitglieder, Spandau Fichtenweg 90, 10. Mai 1936 (Abschrift).

An unsere Mitglieder!

Durch Euch wenden wir uns an die Gemeinde!

<u>Wir rufen die Eltern der Konfirmanden unseres Pfarrer Rehse</u>
<u>zum Einsatz für die grosse heilige Sache!</u>

Liebe Eltern! Ihr habt Euer Bestes, die Seelen Eurer Kinder, einem deutsch-christlichen Pfarrer anvertraut.

Ihr habt durch Eure Kinder unseren Pfarrer Pg. Rehse kennen und schätzen gelernt.

Ihr habt damit aber auch kennen gelernt, was Deutschchristentum ist – im Gegensatz zum internationalen Muckertum der Bekenntnisfront: die frohe Botschaft unseres Heilandes positiv verbunden mit der nationalsozialistischen Weltanschauung.

Wollt Ihr, dass die Bewegung, die Trägerin dieses deutsch-christlichen Gedankens ist, zum Sieg kommt – dass sie nicht den Staatsfeinden in der Kirche zum Opfer fällt –

wollt Ihr, dass Pfarrer Rehse und nicht der Bekenntnispfarrer Bunke Gemeindepfarrer der Wicherngemeinde wird,

so gebt uns mit Eurer Unterschrift unter beiliegenden Aufruf die Möglichkeit, durch Kampf zum Sieg zu kommen!

Denke keiner: auf mich kommts nicht an.

Jeder ist verantwortlich!   DU bist mitverantwortlich!
Jeder ist wichtig!   DU bist wichtig!

Darum werde mit allen konfirmierten Gliedern Deiner Familie Glied der Reichsbewegung Deutsche Christen

Heil Hitler!

gez. Adolf Otto, Gruppenobmann

Meldung möglichst bis 25. Mai

XXVI.) Der Bruderrat der Bekenntnisgemeinde Luther, an das Evangelische Konsistorium zu Hd. Herrn Präsidenten Rapmund, Spandau 27. Mai 1936.

Hierdurch bitten wir das Evangelische Konsistorium, die Rückversetzung des Herrn Pfarrer Bunke nach Hakenfelde aufs äusserste beschleunigen zu wollen, da die wirkliche Befriedung der Gemeinde durch den Deutschen Christen Pfarrer Rehse aufs schärfste gefährdet wird.

Herr Pfarrer Rehse hat nach Empfang der Verfügung des Evangelischen Konsistoriums vom 23.4.36 K II 3909, dass Herr Pfarrer Bunke am Sonntag, den 24. Mai 36 den Gottesdienst in der Wichernkapelle zu halten hat, in einer Sitzung am Sonnabend abend vorher seine Gemeinde aufgefordert, am Sonntag, den 24.5. möglichst früh in der Kapelle zu sein und die Plätze zu besetzen, damit die Gemeinde von Herrn Pfarrer Bunke das Gotteshaus besetzt findet und daher umkehren muss. Ausserdem hat Herr Pfarrer Rehse aufgefordert, dass seine Anhänger unter Prostest die Kirche verlassen sollen. Dieser Protest der Deutschen Christen äusserte sich dann in arger Beschimpfung der zurückbleibenden Bekenntnisgemeindemitglieder. Worte wie „gemeine Bande, Kommunisten, Staatsfeinde," seien nur als ganz kleiner Teilausschnitt genannt. Die Bekenntnisgemeinde musste auch diese hässlichen Beschimpfungen über sich ergehen lassen, da sie sich der Würde des Gotteshauses wohl bewusst war.

Wir möchten damit zeigen, wodurch die Befriedung immer wieder hintertrieben wird. Denn durch solches Verhalten der Deutschen Christen wird ja auf unserer Seite der Wille zum Frieden und zur Versöhnung nicht gestärkt, sondern vielmehr werden die Gemeindeglieder so gereizt, dass schwerste Konflikte auf die Dauer kaum zu vermeiden sind. Wo bleibt da der von den Deutschen Christen immer wieder geforderte Gehorsam gegen die Kirchenausschüsse und die vorgesetzte Behörde?

Nach diesen Vorgängen erwartet die Gemeinde von Ihnen, dass Sie die Ihnen vom Prov.-Kirchenausschuss am 7.5.36 gegebene Empfehlung, Herrn Pfarrer Bunke mit sofortiger Wirkung den Pfarrbezirk Hakenfelde zu übertragen, durch eine entsprechende Verfügung sofort in die Tat umsetzen.

XXVII.) Pfarrer Bunke, an Herrn Pfarrer Martin Niemöller Berlin-Dahlem, Spandau 25. Mai 1936.

Lieber Bruder Niemöller,

die von dem Provinzial-Kirchenausschuss beschlossene Wiederaufhebung meiner Zwangsversetzung innerhalb Spandaus hat noch einmal bei den Deutschen Christen meiner alten Hakenfelder Gemeinde alle Leidenschaften entfesselt. Am Sonntag, den 17.5. hat der D. C. Amtsbruder Rehse mir eine tätliche Bedrohung übermitteln lassen. Der Gruppenobmann der Deutschen Christen hat am 10. Mai ein Flugblatt in die Gemeinde gehen lassen, in welchem ich zu den Staatsfeinden in der Kirche gezählt werde. Am gestrigen Sonntag war die Wichernkapelle zunächst von etwa 100 Deutschen Christen besetzt, die das Gotteshaus um 10 Uhr unter Protest verliessen als ich kam um den Gottesdienst zu halten. Auch bei dieser Gelegenheit fielen die Worte: „Das sind Staatsfeinde."

Ich bin nun der Meinung, dass gegen diese fortgesetzten Beleidigungen und Verleumdungen in diesem Fall einmal gerichtlich vorgegangen werden muss. Ich habe mit Herrn Superintendent Albertz darüber gesprochen und er lässt Sie ebenfalls durch mich bitten, dass doch der Pfarrernotbund diese Klage für mich übernehmen möchte.

Der Gauobmann Adolf Otto ist Inhaber des goldenen Parteiabzeichens, alter Deutschkirchler und trägt für die Verhetzung der Gemeinde und die Schärfe des Kirchenkampfes bei uns in Spandau-Luther wesentlich die Verantwortung. Er hat schon einmal vom Generalstaatsanwalt eine Verwarnung erhalten, da er mich beim Einsammeln einer Kollekte benötigt und bedroht hat. Da ich alter Frontsoldat und Offizier bin und dem Reichskriegsbund Kyffhäuser angehöre und bis zur Auflösung der S. A. Res. II angehörte, ist die Beleidigung, die in den Worten „Staatsfeinde in der Kirche" liegt, für mich um so grösser. Eine Verurteilung von Otto würde mir und jedenfalls auch zur Befriedung der Gemeinde und zu ihrem Neuaufbau einen grossen Dienst tun. Die entsprechenden Unterlagen füge ich als Material bei.

In dem ich Ihrer baldigen Antwort entgegen sehe,
bin ich in amtsbrüderlicher Verbundenheit,
Ihr treu ergebener

(Hermann Bunke)

XXVIII.) Der Bruderrat der Bekenntnisgemeinde Luther (Bezirk Wichern), Die evangelischen Gemeindeglieder, Spandau 25. Juni 1936.

Die evangelischen Gemeindeglieder

des Ortsteils Hakenfelde bitten wir um ihre Mithilfe zur Überwindung der in der Gemeinde umlaufenden Gerüchte und Unwahrheiten, durch die nicht nur die kirchliche Gemeinschaft zerstört, sondern auch die Volksgemeinschaft gefährdet wird.

Es wird behauptet:
1. Herr Pfarrer Rehse soll durch Herrn Pfarrer Bunke aus Hakenfelde verdrängt werden.

Die Wahrheit ist:
Herr Pfarrer Bunke, dessen Tätigkeit der Bau der Wichernkapelle zu verdanken ist, ist nach 7-jähriger Arbeit in Hakenfelde auf Bertreiben der Deutschen Christen wegen seiner bekenntnistreuen Haltung im Juni 1934 rechtswidrig zwangsversetzt worden. Dies Unrecht soll endlich wieder gutgemacht werden. Der von Herrn Reichsminister Kerrl zur Befriedung der Kirche eingesetzte Provinzial-Kirchenausschuß hat am 7.5.1936 P. R. U. 1353 folgenden Beschluß gefaßt:

> „Ferner bitten wir, die Evangelischen des Ortsteils Hakenfelde der Lutherkirchengemeinde in Berlin-Spandau aus dieser Kirchengemeinde auszupfarren und zu einer selbstständigen Kirchengemeinde zusammenzufassen und die mit Pfarrer Bunke besetzte Pfarrstelle der Lutherkirchengemeinde auf die neue Gemeinde zu übertragen.
> gez. Zimmermann."

Das evangelische Konsistorium hat die sofortige Durchführung dieses Beschlusses zugesagt.

Es wird behauptet:

2. Herr Pfarrer Rehse hat den größten Teil der Gemeinde hinter sich.

Die Wahrheit ist:

Der Besuch der von Pfarrer Rehse gehaltenen Gottesdienste und Kindergottesdienste in den 1½ Jahren seines Hierseins wie auch der Ertrag der Kollekten ist so gering gewesen wie nie zuvor.

Es wird behauptet:

3. Bei den Gottesdiensten des Herrn Pfarrer Bunke in der Wichernkapelle findet sich alles zusammen, was in Spandau zur Opposition gegen die Deutschen Christen gehört.

Die Wahrheit ist:

Das Kommandieren zum Kirchgang gehört von Anfang zu den Methoden der Deutschen Christen. Es wird von uns als unchristlich abgelehnt. Einige Gäste aus den anderen Gemeinden hat es in der Wichernkapelle auch vor dem Kirchenkampf schon immer gegeben. Die große Gemeinde, die bei jedem Gottesdienst von Herrn Pfarrer Bunke die Kirche füllt, wohnt in Hakenfelde und trägt das Gemeindeleben.

Es wird behauptet:

4. Die Bekenntnisgemeinde nennt die Deutschen Christen Heiden und Ketzer.

Die Wahrheit ist:

Das haben wir noch nie getan.

Es wird behauptet:

5. Die Bekenntnisgemeinde nennt die Deutschen Christen Irrlehrer.

Die Wahrheit ist:

Die in den verschiedenen Richtlinien und Leitsätzen der Deutschen Christen vertretene Lehre ist eine Irrlehre. Das ist keine Beleidigung, sondern, die Feststellung einer tief schmerzlichen Tatsache. Diese Tatsache hat auch der Reichskirchenausschuß gegenüber dem entmächtigten Reichsbischof Ludwig Müller festgestellt. Herr Ludwig Müller aber ist von den Deutschen Christen als Reichsbischof herausgestellt worden. Im übrigen ist es Recht und

Pflicht jeder echten evangelischen Gemeinde, Lehre und Irrlehre zu beurteilen und zu scheiden. Wir wissen, daß die einzelnen Deutschen Christen trotz des Führerprinzips ihrer Bewegung in ihrer Glaubenshaltung sehr verschieden sind. Wir aber haben es mit den Deutschen Christen in unserer Gemeinde zu tun. Diese behaupten in ihren Werbeblättern, daß sie für die volle Christusbotschaft eintreten. In dem Entwurf zu einer Eingabe an den Provinzial-Kirchenausschuß, der dem Gemeindekirchenrat der Luthergemeinde in seiner Sitzung am 29.1.36 vorlag, aber sagen sie: „Wir müssen auch ganz klar und sachlich feststellen, daß nur durch die Person Pfarrer Rehses der Zusammenhalt des Pfarrerbezirks möglich ist und daß bei seiner eventuellen Abberufung ein großer Teil unserer Gemeindeglieder ohne weiteres zur Deutschen Glaubensfront abwandern würde, vielleicht sogar der größte Teil." Gegen diese Heuchelei und Unwahrhaftigkeit wenden wir uns. Wir können es nicht vor Gott verantworten, daß Männer, die mit ihrem Herzen zur Deutschen Glaubensbewegung neigen, die Führung einer christlichen Gemeinde beanspruchen. Wir können suchenden und ringenden Menschen in unserer Gemeinde gern ein Heimatrecht gewähren, aber wir wollen eine Führung der Gemeinde, die fest zum biblischen Evangelium steht.

Es wird behauptet:

6. Die Mitglieder der Bekenntnisgemeinde sind die Staatsfeinde in der Kirche.

Die Wahrheit ist:

Wer das behauptet, ohne es beweisen zu können, ist ein elender, feiger Verleumder. Zur Bekennenden Kirche Deutschlands gehören viele Parteigenossen, auch solche mit goldenem Parteiabzeichen. Unzählige andere haben schon als Frontsoldaten, später als Wähler und jetzt als Mitglieder der Nebenorganisationen der NSDAP durch ihre Opfer stets ihre Staatstreue und Vaterlandsliebe bewiesen. Sollen alle diese Volksgenossen wirklich Staatsfeinde sein?

Der Führer hat jedem Deutschen Gewissensfreiheit zugebilligt. Es ist die böse Tat der Deutschen Christen, die den Kirchenkampf heraufbeschwor, daß sie politische Ziele in die Kirche hineintrugen und politische Methoden in der Kirche anwandten. Die Deutschen Christen zerstören den Frieden in unserer Gemeinde, indem sie jeden, der sie aus Glaubensgründen ablehnt, als Staatsfeind diffamieren. Das hat auch der Gruppenobmann der Deutschen Christen, Pg. Adolf Otto, in einem Flugblatt gegenüber unserem Pfarrer Bunke getan, der bis zu ihrer Auflösung der SA-Reserve II angehörte, der Frontkämpfer und Mitglied des Kyffhäuserbundes ist.

Herr Pfarrer Bunke hat gegen diese Beleidigung den Weg der Privatklage beschritten. Wir werden die Gemeinde über deren Ausgang unterrichten.

Wir begnügen uns mit diesen Richtigstellungen. Wir hoffen, sie werden bei jedem, der erst prüft, eher er urteilt oder etwas weitersagt, ihre Wirkung nicht verfehlen. Es geht uns um die Wiederherstellung des Friedens in der Gemeinde. Dieser wird erst eintreten, wenn das Unrecht wieder gutgemacht, wenn die Wahrheit zum Siege gelangt ist. Jeder, der uns dabei helfen will, ist uns in der Bekenntnisgemeinde herzlich willkommen.

Herr Pfarrer Bunke, unser rechtmäßiger Gemeindepfarrer, steht allen Gemeindemitgliedern auf Wunsch als Seelsorger und bei Amtshandlungen zur Verfügung. Seine Wohnung ist jetzt Schönwalder Straße 95-97. Sprechstunden: Montags, Dienstags, Donnerstags, Freitags von 9-10 Uhr. Tel.: C7 2254. Er hält alle 14 Tage in der Wichernkapelle Gottesdienst und Taufe ab.

Der Bruderrat der Bekenntnisgemeinde Luther
(Bezirk Wichern)

Walter Friedrich,   Arthur Hähnel,
Streitstraße 69.   Wansorfer Steig 16.

Wilhelm Meyer,   Karl Kaiser,
Würtembergstraße 32. Wansdorfer Steig 16.

XXIX.) Walter Friedrich, Bericht über die Vorgänge in der Wichernkapelle am 5.8.1936.

Bericht über die Vorgänge in der Wichernkapelle
am 5.8.1936.

Am 5.8.1936 abends 20 Uhr fand in der Wichernkapelle eine öffentliche Gemeindeversammlung statt, zwecks Anhörung des Entwurfs über die Abzweigung und Neugründung einer Kirchengemeinde in Hakenfelde. Die Kapelle war von etwa 300 Gemeindemitgliedern dicht gefüllt, die etwa zu gleichen Teilen aus Gliedern der Bekenntnisgemeinde und Deutschen Christen bestanden. Ausserdem waren auch zahlreiche Aussenstehende erschienen.

Herr Pfarrer Schmidt, der die Versammlung leitete, erbat sich als Beisitzer den Deutschen Christen und Kirchenältesten Herrn Wegener[i], ausserdem nahm Pfarrer Rehse an dem Sitzungstisch Platz. Pfarrer Schmidt unterliess es, Herrn Pfarrer Bunke und den Kirchenältesten Herrn Friedrich von der Bekenntnisgemeinde in gleicher Weise heran zu ziehen. Pfarrer Schmidt eröffnete dann die Versammlung und sprach seine grosse Freude aus über die zahlreiche Beteiligung und über das rege Interesse, das der Sache entgegengebracht würde. Er ging bei der Behandlung der ganzen Angelegenheit von falschen Tatsachen aus, denn er wusste, dass sich zwei Gemeindeteile in schärfstem Gegensatz befanden. Das konnte er auch daraus ersehen, dass ein Fräulein Kerner sich sofort zu Wort meldete „Wir wollen wissen, wen wir als Pfarrer kriegen. Das ist der Knalleffekt."

Herr Pfarrer Schmidt, verlas zunächst den Entwurf der Gründungsurkunde und die sich darauf beziehenden Paragraphen des Kirchenrechts. Dann gab er einen Bericht über die Entwicklung

---

[i] Hier gemeint ist wohl Walter Wegner.

der Hakenfelder Gemeinde. Er betonte, dass sie ihren Anfang genommen habe von der Tätigkeit des früheren Pfarrers Schläger, der die ersten Vereine gründete. Die fast 10-jährige Tätigkeit von Pfarrer Bunke verschwieg er vollständig. Er streifte nur kurz die kirchlichen Kämpfe und betonte, dass schon 1932 die Körperschaften einstimmig die Abtrennung des Bezirks Hakenfelde von der Lutherkirchgemeinde beschlossen hätten. Pfarrer Schmidt sagte zwar, dass nach dem alten Protokollbuch Pfarrer Bunke der Inhaber der 4. Pfarrstelle sei. Er betonte dann aber, dass die Pfarrbezirke sehr oft umbenannt worden seien, sodass bei den Zuhörern der Eindruck entstehen konnte, dass die Uebertragung der neuen Hakenfelder Gemeinde an Pfarrer Bunke noch nicht feststeht.

Herr Pfarrer Schmidt betonte zuletzt noch einmal, dass dieser Entwurf der Gemeinde zur Anhörung vorgelegt sei, und dass die Gemeinde Beschlüsse darüber nicht fassen könnte.

Auf einen Zwischenruf von Frau Otto, dass auch die Gemeinde etwas zu sagen hätte, gab Pfarrer Schmidt die Möglichkeit der Aussprache frei. Daraufhin nahm zuerst der Deutsche Christ und Kirchenälteste und frühere Gruppenobmann der Deutschen Christen das Wort.

Herr Otto stellte fest, dass Herr Pfarrer Bunke 1926 in den 4. Pfarrbezirk gewählt worden sei, den er z. Zt. wieder verwalte; während Pfarrer Rehse in den Wichernbezirk gewählt und berufen worden sei.

Pfarrer Bunke meldet sich nun zum Wort. Als er durch die Kapelle zum Sitzungstisch geht, wird ihm zugerufen: „Sie haben hier gar nichts zu reden. Sie wohnen ja garnicht in der Gemeinde." – Pfarrer Bunke sagt dann, dass er Klarheit darüber schaffen wolle, wer der in dem Entwurf gemeinte, derzeitige Inhaber der 4. Pfarrstelle ist. Er verliest zu diesem Zweck seine Berufungsurkunde. Als er verliest, dass er verpflichtet ist, die Gemeinde im Worte Gottes Alten- und Neuen Testamentes zu unterrichten, kommen Zwischenrufe:

„Und Talmud." Wir wollen keine Judenkirche, keinen Judenpfarrer. Wir brauchen nicht Pfarrer und Bibel. Wir haben den Führer und „Mein Kampf".

Als Pfarrer Bunke verliest, dass er verpflichtet ist, des Vaterlands bestes zu fördern, setzt schallendes Gelächter ein.

Daraufhin meldete sich Herr Pfarrer Rehse zum Wort. Er zeigte seine Berufungsurkunde vor und sagte in zynischen und gedehnten Ton: „Und ich habe hier vom hochwohllöblichen Konsistorium auch eine Berufungsurkunde bekommen." Diese Worte entfesselten ein lautes, widerliches Gelächter.

Empört sprang jetzt Herr Seifert (Postbeamter) auf und rief ihm zu: „So spricht kein Beamter von seiner Behörde."

Pfarrer Rehse gab dann eine längere Darstellung darüber, wie er nach Spandau-Hakenfelde gekommen ist. Er gab dabei auch zu, dass er Familie Otto schon vorher gekannt hätte. Seine Darstellung enthielt ganz bestimmte Lücken. Er betonte noch einmal, dass er in seiner Berufungsurkunde in den Bezirk mit der Wichernkapelle berufen sei und dass er sich jetzt betrogen fühle.

Herr Friedrich (Kirchenältester) verlangt die Unterschriften der Berufungsurkunde von Pfarrer Rehse zu hören. Diese sind von der Gemeinde: Herr Pfarrer Schmidt, Herr Otto und Krisp (alles Deutsche Christen) und von der Behörde: Probst Eckert.

Es kam jetzt der Zwischenruf: „Die Berufungsurkunde von Pfarrer Bunke ist veraltet. Die von Pfarrer Rehse ist die richtige, denn die ist aus dem 3. Reich."

Als sich Pfarrer Bunke zum 2. Male zum Wort meldete, erschollen von allen Seiten wüste Zwischenrufe, „Sie sind ja ein Staatsfeind; Sie haben die Fahne nicht gegrüßt – mit der Hitlereiche hats angefangen – und er ist ja auch mit der Kollekte durchgebrannt." Diese Ausrufe wurden von den Deutschen Christen mit lautem Johlen begleitet.

Pfarrer Bunke wandte sich an Pfarrer Schmidt mit der Bitte, ihn gegen diese Beleidigungen und Verleumdungen in Schutz zu nehmen. – Pfarrer Schmidt versucht die Gemeinde zu beruhigen, nahm aber mit keinem Wort Pfarrer Bunke in Schutz.

Pfarrer Bunke nahm nun zum 2. Male das Wort. Er stellte fest, dass bisher noch nichts davon gesagt worden sei, dass seine Zwangsversetzung eine Folge Kirchenkampfes sei und in die Zeit der skrupellosen Gewaltherrschaft in der Kirche falle. Er wies daraufhin, dass seine Rückversetzung durch die Kirchenausschüsse vorgenommen werde, die ja von Minister Kerrl auf Veranlassung des Führers mit der Befriedung der Kirche beauftragt worden sei. – Pfarrer Bunke stellte fest, dass er immer völlig unpolitisch gewesen sei, und dass er es auch grundsätzlich nicht für richtig halte, dass ein Pfarrer einer politischen Partei angehöre. Er ging dann auf die Weihe der Hitlereiche ein und stellte fest, dass der deutsche Gruss damals noch nicht eingeführt gewesen sei, sondern Parteigruss gewesen ist. Es habe am 30.4.34 noch mehrere Parteien gegeben und daher habe er beim Heilruf auf den Führer, den Zylinder abgenommen. Hier erfolgte der Zwischenruf von Herrn Otto: „Das ist nicht wahr. Sie haben den Hut aufbehalten und das ist photographisch festgelegt." (eine inzwischen von den Deutschen Christen im Kasten ausgehängte Photographie zeigt Pfarrer Bunke beim Heilruf auf den Führer mit entblösstem Kopf.)

Pfarrer Bunke sagte, dass er Frontkämpfer gewesen ist. Darauf erfolgte der Zwischenruf „unter den Kommunisten sind auch Frontkämpfer gewesen." Pfarrer Bunke führte weiter aus, dass er seine ganze Kraft für die Gemeinde eingesetzt und auch den Bau der Kapelle herbeigeführt habe und sagte dann: „Ich habe mir alle Ihre Verleumdungen und Beschimpfungen angehört als Christ, der das Kreuz Jesu trägt. Er sagte abschliessend, die Behörde habe die Sache entschieden. Er werde in die Gemeinde zurückkehren und allen dienen; es sei denn, dass sie vorzögen, zur Deutschen Glaubensbewegung überzugehn, wie sie ja selbst gesagt haben. – Daraufhin erfolgten laute Zwischenrufe.

Frau Otto meldete sich noch einmal zum Wort und versuchte die Dinge so darzustellen, dass die Hakenfelder Gemeindevertreter Pfarrer Bunke im Jahr 1927 nur zum Pfarrer genommen hätten, weil ihnen nichts anderes übrig blieb. Sie bezog sich dabei auf ein Wort von Pfarrer Bunke, er habe einmal gesagt „Ich bin ja für sie nur das kleine Uebel."

Ferner sagte sie: „Wir wollen einen Seelsorger haben, der ganz bei uns steht und auch für den Führer einsteht."

An dieser Stelle rief das Mitglied der Bekenntnisgemeinde, Herr Hähnel (Stadtinspektor): „und das ist Herr Pfarrer Bunke." – Darauf setzte wieder lautes Gejohle der Deutschen Christen ein.

Ferner sagte Frau Otto: „Ich möchte Herrn Pfarrer Bunke daran erinnern, dass er einmal im Falle des Pfarrers Küster zu mir gesagt hat, er halte einen Pfarrer, der in einer Gemeinde bliebe, die ihn durchaus ablehne für ehrlos."

Herr Wegner behauptete dann, dass Pfarrer Bunke die Kapelle nicht gebaut habe, sondern dass dies schon in der Absicht des Herrn Pfarrers Schläger gelegen habe und dass schon damals Bausteine verkauft worden seien. Er sagte weiter, er habe selbst als erster dahin gewirkt, dass die Siemensstadtkapelle nach Hakenfelde käme. Pfarrer Bunke habe dann diesen Gedanken aufgegriffen. Für das, was er geleistet habe, sei er bezahlt worden.

Jetzt trat noch einmal Pfarrer Rehse vor. „Ich möchte noch ein letztes Wort sagen. Ich habe der Behörde gesagt, ich sei bereit das Opfer zu bringen und Hakenfelde und Spandau zu verlassen, wenn Herr Pfarrer Bunke das Gleiche täte. Ich fordere meinen Amtsbruder dazu auf."

Pfarrer Bunke gab keine Antwort.

Es erhielt jetzt Fräulein Hagen das Wort. Sie sagte, dass sie erst kurze Zeit in Spandau-Hakenfelde wohne, dass sie es sehr befremdet habe, dass eine kirchliche Versammlung im Gotteshaus so verlaufen könne; wenn von einer der beteiligten Seiten in einer solchen heftigen Weise gesprochen würde, so mache das auf sie den

Eindruck, als ob diese ihrer Sache nicht sicher sei. Sie kenne Pfarrer Bunke viele Jahre schon aus der Jugendbewegung und könne nicht verstehen, dass hier gegen ihn so vorgegangen würde. – Bei Nennung von Pfarrer Bunke setzten wieder laute Zwischenrufe ein.

Herr Pfarrer Schmidt verlas dann ein im Wortlaut schon festgelegtes Protokoll, wonach die Gemeinde dem Entwurf zustimmte. Es soll aber an die Behörde die Frage gerichtet werden, wer der derzeitigen Inhaber der 4. Pfarrstelle sei. Es wurde dann noch der Zusatz (Wichernbezirk) gemacht. Das Protokoll wurde von Pfarrer Schmidt und Herrn Wegner unterschrieben. Als Kirchenältester Friedrich zur Unterschrift aufgefordert wurde, lehnte dieser ab, mit der Begründung, dass er mit der Geschäftsführung von Pfarrer Schmidt nicht einverstanden gewesen sei.

Abschliessend muss festgestellt werden, dass sich die Glieder der Bekenntnisgemeinde grosse Zurückhaltung auferlegt haben. Als Pfarrer Rehse zu reden beginnen wollte und sich dabei auf den Sitzungstisch setzte und sich nach hinten zurücklehnte, wurde ihm von Herrn Friedrich zugerufen „ich würde mich noch auf den Altar setzen." Worauf Pfarrer Rehse ihm erwiderte: „das würden Sie tun." Das ganze Verhalten der Deutschen Christen im Gotteshaus hat bei den Gliedern der Bekenntnisgemeinde und vielen Anderen helle Empörung ausgelöst.

Der Bruderrat der Bekenntnisgemeinde
Spandau-Luther

i. V. Walter Friedrich
Vorsitzender u. Kirchenältester

XXX.) Walter Friedrich, an das Evangelische Konsistorium der Mark Brandenburg, Spandau 14.08.1936.

Hierdurch erheben wir Einspruch, gegen den in der Anlage beigefügten Beschluss des Gemeindekirchenrats der Lutherkirchengemeinde Spandau, vom Montag, dem 10.8.36, betreffend die Bewilligung der Prozesskosten für den Kirchenältesten Otto. Wir bitten, diesen Beschluss aufzuheben.

Der Kirchenälteste Adolf Otto hat in seiner Eigenschaft als Gruppenobmann der Deutschen Christen, in einem öffentlichen Flugblatt (s. Anlage) die Bekenntniskirche als internationales Muckertum und Herrn Pfarrer Bunke als Staatsfeind in der Kirche, bezeichnet. Wegen dieser Beleidigung hat Herr Pfarrer Bunke die Privatklage gegen Herrn Otto eingeleitet, um der unablässigen Diffamiererei seiner Person in der Oeffentlichkeit und der Untergrabung seines Ansehens als Pfarrer in der Gemeinde, endlich einmal ein Riegel vorzuschieben. Herr Otto hat dabei weder im Auftrag der Gemeinde, noch im Interesse der Kirche gehandelt. Es besteht also keine Berechtigung, dass ihm die Prozesskosten aus Kirchensteuermitteln bezahlt werden. Vielmehr hätte Herr Pfarrer Bunke auf Grund des Artikels 24, Abs. 2 ein Recht dazu, die finanzielle Hilfe der Gemeinde in Anspruch zu nehmen. Wir erwarten jedenfalls die Aufhebung jenes Beschlusses des Gemeindekirchenrates vom 10.8.

Der Bruderrat der Bekenntnisgemeinde Luther

i. V. Walter Friedrich.

XXXI.) Dr. von Arnim im Namen des Evangelischen Konsistoriums, an den Gemeindekirchenrat der Luther-Kirchengemeinde, Berlin 12.10.1936, an Kirchenältesten Walter Friedrich zur Kenntnis (beglaubigte Abschrift).

Von dem Kirchenältesten Walter Friedrich ist uns ein Beschluß des Gemeindekirchrats vom 10. August 1936 mitgeteilt worden, wonach dem Kirchenältesten Otto die ihm aus der Privatklage der Pfarrer E. Niemöller und Bunke entstandenen Kosten des Prozesses ersetzen sollen.

Nach dem uns mitgeteilten Sachverhalt hat die Kirchengemeinde mit dem Rechtsstreit nichts zu tun; er ist vielmehr private Angelegenheit des Kirchenältesten Otto. Dieser hat deshalb die ihm entstandenen Kosten selbst zu tragen; Mittel der Kirchengemeinde dürfen für diesen Zweck nicht verwendet werden. Wir versagen daher dem Beschluß vom 10. August 1936 die kirchenaufsichtliche Genehmigung.

An den Gemeindekirchenrat der Luther-Kirchengemeinde in Berlin-Spandau.

Abschrift zur Kenntnis auf die Eingabe vom 14. August 1936

gez. Dr. von Arnim.

XXXII.) Gertrud Otto, Bericht über den Gottesdienst des Bekenntnispfarrers Hermann Bunke – Spandau-Hakenfelde am 12. Sept. 37 Wichernkapelle.

Unter dem Leitgedanken „Lebendige Gemeinde" predigte Pfr. Bunke im Anschluss an die vorherigen Sonntagspredigten über 2. Thess. 19 u. f. „Den Geist dämpfet nicht ... Prüfet alles und behaltet das Gute ..."

Er benutzte diesen Text, um in der üblichen Weise zu hetzen. Er sprach von „dem neuen Geist, der nun seit 4 Jahren auch in unserer Kirche eingebrochen ist" und den er bekämpfe. „Ihr werdet mir nun zurufen wollen: du dämpfest ja den Geist auch! – Ja, liebe Gemeinde, es steht ja nicht da, dass sich die Gemeinde Jesu Christi eine Anschauung aufzwingen lassen soll, sondern es steht da: Prüfet alles und behaltet das Gute! Unser Prüfstein aber ist: ... Jesus Christus, der Sohn Davids ..."

In der Liturgie waren Stellen wie „Fürchte dich nicht, liebes Land"... „erlöse uns von den Banden"...

In der predigt sprach er davon, dass man den 1. Christen vor geworfen habe, sie schlachteten kleine Kinder und tränken ihr Blut, sie trieben Unzucht in ihren Versammlungen und sie sein Staatsfeinde. Und in der Gegenwart?? Man wirft uns Staatsfeindlichkeit vor ... Wir wollen es in Geduld tragen, wenn wir uns nicht wehren können, bis auf den Tag ... (kleine Pause) ..., da unser Herr Christus ..."

Meine Herren vom SD! Es wird für uns Nationalsozialisten immer unfassbarer, dass dieser Mann noch kein Redeverbot hat. Nicht allein, dass er unter der religiösen Tarnkappe Volksverhetzung betreibt – er spricht es ja auch jeden Sonntag aus, dass er zum Leiden bereit sei, und macht so den Staat lächerlich in den Augen seiner Leute, die ihn doch Sonntag für Sonntag wieder auf der Kanzel finden.

Man könnte ruhiger zusehen, wenn nur die alten Leutchen, die ja einmal aussterben, durch ihn verhetzt würden. Aber durch Konfirmandenunterricht, durch Taufen und Trauungen kommt er immer wieder an (die) Jugend und deren Eltern heran, nicht nur in der Kirche, sondern auch bei den vielen Hausbesuchen, die er im Gegensatz zu der Zeit vor 1(unleserlich) jetzt überausrege macht.

Und was soll man dazu sagen, wenn Staats- und städtische Beamte (darunter ein Lehrer, der Pg. ist, ein Polizeibeamter, ein Parteianwärter, der Verbindungsmann des Kyffhäuser zur Partei ist u. a.) (im) Bekenntnisgottesdienst solche Verse mitsingen wie „Unglaub und Torheit brüsten sich frecher jetzt als je …… und uns befreien von aller Menschenscheu", und wenn diese Beamten nichts dagegen haben, wenn Pfr. Bunke für die armen gefangenen Pastoren „die um des Gehorsams gegen das Evangelium willen verhaftet sind" betet??

In den Tagen von Nürnberg haben die führenden Männer unserer Bewegung ein solch erschütterndes Bekenntnis ihres Glaubens abgelegt, dass es garnicht anders als staatsfeindlich bezeichnet werden kann, wenn noch immer von der gottfeindlichen Einstellung dieses Staates gesprochen wird. Es geschieht dies allein darum, weil die Macht der Priester aller Konfessionen zu Ende geht. Wir Nationalsozialisten können diese Heimtücker nicht mehr ertragen, die die Macht der Konfessionskirchen gegen die Macht des Staates ausspielen.

In der Bibelstunde der vergangenen Woche liess Pfr. Bunke bei der Besprechung der Schmalkaldischen Artikel keinen Zweifel darüber, dass beim Kampf zwischen – (lange Pause) – Unglaube und Glaube die christlichen Kirchen aller Länder und Völker zusammenstehen würden.

Wir, die wir den Staat Adolf Hitlers lieben, wie er ist, bitten dringend, der Heimtückerei der Bekenntnisfront ein Ende zu machen.

Heil Hitler!   Gertrud Otto
                     Pgn. Spandau, Fichtenweg 90.

Wo bleiben die in einem besonderen Holzkasten gesammelten Kollekten?? Die amtlichen Kollekten zählen nach Pfennigen!!

XXXIII.) Gertrud Otto, Bericht über die Predigt des Bekenntnispfarrers Hermann Bunke – Spandau am 19. September 1937.

Von der heutigen Predigt bin ich als Nationalsozialistin aufs tiefste erschüttert. Pfr. Bunke fühlte sich veranlasst, eine Predigt zu halten, die in der Zeit des roten Staates am Platz gewesen wäre. Ich hatte den Eindruck, dass er bewusst auf die Worte des Reichsministers Dr. Goebbels hin diese Rede hielt, der in Nürnberg vor den Amtsträgern des NSV so vernichtende Worte über die Liebesarbeit der Kirche gefunden hatte. Wie anders soll es wohl sonst zu verstehen sein, wenn er „die Liebesarbeit der Kirche, die Innere Mission" als einzige Liebesarbeit am deutschen Volk herausstreicht. Die Tatsache allein, dass er kein einziges anerkennendes Wort über die Liebesarbeit des Nationalsozialismus, über NSV und WHW, gefunden hat, beweist, dass auch diese Predigt der Heimtücke und der Hetze dienen sollte. Es wurde unendlich viel von „Liebe am Bruder" geredet, so dass mir immer wieder die Nürnberger Worte führender Männer einfielen über die „die anders handeln als sie reden"! Wenn man ausdrücklich betont, dass wir die Arbeit nicht tun als Selbstgefälligkeit, um Namen herauszustellen oder „aus Freude am Organisieren", so muss der Hörer unwillkürlich den bewussten Gegensatz zur Arbeit des Staates heraushören, der in Nürnberg Rechenschaft legte über sein Wirken am deutschen Menschen. Dass unser Führer der grösste Diener in der Liebe zu seinem Volk ist, ist dem Herrn Bunke unbekannt, aber unendlich viel tote Kirchenleute sollen seine Anhänger auch heute noch interessieren. Und zum Schluss betonte er nachdrücklichst wörtlich: „Die gläubige Gemeinde weiss auch ohne besondere Aufforderung, für wen und wann sie Opfer zu bringen hat"!

Im Schlussgebet wurde wieder für Führer und Volk ein „Herr erbarme dich" gesungen und dann sehr ausführlich und nachdrücklich für die 208 Pastoren, die um des Glaubens und Gehorsams gegen das Evangelium willen verhaftet sind, Redeverbot haben oder aus ihren Gemeinden ausgewiesen sind", gebetet.

Ich besuche die Gottesdienste des Herrn Bunke nicht aus innerem Bedürfnis, sondern weil mir die Ueberwachung dieses Herrn völkische Pflicht zu sein scheint. Ich bemühe mich durch äusserste Vorsicht, (nicht) den Gottesdienst zu stören, stehe mit den anderen auf, singe mit, so weit nicht gerade wie am vorigen Sonntag „von Unglaub und Torheit brüsten sich frecher jetzt als je" die Rede ist, kann es aber selbstverständlich nicht anders verantworten, wenigstens durch stillschweigendes Hinsetzen zu zeigen, dass ich mit der Hetze auf den Staat wegen der von diesem Staat um rein politischer Dinge willen gemassregelten Pastoren nicht einverstanden bin. Mitten in diesem Gebet kommt, als ich mich eben gesetzt habe, ein Herr und fragt mich: „Ist Ihnen schlecht" – „Nein" – „Dann stehen Sie sofort auf!" – Ich bleibe ruhig sitzen (bis) zum Vaterunser, dass ich stehend mitspreche. Am Schluss des Gottesdienstes, dem fast stets Taufen zu folgen pflegen, ging ich aus der Kirche, verbat mir bei dem Herrn vor der Tür, mich noch einmal in der Sache anzusprechen und erhielt die Antwort: „Sie stören den Gottesdienst" und erfuhr, dass man mich wegen dieser Gottesdienststörung anzeigen werde! Die von der Bekenntnisgemeinde angestellte Pfarrgehilfin Frl. Hagen wollte mich dann noch zur Rede stellen, als Frl. Kerner (deren Bericht folgt) aus der Kirche gestürzt kam mit den Worten: „Man hat mich eben aus der Kirche geworfen". Ich fasste sie still am Arm und ging mit ihr in die Kirche zurück, ohne dass uns jemand anzuhalten wagte; wir setzten uns auf die letzte Bank und blieben nun auch während der Taufe drin. Es hat uns dann niemand mehr „gestellt"! <u>Müssen</u> wir Hakenfelder diesen Mann und seine überaus tückische Art von Pflege der „Volksgemeinschaft" noch lange ertragen? Wenn es nur um (die) Kirche ginge, könnte man das als Nationalsozialist tragen. Es schadet aber der Autorität des Staates und dem Neuen, das da kommen soll!

Heil Hitler!

Spandau, Fichtenweg 90. Gertrud Otto, Pgn.

XXXIV.) NSV-Pflegerin (Gertrud Kerner), Geheime Staatspolizei Berlin, Bericht über die Sonntagspredigt des Bekenntnispfarrers Hermann Bunke – Spandau am 19. September 1937, Spandau-Hakenfelde 21.9.37.

Die ganze Predigt war eine versteckte Aufforderung, das NSV-Hilfswerk zu ignorieren und lächerlich zu machen. Er zeichnete die Innere Mission sinngemäss als die eine Liebe, die demütig alles tut zum Besten der Nächsten, aber nicht bloss aus Lust am Organisieren oder um sich einen Namen zu machen und zu brüsten arbeitet. Ich fasste es als versteckte Gemeinheit gegen Führer und führende Männer und ihre Rechenschaftsberichte in Nürnberg auf. Denn er sprach so quasi vom Dicke tun und nicht demütig sein. Auch kritisierte er die Liebesarbeit, die nur für das Gesunde und Starke da sein wolle und das Kranke und Schwache verkommen lasse. „Wo bleiben wir, wenn Gott uns so behandeln wollte, nur die Starken und Gesunden annehmen und uns Sünder ......"

Er betete wieder extra für die 208 Pastoren, die um ihres Glaubens willen leiden müssten und verhaftet seien, Redeverbot hätten oder ausgewiesen wären. Selbstverständlich setzte ich mich dabei hin, weil ich es mit meinem Gewissen nicht vereinbaren kann, eine bewusste Lüge zu beschönigen. Ich betone ausdrücklich, dass ich mich still und ruhig hinsetzte, aber sofort nach Schluss der Predigt, ehe die Taufe begann, durch das Mitglied des Bruderrates Herrn Friedrich aus der Kirche oder in die hintere Ecke verwiesen wurde. Herr Friedrich hat mich in unsanfter Weise mehreremale an der Schulter gerüttelt und herausbegleitet, während die Gemeinde „raus, raus" murmelte.

Die Predigt des heutigen Tages ist mir als NSV-Pflegerin, die ich mit vollem Herzen in der Liebesarbeit der NSV stehe, ganz besonders auf die Nerven gegangen, da ich aus Erfahrung weiss, wieviel Segen diese Einrichtung über unser Volk brachte, das von den kirchlichen Segnungen der Inneren Mission nicht allzuviel verspürt hatte. Meine Nerven werden es im Kampf für Volk und

Vaterland gegen diese Leute nicht mehr lange Stange halten, da ich fest überzeugt bin, dass man das nächste Mal noch ganz anders gegen mich, „den Verräter, Horcher, usw." vorgehen wird.

Ich bitte sehr, dass der Staat seine Kämpfer schützt und sich durch geeignete Organe selbst von der Gefährlichkeit des hiesigen Bekenntnistreibens überzeugt.

Heil Hitler!

NSV-Pflegerin

XXXV.) Gertrud Kerner, An den Herrn Reichs- und preuss. Minister für kirchliche Angelegenheiten Kerrl, Betr. Bekenntnispfarrer Hermann Bunke – Spandau, Fichtenweg 16 Spandau, am 21. September 1937.

Anbei eine Abschrift der letzten Berichte über die letzten Geschehnisse in der Wichernkapelle Hakenfelde, die jetzt wohl kaum noch zu überbieten sind. Ich möchte wissen, ob es statthaft ist, einen Kirchenbesucher aus der zuständigen Kirche zu weisen, der nichts getan hat, als sich bei den Lügen gegen den Staat Adolf Hitlers aus Protest hinzusetzen. Ich stelle fest, dass ausser mir und Frau Otto später auch eine Frau sitzen blieb, ohne Anstoss zu erregen. Ich bitte den Herrn Kirchenminister um nachdrücklichen Schutz. Es geht doch zu weit, wenn ein Kirchenbesucher rausgewiesen wird, weil er sich nicht an Verunglimpfungen des Führers und seiner Minister beteiligt. Wir haben ja lange gefühlt, dass wir den Bekenntnisherren ein Dorn im Auge sind, denn jede kleinste Bewegung unsererseits wird uns als Störung ausgelegt. Wenn wir uns Vermerke in unser Gesangbuch machten über die uns innerlich schwer empörenden Verstösse des Pfarrers (so z. B. über „die bösen und schlechten Ratgeber des Führers!!), dann verbot man uns dies und eines Tages grüsst uns von der Kirchentür ein Plakat wie Foto zeigt.

Hat Herr Friedrich das Recht als Bruderrat, mir einfach den Stuhl vor die Tür zu setzen und mich handgreiflich zu belästigen (er schüttelte mich wiederholt an der Schulter und versuchte, mich an der Schulter aus der Kirche zu führen, was ich mir verbat.).

Wir halten es für unsere Pflicht als Nationalsozialisten diese Leute nicht unter sich zu lassen, wissen aber nicht, was uns (bei) unserem nächsten Erscheinen in der Kirche wieder passieren kann. Wir bitten deshalb den Herrn Reichskirchenminister, sich der Dinge hier nachdrücklich annehmen zu wollen. Der Bekenntnispfarrer Bunke wendet sich dauernd durch das sonst von ihm durchaus nicht geachtete Konsistorium und dessen Spandauer Beauftragten Geheimrat Rosenfeld an den hiesigen Pfarrer Rehse, um zu verhindern, dass dieser uns „abordne" und beschwert sich bei diesem hohen Konsistorium laufend über diesen Pfarrer, der keinen anderen „Verstoss" begeht als dass er eben Nationalsozialist ist. Ich betone hiermit ganz nachdrücklich, dass wir keinem zu Liebe und keinem zu Leide unsern seelisch schweren Dienst in diesen Bekenntnisgottesdiensten durch deren Ueberwachung tun. Wir wollen keinen Bunke beseitigen und keinem Rehse auf den Platz helfen. Was wir wollen, ist allein der Idee des Führers dienen und der deutschen Seele endlich zum Frieden verhelfen.

Heil Hitler!

Gertrud Kerner
NSV-Pflegerin

Dieses Plakat ist vor kurzem auch unseretwegen verfasst worden und prangt an 5 Kirchtüren, damit wir die staatsfeindlichen Bemerkungen in den Predigten nicht mehr wörtlich festhalten können. Wir sind seitdem lediglich auf unser Gedächtnis angewiesen und können daher fast nur „sinngemäss" berichten. Man muss doch etwas zu verbergen haben. Will man den Weg zum Himmel mit Verboten pflastern? Das erinnert leider etwas sehr an die jüdische Gesetzesreligion.

Wichernkapelle Pfr. Bunke – Spandau[i]

Verboten
ist das
Mitschreiben
Gottesdienst und Bibelstunde
ohne Erlaubnis des Pfarramtes.

Die Gemeindebevollmächtigten.

I 17324-37

---

[i] Handschriftliche Beschriftung auf der Rückseite des Bildes.

**XXXVI.) Gertrud Otto, Gertrud Kerner, Betrifft: Bekenntnispfarrer
Bunke, Spandau-Hakenfelde, Eingangsstempel: Reichsminister Kerrl
Berlin Hauptbüro 5. Mrz. 1938.**

Nachdem wir am letzten Sonntag beim Kirchenbesuch wieder feststellten, dass B. unentwegt seine getarnten Hetzpredigten und Verlesungen der Liste der „um des Evangeliums willen Verfolgten" fortsetzt, beschlossen wir, auch einmal wieder seine Bibelstunde aufzusuchen. Dies sollte am Donnerstag, den 3.3. geschehen. Inzwischen wurde das Urteil über Niemöller bekannt und nun stand fest, dass wir bei dieser Bibelstunde nicht fehlen durften.

Wir betraten Punkt 8 Uhr das Wichernheim, einen kleinen etwa 50 Leute fassenden Gemeindesaal, der stark besetzt war, zu 99 % von Frauen. Es fiel uns folgendes auf: Pfr. Bunke nahm von uns keine Notiz, besprach sich zuerst mit seiner Frau, dann einem unbekannten jüngeren Mann, schickte diesen fort. Dann pendelte er sichtlich erregt im Raum auf und ab. Es lag ein eigenartiges Schweigen über der Versammlung. 20 nach 8 hatte die Bibelstunde immer noch nicht angefangen. Inzwischen kam der fortgeschickte junge Mann zurück, flüsterte mit B. Nach weiteren etwa 5 Minuten ging draussen die Tür, B. verschwand im Nebenraum, Geflüster, B. kam wieder herein, mit ihm sein „Gemeindebevollmächtigter" Malermeister Kulle, Holunderweg. B. sagte folgendes: Liebe Gemeindeglieder, entschuldigen Sie, dass ich Sie habe warten lassen. Aber ich brauchte zu dem, was ich jetzt vorhabe, einen meiner Gemeindebevollmächtigten als Zeugen. Frau Otto und Fräulein Kerner, ich fordere Sie hiermit auf, den Raum zu verlassen; Sie gehören zur Ortsgemeinde Wichern der Thüringer Deutschen Christen Nationalkirchliche Bewegung und haben Ihre Bibelstunden bei Pfr. Rehse; Sie kommen also nicht hier her, um Gottes Wort zu hören, sondern mit anderen Absichten. Verlassen Sie diesen Raum!" B. sagte dies alles sehr ruhig, wie etwas auswendig Gelerntes. Ich antwortete mit aller Ruhe: Ich gehe nicht. B. darauf erregt: Ich mache Sie darauf aufmerksam, dass ich von meinem Hausrecht

Gebrauch mache. Ich: Herr Pfarrer, ist Ihnen bekannt, dass ich Kirchensteuern zahle? B. Ich fordere Sie trotzdem auf, den Raum zu verlassen kraft meines Hausrechts. Es sind aus meiner Gemeinde soviele Klagen über Sie gekommen, die Gemeinde fühlt sich durch Sie erregt und in ihrer Andacht beeinträchtigt, auch heute Abend. Ich: Stellen Sie mir die Leute gegenüber. Darauf sprang die ganze Korona wie ein Mann auf und schrie: wir alle, wir alle! Ich: Ich danke Ihnen, meine Herrschaften, einen grösseren Gefallen konnten Sie uns nicht tun.

Ich weiss nicht, ob wir uns richtig verhalten haben. Nachdem Herr B. sein Hausrecht betonte, hielt ich es nicht für ratsam, da mir die rechtlichen Kenntnisse fehlen, zu bleiben. M. E. hat er kein Hausrecht in dem Sinne, dass er Leuten, die Kirchensteuern bei der Deutschen Evangelischen Kirche, der die infrage stehenden Kirchenräume gehören, zahlen aus diesen Räumen zu verweisen. Vielleicht hätte man warten können, bis sie handgreiflich wurden oder die Polizei holten. Das ekelte uns aber an!

Wichtig bei der Sache ist, dass weder die anwesende Diakonisse noch der Organist, der Parteimitglied ist, Protest erhoben gegen unsere „Ausweisung".

Da wir nicht wissen, was der „Gemeindebevollmächtigte" bezeugen sollte, halten wir es für wichtig, der Behörde den genauen Sachverhalt und alle in dem Kirchenraume gesprochenen Worte, die ja ausserdem alle Anwesenden gehört haben, aufzuschreiben und auf Wunsch an Eidesstatt versichern, dass der Sachverhalt genau der eben beschriebene war.

Der „Hinauswurf" beweist uns allerdings, dass an diesem Abend ganz gewiss nicht Gottes Wort im Mittelpunkt stehen sollte. Hier hat nicht der Pfarrer der offiziellen Kirche, sondern der Bekenntnispfarrer Bunke mit seinem gesamten Bekenntnisanhang bewiesen, dass sie als Sekte ausserhalb der Landeskirche arbeiten, da sie jeden, der zwar noch zur offiziellen Kirche, nicht aber zur Bekenntnisfront gehört, als „nicht zu sich gehörig" bezeichnen.

Heil Hitler!

Gertrud Otto   Gertrud Kerner
Fichtenweg 90   Fichtenweg 16

XXXVII.) Gertrud Kerner, Gertrud Otto, An den Herrn Reichsminister f. kirchl. Angelegenheiten, Betrifft: Spandau-Hakenfelde, Spandau, am 8. März 1938.

Unserem Bericht vom 3/4. März in obiger Angelegenheit fügen wir anliegenden Bericht über den Gottesdienst des Pfrs. Bunke vom 7. März in der Wichernkapelle bei und verweisen dabei besonders auf die Abkündigung betr. Pfr. Niemöller.

Wir möchten noch einmal kurz zusammenfassen, wie Pfr. Bunke Gemeindegliedern, die noch immer zur Deutschen Evangelischen Kirche gehören und ihre Kirchensteuern zahlen, gegenübertritt, wenn sie zu seinen Bibelstunden und Gottesdiensten kommen und ihm als Mitglieder der Nationalkirchlichen Deutschen Christen bekannt sind:

Er hat das Schreiben in der Bibelstunde und Gottesdienst verboten und ein Plakat solchen Inhalts an 5 Kirchentüren angebracht (siehe s. zt. Gedicht Michel Mumms im Schwarzen Corps!). Er liess uns durch Beauftragte auf diese Plakate besonders aufmerksam machen und liess ebenso Beauftragte sich neben uns setzen, um uns zu beobachten; wenn wir daraufhin den Platz wechselten, wechselten diese getreulich mit. Er hat uns, noch eher wir irgend etwas gesagt hatten, in der Bibelstunde das Stellen von Fragen verboten, „da er nicht wisse, ob diese zur Erbauung der Gemeinde beitragen würden“. Er hat uns, sobald wir uns bei der „Fürbitte für die Verhafteten“ setzten, durch Beauftragte zum Aufstehen aufgefordert und Frl. Kerner aus der Kirche gewiesen, sogar durch Anpacken an der Schulter durch einen „Gemeindebevollmächtigten“. Er hat uns Briefe der Art geschickt, dass er uns „des Hausfriedensbruches“ zichtigen würde (siehe Artikel „Christlicher Hausfriedensbruch“ im Schwarzen Corps“!) Er hat uns am 3.3. ohne jeden Anlass in der bereits gemeldeten Weise aus der Bibelstunde ausgewiesen.

Wir haben es bisher noch immer für unsere Pflicht angesehen die Gottesdienste Pfr. Bunkes anzuhören bezw. uns für dieselben zu interessieren, da wir immer wieder in der Gemeinde den Hass gegen die „Ketzer" spüren, da die Volksgemeinschaft immer mehr hier draussen in unserem Siedlungsgebiet in die Brüche geht und wir als Nationalsozialisten ein Interesse daran haben, die Quelle dieses Hasses zu finden. Wir erleben es in jeder Predigt, dass Pfr. Bunke als Kanzelhetzer zwar nicht mit dürren Worten in greifbarer Form gegen das Dritte Reich arbeitet, dies aber in getarnter Form so geschickt tut, dass es zur Wahrheit wird „an ihren Früchten sollt ihr sie erkennen."

Wir bitten den Herrn Reichsminister sehr, hier einmal durchzugreifen, damit ein Gebiet, das einmal als „Hakenkreuzfelde" in der Kampfzeit an erster Stelle stand, nun nicht länger Schauplatz der Machtkämpfe eines Bekenntnisfrontpfarrers und somit in Gefahr ist, ein Herd der Zwietracht zu werden. Wir wollen als Nationalkirchler nichts anderes, als den Nationalsozialismus auf religiösem Gebiet durchsetzen zu helfen. Und daran will man uns hier mehr denn je hindern.

Heil Hitler!

Gertrud Kerner   Gertrud Otto
Fichtenweg 16.   Fichtenweg 90.

XXXVIII.) Gertrud Otto, Gertrud Kerner, Gertrud Radtke, Betrifft: Bekenntnispfarrer Bunke – Spandau-Hakenfelde.

Nachdem am Donnerstag, den 3. März Frl. Kerner und Frau Otto von Pfr. Bunke aus der Bibelstunde ausgewiesen waren – ohne jeden Anlass, gingen am Sonntag, den 6. März die 4 Unterzeichneten zum Gottesdienst in die Wichernkapelle und zwar 3 zusammen und Frau Radtke unerkannt allein. Es hielt uns aber niemand an und belästigte uns diesmal auch niemand.

Die Predigt war mehr denn je „Märtyrertum" und bewusste Hetze. Aus dem Sinn war zu entnehmen, dass all unser Tun, aller gute Wille, alle guten Absichten unsererseits nichts sind, dass man dadurch wohl zu Erfolgen und Anerkennung vor den Menschen kommen könne, nicht aber vor der Ewigkeit. Aller eigene Wille sei auszuschalten, damit „Gott" wirken könne und wir seinen Willen spüren. Es war ganz deutlich zu entnehmen, dass man also weltlichen Anordnungen und Wünschen nicht zu folgen habe – damit die Kirche mehr Macht in den Gemütern bekomme. Anlass dazu gab ihm das Textwort Matth. 16, 21-28. Dass man sein Kreuz auf sich nehmen müsse, dass der belohnt wird, der nur das Kreuz auf sich nehme – das war jedes zweite Wort.

Die Kollekte wurde wieder wie ständig abgekündigt: „Die Kollekte des Konsistoriums ist bestimmt für Evangeliums-verkündigung". Bei dieser Fassung wissen die Kirchgänger genau, dass das Geld nicht in die amtliche Büchse gehört, sondern in den Holzkasten „für Gemeindezwecke" der unter der Verwaltung des Malermeisters Kulle und zur alleinigen Verfügung von Pfr. Bunke steht.

Dann wörtlich: „Ueber die Not unserer Kirche will ich dir, liebe Gemeinde, nur soviel sagen, dass unser lieber Bruder Niemöller vor 3 Tagen ins Konzentrationslager in Sachsenhausen gebracht worden ist. Er bedarf unserer täglichen Fürbitte, wie jeder, der das Kreuz Jesu trägt."

Im Gebet: für die verfolgte Kirche, die „um der Wahrheit willen Verfolgten", „gib uns rechte Bekenner" (selbst bei der anschliessenden Taufe bat er für die Kinder, dass sie „Bekenner" würden!) – dann im Gebet weiter: „segne den Führer und seine Berater, dass sie erkenn, was zu des Volkes Frieden dient"!

Es war uns sehr wertvoll, einmal Menschen mitzunehmen, die den Pfr. Bunke garnicht kannten. Beide haben erklärt, dass solche Art von Gottesdienst und Predigt unbedingt die Hörer verhetzen müsse, ganz abgesehen, dass beide spürten, dass hier unechtes Märtyrertum, dass hier Heuchler am Werke sind, die unbedingt andere Absichten verfolgen, als „Gottes Wort" zu predigen – die Misstrauen säen in die Regierung und ihr Wollen, die den Nationalsozialismus unterwühlen wollen, um ihr Schäfchen ins Trockene zu bringen.

Deutlich wurde das, als B. ganz bewusst hetzerisch und schürend die Ueberführung Niemöllers ins Konzentrationslager bekannt machte. Art und Ton dieser Bekanntgabe muss man gehört haben, um ganz und gar zu wissen, was sie bezweckte. Auch dass B. diesmal nicht die ganze Liste der Verhafteten verlas, ist sicher Absicht – die Sache mit Niemöller wirkte darum um so stärker. Die Hörer reagierten auch durch deutlich sichtbaren Unwillen – die gewollte Erregung war da!

Die Kirche war so voll wie noch nie – an den uns zum grossen Teil bekannten Besuchern sahen wir, da viele seit langem wieder mal da waren – dass hier Durchgabe und Bestellung erfolgt sein musste. Es waren etwa 200 Personen, darunter etwa 30 Männer, etwa 6 – 7 unter 40 Jahren. Uniformen waren diesmal nicht vertreten, aber Beamte und Lehrer waren wieder da. Und gaben ihr Geld in den Kulle-Kasten.

Nachträglich haben wir noch erfahren, dass B. in der Bibelstunde, aus der man uns auswies, über Niemöller gesprochen hat. (Diakonisse Marie, Fichtenweg 90, Frauendienst.)

U. E. wird B.(unke) jetzt ausgesprochen Fanatiker und damit, da er (ein) guter Redner ist und viel Zeit zu Besuchen hat, immer gefährlicher! Ruhe und Frieden, die Volksgemeinschaft in Hakenfelde, sind gefährdet durch die Hetze des Pfarrers Bunke. Plaketten sah man auch gestern nicht in der Kirche!

Gertrud Otto
Fichtenweg 90

Gertrud Kerner
Fichtenweg 16

Max Abraham
Michelstadter Weg 27

Gertrud Radtke
Münzinger Platz 26 II

XXXIX.) Geheime Staatspolizei – Geheimes Staatspolizeiamt, B.-Nr. II B 2 – 2596/38 E., Urschriftlich dem Herrn Reichsminister für die kirchlichen Angelegenheiten, Berlin SW 11, den 16. Juli 1938.

mit den UR-Schreiben vom 29.10.37 – I 17 324/37-, vom 23.3.1938 – 12 297/38 und vom 26.3.1938 – I 12 452/38 – zurückgesandt.

Pfarrer Hermann Bunke, geboren 30.3.95 in Münsterberg, wohnhaft Berlin-Spandau, Schönwalderstr. 64, ist seit langem als eifriger Bekenntnispfarrer bekannt. Er geht jedoch in seiner Beteiligung am Kirchenstreit nicht über das übliche Mass hinaus. Von den Verfassern der anliegenden Eingaben, Fräulein Kerner und Frau Otto, sind bereits zahlreiche Anzeigen wegen Bunke erstattet worden, die jedoch nicht geeignet waren, gegen ihn staatspolizeiliche Massnahmen zu veranlassen. Die angestellten Ermittlungen haben ergeben, dass die Anzeigeerstatter während der Gottesdienste und Bibelstunden der Bekenntniskirche, zu der diese ja nicht gehörten, ein recht herausforderndes Verhalten zeigten und Bunke immer wieder in unnötiger Weise reizten. Wenn es auch verständlich ist, dass sich Laien gegen die Tätigkeit politisierender Geistliche der Bekennenden Kirche wenden, so ist das Verhalten der offensichtlich einseitig gebundenen Anzeigeerstatter nicht geeignet, in Zukunft Zwischenfälle zu vermeiden und ein Vorgehen gegen Pfarrer Bunke zu veranlassen.

Die Überwachung der Gottesdienste, auch in Spandau-Hakenfelde, wird laufend durch Beamte der Staatspolizeileitstelle Berlin durchgeführt und die erforderlichen Massnahmen werden getroffen werden, wenn sich Verstösse gegen staatliche Gesetze und Anordnungen ergeben. Die Überwachung des Bunke durch kirchenpolitische Gegner ist daher nicht erforderlich.

Im Auftrage:
(Unterschrift unleserlich)